D1698986

Sagen, Bräuche und Geschichten aus dem Brixental

Sagen, Bräuche und Geschichten aus dem Brixental

und seiner näheren Umgebung

gesammelt und niedergeschrieben
vom Penningberger Volksliteraten

Anton Schipflinger

zusammengestellt von

Franz Traxler

Mit 21 Textillustrationen von Siggi Eder

SCHLERN-SCHRIFTEN BAND 299

UNIVERSITÄTSVERLAG WAGNER · INNSBRUCK 1995

Die Schlern-Schriften wurden 1923 von Raimund v. Klebelsberg begründet, dem Franz Huter als Leiter der Schriftenreihe folgte. Mit Band 290 übernahmen Marjan Cescutti und Josef Riedmann die Leitung der Reihe.
Für den Inhalt sind die Verfasser verantwortlich

Die Drucklegung wurde von folgenden Stellen unterstützt:
Kulturabteilung der Tiroler Landesregierung, Stadtgemeinde Kitzbühel, Marktgemeinde Hopfgarten im Brixental, Tourismusverband Hopfgarten im Brixental, Raiffeisenbank Hopfgarten im Brixental, Gemeinde Brixen im Thale, Tourismusverband Brixen im Thale, Gemeinde Kirchberg, Tourismusverband Kirchberg, Gemeinde Itter

Die Deutsche Bibliothek – CIP-Einheitsaufnahme
Sagen, Bräuche und Geschichten aus dem Brixental und seiner näheren Umgebung / ges. und niedergeschrieben vom Penningberger Volksliteraten Anton Schipflinger. Zsgest. von Franz Traxler. Mit 21 Textill. von Siggi Eder. – Innsbruck : Wagner, 1995
  (Schlern-Schriften ; 299)
  ISBN 3-7030-0286-7
NE: Schipflinger, Anton; Traxler, Franz [Hrsg.]; GT

Umschlagbild: Ansicht von Schloß Itter. Kolorierte Lithographie von A. Petrich, 1826. Tiroler Landesmuseum Ferdinandeum, Innsbruck, W. 23075

ISBN 3-7030-0286-7

Copyright © 1995 by Universitätsverlag Wagner, A-6010 Innsbruck

Das Werk ist urheberrechtlich geschützt. Die dadurch begründeten Rechte, insbesondere die der Übersetzung, des Nachdruckes, der Funksendung, der Wiedergabe auf photomechanischem oder ähnlichem Wege und der Speicherung in Datenverarbeitungsanlagen bleiben, auch bei nur auszugsweiser Verwertung, vorbehalten.

Herstellung: Druckhaus Grasl, A-2540 Bad Vöslau

Vorwort der Herausgeber

Es zählt zu den Traditionen der Schlern-Schriften, auch regionale Überlieferungen von Sagen und verwandten volkstümlichen Erzählstoffen einer breiten Öffentlichkeit zugänglich zu machen. Gerade in unseren Tagen, wo die durch Generationen geübte mündliche Weitergabe dieser Inhalte kaum mehr stattfindet, erweist sich die Drucklegung als besonders gerechtfertigt, damit dieses Gut auch für künftige Generationen erhalten bleibt. Die Herausgeber der Reihe sind daher Herrn Franz Traxler für seine Initiative sehr dankbar, die bisher nur in sehr verstreuten und kaum mehr allgemein zugänglichen Veröffentlichungen von Sagen und verwandten Erzählungen systematisch zu erfassen, die einst Anton Schipflinger gesammelt und publiziert hat. Herr Traxler äußert in seinem Vorwort die Absicht, mit dem vorliegenden Neudruck auch das Gedächtnis an eine verdiente Persönlichkeit wachzuhalten, deren Andenken fast völlig erloschen ist. Ohne Zweifel gebührt mit Anton Schipflinger einem Menschen diese Aufmerksamkeit und dieser Respekt. Sein kurzes Leben war geprägt von der Liebe zu seiner Heimat, und obwohl er bereits mit 23 Jahren sterben mußte, hat er trotzdem bereits ein ansehnliches literarisches Werk hinterlassen.

Zahlreiche Gemeinden, Tourismusverbände und Geldinstitute aus der engeren Heimat Anton Schipflingers haben durch die Bereitschaft zur Abnahme von mehr oder weniger Exemplaren bzw. durch direkte Subventionen die Drucklegung dieses Bandes wesentlich gefördert. Einen willkommenen Beitrag stellte auch die Kulturabteilung der Tiroler Landesregierung zur Verfügung. Ihnen allen sind die Herausgeber und der Verlag zu Dank verpflichtet.

Marjan Cescutti   Josef Riedmann

Anton Schipflinger (1921–1944)

Vorwort

Bei meinen volkskundlichen Forschungen in der Bibliothek des Tiroler Landesmuseums Ferdinandeum in Innsbruck stieß ich des öfteren auf den Namen Anton Schipflinger, Hopfgarten. Als engerer Landsmann auf diese Persönlichkeit neugierig geworden, befaßte ich mich in der Folge konkreter mit dem Lebenswerk Schipflingers, das in seiner Heimat in Vergessenheit geraten war: Ich sammelte alle seine Veröffentlichungen mit dem Ziel, sie dem heimatkundlich interessierten Leser in Buchform vorzulegen.

Vor über fünfzig Jahren, am 11. Jänner 1944, ist Anton Schipflinger in Makarowo (Rußland) gefallen. Er war noch nicht 23 Jahre alt. Er stammte aus Hopfgarten, wo er am 22. Februar 1921 geboren worden war. Eine Woche nach der Geburt starb seine Mutter, und der kleine Bub kam zu deren Schwester, Frau Anna Schipflinger. Zu seiner Ziehmutter, die auch seine heimatkundliche Lehrerin wurde, hatte Anton zeitlebens ein sehr inniges Verhältnis. In einem Beitrag über Volkserzähler im Brixental, den er im Jahr 1939 für die „Wiener Zeitung für Volkskunde" schrieb, führt er sie als ständige Förderin seines volkskundlichen Interesses an. „Wenn ich an erster Stelle meine Mutter, Frau Anna Schipflinger geb. Fuchs nenne, so deshalb, weil sie von meiner Wiege bis heute viel dazu beigetragen hat, in mir das zu fördern, was mich der Volkskundeforschung zuführte. Von den Wiegenreimen, die sie an meiner Wiege sang, bis heute hat sie ungemein viel über das heimatliche Wesen gesprochen. Geboren im Windautale auf dem höchsten Berghofe des Schwaigerberges, dem Bauernhofe Rait, war sie immer in der Bauernarbeit tätig. Sagen, Brauchtum über alle Zeiten des Jahres und noch vieles andere verdanke ich ihr. Wie war es so heimelig in der Stube beim gutgeheizten Ofen, wenn die Mutter von Geistern und anderen Gestalten der Brixentaler Sagenwelt erzählte."

Im Herbst 1927 trat Anton in die Volksschule ein und war bei den Klassenbesten. Seine noch lebenden Mitschüler können sich gut daran erinnern, daß er ein ausgezeichneter Geschichtenerzähler war. Bereits in seiner Volksschulzeit war Anton Schipflinger ein begeisterter Leser von Sagen und anderen volkskundlichen Erzählungen.

Im Jahr 1931 traf die Familie Schipflinger ein schwerer Schicksalsschlag: der heimatliche Hof brannte bis auf die Grundmauern nieder. Der Brand war von den berühmt-berüchtigten „Feuerteufeln" aus Hopfgarten gelegt worden.

Als junger Bub war Anton Schipflinger in der elterlichen Landwirtschaft tätig. Neben dieser Arbeit aber widmete er sich mit großer Leidenschaft dem Lesen und Sammeln heimatlicher Sagen und Begebenheiten. Bereits seit seinem 15. Lebensjahr war er ein eifriger Mitarbeiter einer der bedeutendsten historisch-volkskundlichen Zeitschriften des Landes, der „Tiroler Heimatblätter". Aber auch überregionale Blätter wie die „Wiener Zeitschrift für Volkskunde" nahmen seine Beiträge gerne auf.

Als der Zweite Weltkrieg ausbrach, schien es das Schicksal mit Anton Schipflinger insofern noch gut zu meinen, als er – als einziger Hoferbe – das Privileg hatte, nicht zum Fronteinsatz herangezogen zu werden. Er kam aber, nach kurzfristiger Verwendung im Deutschen Arbeitsdienst (1940/41) Anfang Mai 1941 zur Deutschen Wehrmacht und mußte mit dem Nachschub nach Rußland rücken, wo er im Partisanenkampf umkam. In zwei kurzen Würdigungen in den „Tiroler Heimatblättern" nach dem Krieg heißt es: „Am 11. Jänner 1944 fiel an der russischen Front der Schusterhäuslbauer vom Penningberg bei Hopfgarten, Anton Schipflinger, im 23. Lebensjahre." – „Eine zerstörte Hoffnung bedeutete sein Heldentod für alle Freunde der unterinntalischen, zumal der Brixentaler Heimatkunde." (1947 Nr. 1/2, S. 17 und 1949 Nr. 1, S. 33)

Anton Schipflinger hat nur eine Volksschulausbildung genossen. Durch sein waches und intensives Forschen hat er sich selbst weitergebildet. Trotz seiner Jugend war er in seiner weiteren Umgebung als Heimatforscher bereits wohlbekannt. Die zahlreichen Volkssagen, die er sammelte und die dadurch oft zum erstenmal publiziert wurden, fanden in regionalen und überregionalen Zeitungen und in wissenschaftlichen Zeitschriften Aufnahme. Wie kaum ein anderer wäre Anton Schipflinger prädestiniert dazu gewesen, einmal ein umfassendes Unterländer Heimatbuch zu schreiben. Sein früher Tod hat dies verhindert. Dieses Buch aber soll dem Gedenken an diesen besonders begabten Sammler und Herausgeber vieler Volkserzählungen und -bräuche gewidmet sein.

Bezüglich der Wiedergabe der von Anton Schipflinger gesammelten und publizierten Texte seien noch einige kurze Vorbemerkungen gestattet: Der Text der Vorlagen wurde völlig unverändert übernommen. Dies gilt auch für die bisweilen ungewohnte Zeichensetzung und die Übernahme bzw. Erläuterung von Dialektwörtern. In diesem Bereich eine Vereinheitlichung und Angleichung durchzuführen, würde nicht nur eine Verfälschung der Vorlage bedeuten. Die manchmal eigenwillige Form der Interpunktion und Rechtschreibung ist auch geeignet, die Eigentümlichkeit der Erzählform anschaulich wiederzugeben. Hinsichtlich der inhaltlichen Darstellung ist zu berücksichtigen, daß Schipflingers Arbeiten größtenteils in den dreißiger Jahren erschienen und sich seine häufigeren Hinweise auf Bräuche, die „vor dem Weltkrieg" üblich waren, auf die Zeit vor dem Ersten Weltkrieg beziehen. Ein Verzeichnis der ursprünglichen Druckorte findet sich im Anhang.

Abschließend möchte ich Herrn OSR Vinzenz Dablander und Herrn OSR Johann Graß für ihre wertvolle Hilfestellung meinen herzlichen Dank aussprechen.

Innsbruck, im Herbst 1995   FRANZ TRAXLER

Inhaltsverzeichnis

1. Sagen

Sagen aus dem Brixental:
Der Heidenschatz	15
Das Totenmandl	15
Die Älpler von Streitschlag und Wildenfeld	16
Die übermütigen Knappen	16
Der Bock von der Gumpau	18
Die Erlösung der Manharter	18
Der Salvenhirt	18
Der Tagweid-Stier	19
Der spottende Hirt vom Moderstock	20
Wie der Unfriedenteufel auf den Glantersberg kam	20
Die Wildalpseen in der Sage	20
Das Männlein auf der Stegnerbrücke	23
Der Teufel von Hörbrunn	24
Die Percht im Brixental	24
Irrwurzen im Brixental	27
Die wilden Löda	31

Die Almgeister aus dem Brixental:
Der Putz von der Schledereralm	35
Die Rauchnachtmandln	36
Der Almgeist von der Buchaualm	36
Das Rauchnachtfeuer	36

Die Sagen von den wilden Frauen auf den Hopfgartner Almen:
Die Götzenfrauen auf der Hohen Salve	37
Die sieben Geisterfrauen	37
Das Steinhütt-Fräulein	38
Das wilde Freil und das Kasermanndl	38
Das wilde Freil von Schmalzeck	39
Die Baumgartner wilden Fräulein	41

Sagen vom Schloß Itter:
Der Burggeist	41
Der verzauberte Ritter	42
Der Schatz vom Itterer Schloß	45
Das Mitternachtsfeuer	45

Die goldene Schüssel 45
Der letzte Fluch 46

Sagen von der Werburg:
Der Geist von der Werburg 49
Die verstoßene Bäuerin 49

Sagen von Engelsberg:
Der Schatz von Engelsberg und das Venedigermandl 50
Der Huzelmann 52
Der Wintergeist 54

Sagen von Elsbethen:
Das Elsbethenkirchlein 55
Der Bauernstein 55
Der Elsbethener Zwerg 56
Wunderbare Quelle 58

Sagen vom Harlaßanger-Kirchlein:
Der gottlose Senner 59
Die reiche Dirn 60

Sagen vom Kirchanger-Kirchlein:
Das Sünderbild 61
Der Kirchanger Rabe 62
Der weiße Teufel vom Kirchanger 62

Sagen um Schloß Kaps:
Der schwedische Soldat 64
Das Sonnwendfeuerl 67
Die Magd von Kaps 68
Der Fehdegang 68

Sagen von Kitzbühel und Umgebung:
Das Pestmandl 69
Die tapferen Weiber 69
Der Goldknappe 70
Die Berghexe 70
Der Kasergeist 71
Die Münichauer Reiter 71
Die Goldtruhe 75
Der Fememord am Schwarzsee 76

Sagen aus dem Kaisergebirge:
Der Kaiserkrug 79
Der verbannte Bauer 80
Der Teufelsbaum 82
Die „wilden Freil" vom Kaisergebirge 84
Das Goldtröglein 84
Der Bettlerstein 85

Die wilde Innschiffahrt:
Die wilde Innschiffahrt in den Rauchnächten 86
Die Sagen vom Treiben der wilden Innschiffahrt 87
Der Inngeist 88

Sagen vom Schloß Matzen:
Der Alpbacher Schloßgeist 90
Der Freundsberger Ritter 90
Der ungerechte Richterspruch 91
Die Hexe auf Matzen 91

Verschiedene weitere Sagen:
Die Venedigermännlein 92
Das alte Kasermandl 93
Der Bock und der Pfannenflicker 94
Die Trud 95
Das Wetterglöcklein (Oberland) 98
Das Feuermännlein (Oberland) 100

Katzensteine im Unterinntal:
Der Katzenstein beim Kirchanger-Kirchlein 102
Der Elsbethener Katzenstein 103
Ruine Katzenstein bei Windshausen 103

2. Bräuche

Brauchtum im Jahreslauf:
Maria Lichtmeß 107
Bauernsonntag, Bauernfasnacht und Truhentag 108
Bauernlitaneien aus Hopfgarten 109
Der „Palm" im Sölland 112
Der Palm 113
Das „Palmholz" 113
Antlaßei und Antlaßreis 114
Der Maibaum 117
Brauchtum der Brixentaler am Medarditag 118
Der Veitstag 119
Almleben und Almbrauchtum im Brixental 121
Bergfeuer 128
Der Weihbusch'n 130
Alte Bauernfeiertage im Brixental 131
    Die Maria-Heimsuchung-Kräuterweihe 131
    Ägiditag 132
    Tuschgeißelfreitag 134
    Kirchtag 135
Burschenbrauchtum um Martini 137
Das Almafahr'n 138
Das Almererfahren am Martinitag 139
Vom Andreastag 140

Alter Volksglaube und Barbarazweige 143
Die Anklöpfler 144
Anklöpfl-Lied aus der Wildschönau 145
Weihnachtsbräuche im Brixental 146
Weihnachtszeit bei den Bauern im Brixental 147

Um Geburt, Heirat und Tod:
Wiegenreime aus dem Brixental 154
Brixentaler Hochzeitsbrauchtum 156
Das „Anmelden" 161

Von Arbeit und Freizeit:
Zeug und G'wand des Bergbauern im Brixental 162
Holzarbeit und Holzknechtleben im Brixental 165
Der Holzschuh 168
Das Jaggln 169
Unterinntaler Bauernspiele 171
Das Teufelswassern 175
Wie man Tiere bannt 176

Vom Essen und Trinken:
Das Kloberbrot 177
Das Moosbeerklauben 178
Vom Hollunder 180
Vom Kraut 181

3. Geschichten

Historische und sagenhafte Gestalten:
G'waltwoferl im Brixental 187
Bayrische Innschiffleut 188
Bauerndoktoren und Hexenglaube im Brixental 190
    Bauerndoktoren 190
    Von den „Hexen" 194
Das Manhartlied 200
Einiges über die wilden „Freil" 203

Humorvolle Geschichten, Weisheiten und Sprüche:
Volkshumor aus der Wildschönau 206
Volkshumor aus St. Johann 207
Der Weibermaibaum 208
Die miserable Zeit 209
Bauernweisheit 211
Volksrätsel aus dem Unterinntal 213
Hausinschriften aus Hopfgarten und Umgebung 216
Übernamen 218

Mundart und Volkserzähler aus dem Brixental:
Von der Brixentaler Mundart 219
Volkserzähler im Brixental 222

Quellennachweis 225

1. Sagen

Sagen aus dem Brixental

Der Heidenschatz

Am Falkenstein im Spertentale hausten in alter Zeit heidnische Riesen. Ihre Hauptbeschäftigung war: Schätze sammeln. Tagelang wanderten sie und trugen dann Silber, Gold und andere Kostbarkeiten nach Hause. Je mehr Schätze diese Riesen zusammenbrachten, desto uneiniger wurden sie untereinander. Eines Tages kam es soweit, daß sie die Schätze teilen mußten. Jeder bekam seinen Teil.

Manche von den Riesen zogen in die Fremde. Diejenigen, welche in der Heimat blieben, siedelten sich auf den Berggipfeln an. Keiner wollte den anderen grüßen.

Der Riese, der auf dem Falkenstein blieb, galt als der Stärkste und deshalb fürchteten sie ihn alle. Diese Furcht nützte er gründlich aus. Er zog zu jedem seiner Brüder, forderte dessen Gold und wollte sich dieser etwa weigern, so erschlug er ihn. So brachte der Riese von Falkenstein wieder einen beträchtlichen Schatz zusammen. Er hätte sicher sein Vermögen noch vermehrt, wenn ihm nicht der Tod einen Streich gemacht hätte: An einem Winterabend soll der Falkensteiner Riese beim Anblick seines Schatzes plötzlich gestorben sein.

Natürlich kamen nun seine Brüder, um sich ihren Teil wieder zu holen. Beim Teilen kam es nun zu Streitigkeiten und man begann wieder zu raufen. Während nun alle rauften, raubte einer den Schatz und flüchtete. Jetzt sahen die anderen, wie dumm sie waren. Sie wollten den Riesen verfolgen, doch es war schon zu spät. Jeder zog zu seiner Siedlung und dachte traurig an den verlorenen Schatz.

Alles Denken half nichts, der Schatz kam nicht mehr. Vor Gram stürzten sich die Riesen in den Kampf und fanden dort den Tod.

Eine Redensart erinnert an diese Begebenheit; man hört sie öfters: „Des kost' a Heid'nsgeld" – viel Geld, wie zur Heidenszeit diese Riesen hatten.

Das Totenmandl

Im Brixental hauste in alter Zeit ein mittelgroßes, bärtiges Männlein, das man Totenmandl nannte. Jede Begegnung wurde mit ihm ängstlich vermieden. Denn, so sagten die Leute, wer das Totenmandl sieht, muß innerhalb drei Stunden sterben. Da aber dieses Männlein nichts arbeitete, und von der Luft allein auch nicht leben konnte, so ging es betteln. Damit der Alte aber ja nicht in ein Haus kam, sperrte man die Türe zu und setzte das Essen für ihn vor die Tür. Dem Männlein tat dies nichts; er nahm das Essen und wenn es gegessen hatte, sagte er: „Gott vergelts, i kimm bald wieda."

Eine Bäuerin stellte einmal das Essen für das Männlein vor die Tür. Sie wollte nun die Tür zusperren – doch der Riegel war angenagelt. Bis man Rat wußte, was man tun könne, kam das Totenmännlein und trat in das Haus. Bauer und Bäuerin, Knechte und

Dirnen ergriffen die Flucht. Das Mandl lachte sich in das Fäustchen und verzehrte alles, was in Küche, Speis und Keller zum Essen war. Dann zog das Totenmandl weiter.

Von den geflüchteten Hausbewonern wollte niemand als Erster in das Haus treten. „I gib dir die beste Kuh", sagte der Bauer zu einem seiner Knechte, „wenn du hineingehst und uns sagst, wie es drein ausschaut."

Der Knecht lehnte das Angebot ab. Niemand wollte es wagen, auch nur einen Schritt in das Haus zu machen.

Vor Sonnenuntergang wagten sie es doch, in das Haus zu treten. Bewaffnet mit Hakken und Sensen betraten sie das Haus. Vom Männlein fanden sie nichts; nur seine Spur in Küche, Speise und Keller entdeckten sie. Doch dies war das Leichtere. – Gestorben ist keines; und auch vom Totenmandl hörte man nie mehr etwas.

Die Älpler von Streitschlag und Wildenfeld

Auf den Almen Streitschlag und Wildenfeld lebten vor langer, langer Zeit übermütige Älpler. Sie fingen, als der Übermut am größten war, mit Butterknollen Kegel zu spielen an. Es lebte auch ein alter Mann auf dieser Alm; er mahnte die Älpler, sich nicht zu versündigen. Doch alles Mahnen half nichts.

Einmal ging der alte Mann in den Wald. Da hörte er einen Vogel, der sagte: „Alter Mann, geh von dann!" Der alte Mann befolgte den Rat des Vogels. Er verließ die Alm. Kaum hatte er die Nachbaralm betreten, hörte er einen Krach und die Älpler waren verschwunden. Auch soll die Alm seither nicht mehr so fruchtbar sein wie früher.

Die übermütigen Knappen

Zur Zeit, als in Kirchberg noch das Bergwerk in Betrieb war, lebte im Spertentale ein alter Müller, 's Rettenbachermüllerle. Dieser Müller wurde von den Knappen immer verspottet. Eines Tages sah der Müller, daß die Knappen Goldnägel statt Eisennägl auf den Schuhen trugen. Da sagte er: „Lang weascht's nimma dauern, aft (dann) ist enka Pracht nix mehr. Bald d' Hopfgaschta aufa keman Erlstaud'n hack'n[1], aft is gar mit enk." Es dauerte nicht mehr lange, da kamen die Hopfgartner Erlen zu schlagen und der Erzsegen ließ sofort nach. Die Knappen wurden brotlos und mußten in eine andere Gegend ziehen.

[1] Man erzählt, daß die Hopfgartner Pfarrkirche auf Erlpfählen stand. Es mußten daher immer wieder Erlenstämme nachgetrieben werden. (Anton Schipflinger)

Das Totenmandl

Der Bock von der Gumpau

Auf dem Bauernhofe Gumpau hauste in alter Zeit ein reicher, eigensinniger Bauer. Was er sich in den Kopf setzte mußte geschehen, wenn es auch keinen Nutzen brachte. Zu Lichtmeß kam eine neue Dirn. Sie hatte von diesem Bauern schon oft reden gehört, aber sie wollte doch, ein Jahr wenigstens, Dirn sein.

An einem Sonntag sagte der Bauer zur Dirn: „Heut Nachmittag wirst du Erbsen setzen." „Ist Morgen auch Zeit", erwiderte die Dirn und ging zur Kirche. Der Bauer blieb daheim und dachte nach, wie er die Dirn zur Sonntagsarbeit bringen könnte. Er wollte unbedingt, daß am heutigen Sonntagsnachmittag Erbsen gesetzt werden. Die Dirn war jedoch nicht zu bewegen etwas zu arbeiten. Sie gab ihm immer eine „gschnappige" Antwort und damit mußte der Bauer zufrieden sein.

Wie er nun sah, daß alles Reden und Drohen nichts nutzte, fing er an Verwünschungen auszusprechen.

In der folgenden Nacht kam ein Ziegenbock zum Fenster des Bauern und forderte diesen auf mitzugehen. Der weigerte sich, denn er hatte Furcht vor einem „redenden" Bock. Da drohte der Bock mit dem Teufel. Jetzt überlegte es sich der Bauer und ging mit.

Vom Bauern hörte man nichts mehr. Der Bock kam noch oft nach Gumpau, aber er fügte niemandem ein Leid zu.

Die Erlösung der Manharter

Damit die Manharter erlöst wurden und in den Himmel kommen konnten, mußte folgendes geschehen:

Es mußte eine Tanne wachsen. Aus dieser wurde eine Wiege gezimmert, und das erste Kind, welches in die Wiege gelegt wurde, war ein Knabe. Dieser Knabe wurde ein Priester. Bei seiner ersten heiligen Messe sah er alle Manharter vorbeiziehen.

Der Salvenhirt

Die hohe Salve soll in alter Zeit eine gottgesegnete Alm gewesen sein. Wie es nun ist, wenn es jemandem zu gut geht; man kannte kein Maß und Ziel mehr. In der Milch badeten sich die Älpler, Wege bestrichen sie mit Butter. Nur einer von diesen Almleuten dachte anders. Es war der Kuhhirt. Er mahnte seine Kameraden. Diese schlugen alles in den Wind.

Eines Tages kam das unausbleibende Strafgericht. Es wollte nicht mehr Tag werden. Als der Senner zu seinem Vieh nachschauen ging, traf ihn der Blitz.

Die anderen fingen an zu beten und den Herrgott zu bitten, daß er ihnen das Leben schenke. Der Kuhhirt kniete in einem Winkel der Almhütte. Als sie den schmerzhaften

Rosenkranz zu Ende gebetet hatten, stand er auf und sagte: „Ich will mein Leben für das Eure geben:" Schnell riß er die Tür auf und verschwand in der Dunkelheit.

Kurze Zeit darauf wurde es hell, die Sonne schien, nur die Kühe wollten nicht mehr bleiben. Sie rissen sich los und eilten dem Tale zu. Die Älpler hinterher. Kaum hatten sie die Alm verlassen, so ertönte ein Donner und die Almhütten waren verschwunden.

Von dem Kuhhirten, der sein Leben für das der anderen hergab, hörte man nie mehr etwas.

Der Tagweid-Stier

Auf der Tagweidalm in der Windau war vor langer Zeit ein Melker, welcher einen großen Teil der Milch, die er molk, in den „Schoakoast"[1] goß. Während des Sommers ahnte niemand von diesem Tun des Melkers etwas. Als es von der Heimfahrt zur Milchrechnung kam, war es dem Bauer zuwenig Milch. Der Bauer stellte den Melker zur Rede. Dieser erwiderte: „Wenn ich einen Tropfen Milch vergossen habe, so soll ich, wenn ich gestorben bin, ein Stier werden."

Bald darauf starb der Melker. Im Langs, als man mit dem Vieh auf die Alm fuhr, war auf der Tagweidalm ein Stier. Und dazu ein ganz eigenartiger – er riß immer los, weidete allein und hatte ein auffallendes Gebrüll. Die Älpler beschlossen, ihn in den Steinkarsee zu senken. Man führte den Stier zum Steinkarsee. Kaum waren sie dort angekommen, als der Stier zu sprechen begann. Er sagte: „Wenn's ös mi in See senkt, aft laß' i 'n aus, daß 's Wassa beim Huzn[2] beim Kuchlfensta einchi rinnt." Von dieser Art, den Stier los zu werden, ließen die Älpler nun ab. Was tun? Man frug weit und breit nach einem guten Mittel. Gar viele Ratschläge erhielten die Älpler. Aber der eine war nicht gut genug und den anderen getrauten sie nicht auszuführen. Schließlich kam man auf den Gedanken, den Stier auf den Kaiser zu bannen.

Man ließ einen Pater kommen. Dieser mußte den Stall aussegnen und dann den Stier auf den wilden Kaiser bannen. Ein Mann mußte vorausgehen, ohne zurückzuschauen, und immer im Schlitt- oder Wagenloast[3] gehen. Der Pater folgte betend dem Stier.

Der Stier muß solange im Kaiser draußen bleiben, bis der Schreibname „Sturm" ausgestorben ist.

Zu Kummern – zu diesem Bauernhofe gehörte damals die Tagweidalm – mußten sie jährlich etliche Messen stiften. Dies mußten sie tun, damit der Stier nicht mehr auf die Alm komme.

[1] „Schoakoast" – Öffnung, wo man den Mist aus dem Haag (Almstall) scharrt. – [2] Huzn ist ein Bauernhof auf der anderen Talseite. Der Hof liegt in ziemlicher Höhe. Das ganze Windautal wäre dann ein See gewesen. – [3] Spur, wo man mit einem Wagen oder Schlitten gefahren ist. (Anton Schipflinger)

Der spottende Hirt vom Moderstock

Auf der Alpe Moderstock war einmal ein Hirt namens Sepp. Er hatte ein „grobes Maul"[1] und fluchte und teufelte[2] wegen jeder Kleinigkeit. Kein Tag verging, an dem er nicht eine Gotteslästerung aussprach.

Ein regnerischer Tag war es. Sepp mußte die Kühe in den Haag treiben. Da geschah es, daß ihm eine Kuh in die Ache ging. Nun wurde ihm bange. Er versuchte die Kuh herauszutreiben – alles half nichts. Wie es die Gewohnheit des Sepp war, fing er an zu fluchen und teufeln. Er grub mit den Händen ein Loch und legte den Hut darüber. „Wanns an Toifl geit, aft sollt er bei den (diesem) Loch auffa schaug'n", sprach er. Er nahm den Hut weg und wurde ganz bleich. Der Teufel schaute wirklich herauf.

Der Hirt begann sich zu bessern. Er wußte, daß es einen Teufel gibt.

[1] Wer viel flucht, der hat ein „grobes Maul", sagt der Volksmund. – [2] Wenn man den Teufel zum Fluchen gebraucht. (Anton Schipflinger)

Wie der Unfriedenteufel auf den Glantersberg kam

In Hopfgarten war ein Viehmarkt. Auch die Bauern von Glantersberg trieben einige Kühe auf den Markt. Auf dem Wege zum Markt sprachen zwei Bauern – sie waren Nachbarn – über die Erfolge in der Viehzucht. Jeder schnitt ein wenig auf. Hatte der eine mehr Erfolg, so hatte der andere schon eine Lug' erfunden. So ging es, bis sie zum Viehplatze kamen. „Du bist ein Lugner!" Mit solchen Worten trennten sie sich.

„Eine Arbeit für mich", dachte sich der Unfriedenteufel, der immer hinter den beiden Nachbarn war. Der Teufel sorgte auch dafür, daß er die beiden Bauern immer mehr in den Unfrieden brachte.

Es war spät abends, da ging einer von den zwei Bauern heim. Er schimpfte und fluchte über seinen Nachbarn. Kurze Zeit hernach ging der andere heim: auch dieser fluchte und schimpfte. Im Walde holte der letztere den ersteren ein. Sie schauten sich feindselig an und sprachen kein Wort.

Der Unfriedenteufel war nun auch auf den Glantersberg gekommen. Er versuchte des öfteren sein Glück und hatte auch Glück. Auf dem Weiler „Hof" hatte er besonderen Erfolg, weshalb man ihn auch den „Hofer Unfriedenteufel" nannte.

Die Wildalpseen in der Sage

In der Nähe der Roßwildalm liegen die zwei Wildalpseen. Von diesen Seen geht die Sage, daß zwei Männer einmal versuchten, die Tiefe zu ergründen. Sie nahmen einen Zwirnknäuel, an dessen Anfang sie einen Stein anknüpften. Während die Männer den

Der spottende Hirt vom Moderstock

Die Wildalpseen in der Sage

Zwirn vom Knäuel abrollen ließen, hörten sie auf einmal eine Stimme aus der Tiefe des Sees: „Ergründ'st du mich – verschlint[1] ich dich", sprach die geheimnisvolle, unbekannte Stimme. Die Männer zogen den Zwirn zurück und seither versuchte niemand mehr die Tiefe der Wildalpseen zu ergründen.

Eine andere Sage berichtet von einer unterirdischen Verbindung der Wildalpseen mit dem Steinkarsee. Einem Fisch hängte man ein rotes Bändchen um. Im darauffolgenden Jahre beobachtete man den Fisch im Steinkarsee.

Man sagte auch, die letzten Heiden aus dem Pinzgau seien in die Wildalpseen geworfen worden.

[1] Verschluck'.

Das Männlein auf der Stegnerbrücke

An einem Sonnwendtag in alter Zeit stand auf der Stegner Brücke in Hopfgarten ein katzgraues Männlein. Ging eine Weibsperson über die Brücke, so sagte das Männlein: „Weibl, Weibl, wohin so gneatig, bist in dein Grenn (Lauferei) nit bald fertig?" Überschritt ein Mann die Brücke, dann sagte es: „Mannaleut wohin? Zu einer Frau im Hopfgartner Marktl?"

Gegen Mittag schritt ein Penningberger Bauer über die Brücke. Das Männlein stellte sich in die Mitte der Brücke und fragte den Bauern:

„Wohin gehst du?"

„Ins Marktl", entgegnete der Bauer.

„Dann laß dir Zeit."

„I habs eilig."

„Magst a Geld?"

„Ja", antwortete der Bauer vor Freude.

„Wenn du in deinem Keller nachgrabst, findest du drei Häfen voll Gold."

„Gott vergelt's", antwortete der Bauer.

„Aber", fuhr das Männlein fort, „nit heiraten darfst."

„Ja, ja. Gott vergelt's", sagte der Bauer. Er ging schnell nach Hause, grub im Keller nach und fand, wie das Männlein sagte, drei Häfen voll Gold.

Bald darauf überschreitet eine schöne Bauerntochter die Stegnerbrücke. Das Männlein fragt:

„Wohin, schönes Bauerntöchterlein? Magst a Geld?"

„A Geld?" fragte das Bauernmädchen, „Geld mag ich alleweil."

„Dann grabst bei der Eiche, welche vor eurem Haus steht nach und hast genug für dein Leben," sagte das Männlein.

„Gott vergelt's, Gott vergelt's", dankte die Bauerntochter.

„Aber nicht heiraten darfst!" befahl das Männlein.

„Ja, ja", versprach die Bauerntochter, eilte nach Hause, und während der Nacht grub sie nach. Und richtig – drei Häfen mit Gold gefüllt konnte sie mit in ihre Kammer nehmen.

Einige Jahre vergingen. Beide vergaßen die Worte des Männleins. Der Bauer heiratete jenes Bauernmädchen. Das junge Ehepaar war glücklich. Drei Knaben und ein Mädchen schenkte ihnen Gott.

Dreizehn Jahre waren verstrichen seit jenem Tage, an dem sie mit dem Männlein auf der Stegner Brücke zusammen trafen. Auf einmal klopfte jemand an der Tür. „Herein!" sprach der Bauer. Da trat jenes Männlein ein.

„Ihr habt", begann es zu sprechen, „sehr schlecht euer Wort gehalten. Nun müßt ihr mit."

Jetzt erinnerten sich beide an das gegebene Wort.

„Wir haben aber vier Kinder und können daher nicht fortgehen," wendete der Bauer ein.

„Dann will ich von meiner Forderung abstehen", sprach das Männlein und verschwand.

Der Teufel von Hörbrunn

Eine gute Gehstunde braucht man, um von Hopfgarten nach Hörbrunn zu kommen. Den Hopfgartnern kommt das Wort „Hörbrunn" fremd vor, sie sagen: „Geh ma in d'Glashütt."

Vor 140 Jahren wurde dort eine Glashütte eröffnet, welche später aufgelassen wurde. Manche Sage umwebt diese einst blühende Glasfabrik.

Die Arbeiter der Glasfabrik waren „Böhm" (Böhmerwäldler) und glaubten auf den Herrgott nicht viel. Deswegen wurden sie von den Hopfgartnern nicht besonders geachtet, und mancher wünschte ihnen, daß der Teufel sie besuchen sollte. Der Wunsch ging in Erfüllung. An einem Werktag, die Arbeiter waren eifrig beschäftigt, schöne Gläser zu blasen, da kam der Teufel. Die Arbeiter warfen alles weg. Es gab nur eine Rettung – fliehen. Aber fliehen, wo doch der Teufel unter der Tür stand, war eine gewagte Sache.

„Hilfe! Hilfe!" riefen die Arbeiter.

Nichts rührte sich. Es schien, als ob sie niemand gehört hätte. Der Teufel trat näher zu den Arbeitern. Diese schrien wieder um Hilfe. Da überrannten einige den Teufel und alle suchten das Weite. Der Teufel, über die Kühnheit der Arbeiter erstaunt, verließ die Glashütte und ließ sich nicht mehr sehen.

Nach langem Zureden nahmen die Arbeiter die Arbeit wieder auf. – Seit jenem Tage soll bei jeder Sonntagsmesse kein einziger Arbeiter gefehlt haben, denn sie wollten mit dem Teufel nicht mehr in Berührung kommen.

Die Percht im Brixental

Am Dreikönigsabend zieht die Percht mit ihrer Schar von Haus zu Haus, klopft an die Fenster, und wenn sie ein Spinnrad surren hört, dann sagt sie das Sprüchl: „Spinn, spinn, morg'n bist hin." Daher soll man in der Rauchzeit, vor allem aber am

Das Männlein auf der Stegnerbrücke

Dreikönigsvorabend bis zum dritten Tag nach Dreikönig nicht spinnen, will man ein gesundes Jahr erhoffen. Auch als Kinderschreck für die schlimmen Kinder tritt die Perchtl auf.

Die Bäuerin kocht am letzten Rauchabend nicht Nudeln, wie es an den vorhergehenden Rauchabenden Sitte ist, sondern sie kocht Krapfen, d' Percht'nkrapfen werden sie geheißen. Etliche Stück werden als Opfer für die Perchtl auf die Labn gestellt, damit sie mitgenommen werden. Dies wird von den Bäuerinnen gerne geübt, denn sie glauben, wenn die Perchtl die Krapfen nimmt und ißt, dann geht sie über das Flachsfeld und der Flachs wird im kommenden Sommer gut geraten, besonders einen schönen, feinen Zwirn kann man spinnen.

Die Percht reitet durch die Luft, sie hat auch dort und da eine Rastbank; so dienen ihr Baumstücke, auf denen drei Kreuze oder ein Drudenfuß ausgehackt sind, als Raststätte. Man erzählt: Die Percht war einmal sehr müde, nirgends fand sie eine Raststätte. Endlich erblickte sie einen Baumstock, auf dem drei Kreuze ausgehackt waren. Sie setzte sich darauf und als sie ausgeruht hatte und weiter zog, sagte sie: „Baum wachs, werd' a Wieg'n und laß Glück daraus schrein." Der Baumstock fing an zu sprießen und schnell wuchs ein stattlicher Baum; er wurde gefällt und aus seinem Holze machte man eine Wiege und keines, das in dieser Wiege lag, starb ohne Nachkommenschaft.

Kommt aber die Percht in das Haus, so bringt sie nur Unglück, weshalb man daher am letzten Rauchabend drei Kreuzlein auf die Fensterstockrahmen macht und auf die Türen die Anfangsbuchstaben der Namen der hl. drei Könige schreibt. Dies ist gut gegen alle bösen Feinde des Menschen; auch die Percht kann nicht mehr in das Haus, wenn an den Türen und Fensterstockrahmen die Zeichen des letzten Rauchabends angebracht sind.

Das Perchtenspringen gehört ebenfalls zum Brauchtum der Dreikönigszeit. Junge, lustige Bursche vermummen sich und springen über Felder und Äcker. Die Bäuerin sieht es gerne, wenn sie über den Fleck springen, wo im Frühjahr der Flachs gesät wird. Ein Sprüchl sagt: „Wie der Percht'nsprung am Haarfleck, so wächst das Haar" (Flachs). Es gibt also mehr Handlungen, durch welche der Flachs geratet.

Die Perchtenspringer werden von der Bäuerin nach getaner Arbeit in das Haus geladen und festlich bewirtet. Zu essen und trinken gibt es, was es nur Platz hat. Nebenbei wird es lustig. – Das Sternsingen und das Perchtenspringen tun miteinander ringen, heißt es im Volksmund. Damit will angedeutet sein, daß das Sternsingen das weihnachtliche Brauchtum abschließt und das Perchtenspringen den Fasching ins Land bringt.

Doch kann man diesem Spruche nicht ganz beipflichten. Das Perchtenspringen gehört doch auch zum Brauchtum der Weihnachtszeit. Natürlich erinnert die muntere, springerische, lebendige Art schon mehr die Zeit der Fasnacht. Das Sternsingen dürfte wohl erst mit dem Eindringen des Christentums – der Name und auch die Handlung beweisen es ganz deutlich – aufgekommen sein.

Nun einige Sagen aus der Perchtlnacht, die im Brixental erzählt werden:

1. Ein Bauer vom Nazlberg (Westendorf) ging in der Perchtlnacht in das Dorf. Auf dem Wege begegnete ihm die Percht, riß ihm die Haare aus und sagte: „Nächstes Jahr z'ruck." Er ging im nächsten Jahre wieder diesen Weg, die Perchtl begegnete ihm auch wieder und tat ihm das Haar wieder auf den Kopf. Dieser Bauer wurde sehr alt, jedoch blieb ihm das Haar schön erhalten und wurde nie grau.

2. Mußte da ein übermütiger Bauernbursche im Windautale in der Perchtlnacht fensterln gehen. Er kam krank heim und starb bald. Die Percht soll ihn von der Labn gestürzt haben.

3. Auf dem Salvenberg kommt die Percht in der Dämmerstunde. Auf dem Nazlberg zur Mitternachtsstunde; in der Windau in der zweiten Stunde nach Mitternacht. In der letzten Stunde kommt die Percht in das Spertental.

4. Am Sonnberge bei Brixen lebte ein Bauer, der mit seinem Nachbarn in Streit lag. In der Perchtlnacht stritten sie wieder sehr heftig; da flog die Perchtl vorbei und riß beiden die Haare aus. Im nächsten Jahre warteten die zwei Bauern an der gleichen Stelle auf die Percht. Sie brachte ihnen das Haar wieder.

5. Im Windautale nahm die Percht einmal sechs kleine Kinder mit. Diese Kinder holte sie aus Häusern, an denen die Zeichen des letzten Rauchabends nicht angebracht waren. Als man beim nächsten Dreikönigsvorabend die Kreuzlein und Buchstaben anbrachte, da hörte man die Percht vorbeiziehen; sie sagte: „Feascht war'ns nit da, hoia schon, i geh' mit die Kinder davon und bring' sie euch, wenn die Kreuzlein geh'n." Die Kreuzlein wurden dann weggewischt und die Percht brachte die Kinder in das Haus.

6. Wer an einem Rauchabend spinnt, stirbt bald. Die Percht spricht ihr Sprüchl und der Betreffende stirbt bald eines unerklärlichen Todes. Lebte da im Brixental eine Spinnerin, die ihr Brot im Winter durch das Flachsspinnen bei den Bauern erwarb, die es sich nicht nehmen ließ, am letzten Rauchabend zu spinnen. Gesund und lachend ging sie schlafen, am Morgen lag sie tot im Bette.

7. Einmal erschien die Perchtl den Perchtenspringern. Diese erschraken nicht wenig. Doch sie ging wie sie gekommen. Der Flachs geriet aber so sehr, daß man zwei Winter zu spinnen hatte, wogegen man mit gewöhnlicher Ernte in einem Winter leicht fertig wurde.

8. „Wennn mir die Percht eine gute Flachsernte verschafft, gib ich zwei Haarreistl," sagte eine Bäuerin. Die Flachsernte wurde gut, das Versprechen jedoch nicht gehalten. In den folgenden Jahren geriet der Flachs nicht mehr. Endlich erfüllte sie das Versprechen und der Flachs geriet wieder.

Irrwurzen im Brixental

In zwei Wäldern des Brixentales kommen Irrwurzen vor. Es sind dies jene Wurzen, bei denen man in die Irre geht, vom Weg abkommt, wenn man darauf tritt. Im Bruggberg-Walde und im Auner-Walde sind solche Wurzen und die Sage weiß viel von diesen Wurzen und den Begebenheiten über Menschen, die auf solche Wurzeln traten, zu erzählen. Vor allem der Bruggberg mit seinen sumpfigen Wiesen ist sagenumwoben. Oft erzählen Bauern, Bäuerinnen und Dienstboten, besonders die in der Nähe dieser Wälder wohnen, von den Irrwurzen. Auch meine Mutter wußte mehr als ein halbes Dutzend Sagen. Einige dieser Sagen mögen folgen:

Einst ging ein Wildschönauer nach Söll zu einem Bekannten. Er benützte den Weg über den Bruggberg, der ihn schneller an das Ziel führte. Es war bereits dämmrig, als er zu Oberfoisching nach dem Weg fragte. Die Bäuerin sagte ihm den Weg genau an, da es aber schon sehr dämmrig war, fügte sie die Mahnung hinzu: „Bleib bei uns über Nacht, denn, wenn du auf eine Irrwurz trittst, so kommst du sieben Tage nicht mehr aus dem Wald." – Der Wildschönauer schlug die Warnung der Bäuerin in den Wind und ging den Weg weiter. Bald wurde es dunkel, es kam die Nacht und nach einer Weile schien der Mond in verschwenderischer Helligkeit. Der Mann kam nicht mehr aus dem Walde. Nach stundenlangem Umherirren kam er zu einer moosigen Wiese, an deren Rande er sich unter einem Baume niederlegte, um den Tag zu erwarten. Es wurde nicht mehr Tag. Oft wurde der Wildschönauer wach, immer schien der Mond gleich hell. Die Schatten der Bäume, das wunderbare Dunkel im Walde war so schön, daß er sich unter dem Baume aufrichtete und die Schönheit betrachtete. Ein wunderschönes Bild war es. „Geh, die Irrwurz führt dich", sagte tief und widerhallend eine Stimme. Der Wildschönauer ließ sich dies nicht zweimal sagen. Er ging, wohin ihn die Füße trugen. Nach einer langen Weile kam er zu einer alten Lärche. Um diese Lärche tanzten drei Berggeisteln. – „Was tanzt ös da?" fragt der Bauer. – „Den Irrwurzentanz mit Waxlaubkranz", antworteten die Berggeisteln. – „Tanz mit! Tanz mit!" luden sie den Wildschönauer ein. – „Meine Füäß sand zu alt", darauf der Wildschönauer. – „Niemand is z' jung, niemand is z' alt, Mitternacht kimt bald", erwiderten die Berggeisteln. Der Bauer tanzte nicht mit. Er wartete bis Mitternacht und als dann der ganze Spuk verschwand, legte er sich zu dieser Lärche hin und schlief bald ein. Als er am nächsten Morgen wach wurde, trat er seinen Weg an und kam gegen Mittag aus dem Dickicht des Waldes hinaus.

In seinem Leben ging er nie mehr diesen Weg, denn das Erlebnis in jener Nacht wirkte in ihm so nachhaltig, daß er Zeit seines Lebens zu keiner Tanzunterhaltung mehr ging. Daß er mit den Berggeisteln nicht mitgetanzt habe, sei sein Glück gewesen, so daß er am nächsten Mittag aus dem Irrwurzenwalde herauskam. Wenn er mitgetanzt hätte, wäre er sicherlich in das geheimnisvolle Innere des Berges gezaubert worden und wäre erst dann wieder herausgekommen, wenn seine Haare schneeweiß geworden.

Ein Bauer in der Nähe des Bruggberges war mit seinen Leuten auf der Streumahd auf dem Bruggberg. Während alle abends heimgingen, blieb der Bauer droben, denn es verdroß ihn, heimzugehen. Als es dunkel wurde, hörte der Bauer eine Stimme, die sagte: „Geh' oan Schritt, geh eine Weil', wart' nit lang, geh', bis Mitternacht wird." – Etliche Male hörte der Bauer diesen Spruch, ohne einen Fuß zu rühren. Als aber die Stimme immer lauter wurde, erhob er sich vom Boden und ging ein kleines Stück in den Wald hinein. Da trat er auf eine Irrwurz. Den Weg zum Zurückgehen fand er nicht mehr. Immer tiefer kam er in den Wald hinein. Schließlich legte er sich bei einer Tanne nieder und schlief bald ein. Am frühen Morgen des nächsten Tages versuchte er, den Weg aus dem Walde zu finden, ohne Glück und Erfolg zu haben.

Während des ganzen Tages irrte er umher. Am Abend war der Bauer ganz verdrossen und verzagt. Der Schlaf übermannte ihn bald. In dieser Nacht hatte er einen gar seltsamen Taum. Er sah seinen Hof im Winterkleid, so in der Zeit um Neujahr etwa. Da trug man eine tote Frau zu seinem Hause und begehrte Einlaß. Erschrocken öffnete er und man trug seine Frau in das Haus. – Am nächsten Tage fand der Bauer den Weg und kam aus dem Walde. – Der Traum wurde bittere Wahrheit. In einer Nacht nach Neujahr brachte man seine Frau tot in das Haus. Sie ging abends zum Nachbarn und starb dort in der Stube eines jähen Todes.

Irrwurzen im Brixental

Beim Lengerer Stall waren früher stets Tanzunterhaltungen. An frischen Herbstabenden fand sich das junge Volk des Bruggberges hier zusammen und unterhielt sich auf das beste. Gar nicht weit von diesem Stalle entfernt steht ein Stein, auf dem die Fußspuren des Teufels zu sehen sind.

Da war wieder einmal so ein lustiger Tanz. Alles war fröhlich und munter; echter Kirschschnaps, tückisch und süß, wie er ist, ging um die Runde. Während alle sich fröhlich nach den Klängen der Musik drehten, tat der Teufel, auf dem Steine stehend, einen grellen Juchezer, so daß alles erschrak. Man eilte aus der Tenne und jedermann sah zu seinem Entsetzen den Teufel, der nun recht hölzern lachte. Eilig trennte sich das junge Volk und ging schnellen Schrittes nach Hause. Manche waren von der anderen Seite des Bruggberges und mußten durch den Wald gehen, um nach Hause zu kommen. Im Walde sahen sie zur linken Seite immer das Bild des hölzern-lachenden Teufels. Zwei junge Burschen traten in dieser Nacht auf eine Irrwurz, kamen vom Wege ab und mußten im Walde bleiben. Gegen Morgen kamen sie auf einen schönen Hof. Im Osten stieg die Sonne immer höher. Als sie vor dem Hause standen, war es bereits ordentlich Tag. Aus dem Hause kam ein alter Bauer und sagte: „Seid's jung und werd's bald alt." – „Ach was! Wir arbeiten am Hof, wir füttern das Vieh und leben ohne Sorgen", erwiderte einer der beiden, langte nach der Mistgabel und begann mit der Herbstdüngung. Der andere folgte seinem Kameraden und beide schafften Tag für Tag. Zu essen bekamen sie von der alten Bäuerin. Die Kost war gut. Bald wurde es Winter. Schnee fiel auf die Erde; die Rauchnachtzeit kam. In dieser Zeit starben die beiden Bauersleute. Nun waren die beiden Burschen Bauern und mußten es so lange bleiben, bis ein anderer sich hierher verirrte.

Auch vom Aunerwald bei Westendorf sind uns etliche Sagen von Irrwurzen überliefert.

Einmal trat ein Bauer im Aunerwalde auf eine Irrwurz. Nach langem Umherirren fand er eine Höhle. Aus Neugierde trat er ein. Darin schliefen drei Riesen beim Schein einer Pechfackel. Der Bauer bestaunte das Innere der Höhle und es kam ihm ungemütlich vor. Als er sich entfernen wollte, wurden die Riesen wach und luden ihn ein, bei ihnen zu bleiben. Der Bauer folgte der Einladung, setzte sich in ihre Mitte und fing mit ihnen zu plaudern an. Sie redeten von harter Arbeit, von guter Kost, vom Vieh, vom Wetter und von der Kraft. Die Riesen erzählten voll Stolz von ihrer gewaltigen Kraft und erzählten Begebenheiten, wo sie ihre Kraft unter Beweis stellen mußten.

Der Bauer hörte aufmerksam zu, fügte manchmal ein Wort hinzu und foppte die Riesen. Dadurch wurden die Riesen immer redseliger. Einer machte dem Bauern den Vorschlag, wenn er ihnen ein „Mensch" verschaffe, so könne er sie zur Arbeit auf seinem Hofe haben. Jetzt gefiel dem Bauern die Rede nicht mehr. Er schickte sich an die Höhle zu verlassen. Die Riesen hielten ihn mit schönsten Worten zurück. Nun gaben ihm die Riesen zu verstehen, daß er ihnen nicht mehr entrinnen könne, denn er sei auf eine Irrwurz getreten und müsse daher so lange bei ihnen bleiben, mit ihnen essen und leben, bis ein anderer auf eine Irrwurz trete und den Weg zu den Riesen gehe. Dies dauerte doch immer etliche Jahre, denn man mied den Weg durch den Aunerwald bei Nacht. In dieser Zeit, und mochte sie noch so kurz sein, wurde bei den Riesen jeder alt und seine Haare nahmen schneeweiße Farbe an.

Eine andere Sage berichtet von einer Bauerndirn, die ebenfalls bei Nacht im Aunerwalde auf eine Irrwurz trat und zu den Riesen kam. Anfangs war sie keck und fröhlich, doch Tag für Tag wurde sie stiller und „dasiger". Wenn sie vom Fortgehen sprach, grinsten sie die Riesen höhnisch an und sagten: „Geh nur, du kommst doch bald wieder." Eines Tages entschloß sie sich zum Gehen. Ihre Füße trugen sie nicht weit. Alles war dunkel, unheimlich und gefühllos. Wenige Schritte war die Dirn gegangen, als sie umkehrte. Bald darauf starb sie.

Die Sagen von den Irrwurzen werden stets als Hinweis zum Tode gebraucht, denn wer auf eine Irrwurz getreten ist, der kann nicht mehr gesund zu den Seinen zurück, wenn er überhaupt noch zurückkonnte. So hatten die Leute der vier Westendorfer Höfe Burwegen, Degenmoos, Schwaigern und Tappen das Unglück, auf dem Wege durch den Aunerwald auf eine Irrwurz zu treten. Sie kamen alle nicht mehr zurück.

Quellen: Mündliche Mitteilungen von Anna Schipflinger, Hopfgarten, und Leonhard Oberlindober, Bauer zu Vorderaschenmoos. (Anton Schipflinger)

Die wilden Löda

Meine Mutter erzählte oft von den Schätze hamsternden Nachkommen der Riesen, die in der Sage und in den Erzählungen der Bauern als „wilde Löda" benannt werden.

Alte Älpler berichteten mit mancher Sage von diesen Männern. Den Sagen voraus schicke ich die Ansicht über die Besiedlung und Urbarmachung des Brixentales, wie sie sich die alten Leute, eben auf Grund der Sagen von den Riesen und wilden Männern, vorstellen.

Riesen lebten im Brixental vor vielen Jahrhunderten, sie waren die ersten Siedler des Tales, sie rodeten die Wälder und schufen fruchtbares Ackerland. Ihre Nachkommen hatten nicht mehr diese Riesenkraft und konnten auch nicht solches leisten, wie die Riesen leisteten. Kleine Menschen waren Nachkommen der Riesen. So erklären sich ältere Leute die Besiedlung des Brixentales.

Die Riesen leben heute noch in der Volksüberlieferung, in den Geschichten und Sagen der wilden Löda, fort.

Diese wilden Löda waren die wenigen Nachkommen der ersten Riesen, die das Tal rodeten. Große, kräftige Männergestalten waren sie. Leistungen vollbrachten sie, daß jedermann staunen mußte. Bäume entwurzelten sie mit Leichtigkeit, Steine preßten sie zusammen, daß das Wasser herausrann, und noch vieles andere taten sie.

Besonders berühmt wurden die Riesen vom Falkenstein im Spertentale. In der Sage „Der Heidenschatz" wird das Schicksal der Riesen so richtig beleuchtet. Die Sage gibt uns ein Bild vom Ende der Riesen. Schätze sammeln war die Hauptleidenschaft der Falkensteiner Riesen; auch die anderen Riesen im Tale haben gleiches getan. Und das Ende: durch die vielen Schätze wurden sie uneinig. War es da nicht ein Leichtes, daß sie von Zwergen, kleineren Leuten, besiegt wurden? Diese haben dann das von den Riesen gerodete Land in Besitz genommen und bewirtschaftet. Die Riesen drängte man auf die Berge. Sie wurden arbeitsscheu und widmeten sich immer mehr ihrer Hauptleidenschaft, dem Schätze sammeln.

Die zurückgedrängten Riesen wurden leutscheu; sie trauten niemandem. In der Einsamkeit führten sie jedoch kein eintöniges Leben. Im Gegenteil, sie fingen nun wohl von neuem zu arbeiten an, doch ihre Arbeit war umsonst. Sie waren nun einmal dem Golde ergeben, das sie vom Segen der Arbeit losband.

Von ihrem Leben in den Wäldern erzählen folgende Volksg'sagat:

Ein Bauer hatte auf der Alm noch manches zu tun und so begab er sich an einem regnerischen Herbsttage dorthin. Als er in die Hütte kam, war alles in Unordnung, obwohl der Senner bei der Heimfahrt alles in Ordnung brachte. Schnell stieg dem Bauern der Gedanke auf, daß die wilden Löder hier gewesen sein müssen. Am Abend kochte sich der Bauer ein Mus. Während er aß, kamen drei wilde Löder bei der Tür herein, stellten sich um die Esse und begannen für sich das Nachtmahl vorzubereiten. Auf den Bauern achteten sie gar nicht. – Einer brachte eine Muspfanne, die so groß war wie ein Kaskessel. Der zweite brachte einen Sechter Schmalz, warf es in die Pfanne und begann zu kochen. Der Dritte steuerte Wurzenmehl bei. Nachdem das Mus fertiggekocht war, teilten sie es in drei Teile und jeder begann seinen Teil zu essen. Löffel brauchten sie keinen, denn sie nahmen die Hand. – Dem Bauern wurde es ungemütlich und er verließ noch in selbiger Nacht die Hütte.

Aus den Wurzeln der Waldkräuter erzeugten sie Mehl. Sie sammelten die Wurzeln, trockneten sie und mahlten sie mit zwei großen Mühlsteinen. Auch auf die Jagd gingen sie; das Fleisch brateten sie am Spieß. Ihre Hauptkost war Fleisch und Mus.

Dunkel war es, wie in einem Sack, als ein Bauer vom Tal heim ging. Er war bei seinem Bruder auf dem Nazzlberg. Der Weg führte ihn durch einen dichten Wald. – „Bauer, komm', ich zeig dir was", rief eine Stimme und als der Bauer aufschaute, stand ein wilder Loda neben ihm. Der wilde Loda führte den Bauern ein Stück durch den Wald, dann stiegen sie durch einen Schacht in die Erde. Dort zeigte ihm der Riese einen Kaskessel, der mit lauter schönen Goldgeschmeiden gefüllt war. Der Riese versprach dem Bauern die Hälfte des Schatzes, wenn er ihm seine älteste Tochter als Frau lasse. Der Bauersmann kam in arge Verlegenheit; schließlich sagte er, er müsse zuerst seine Tochter fragen, ob sie einverstanden ist. – Da zog der Riese einen Vorhang zurück. Der Bauer sah seine Tochter inmitten von Riesen; sie tanzte und lachte mit ihnen. Nun willigte der Bauer ein. Da nahm nun der wilde Loda die Hälfte der Goldgeschmeide aus dem Kaskessel und ging mit dem Bauern zu dessen Haus. Dort legte er sie vor die Haustüre hin und verschwand. – Sein Leben lang sah der Bauer seine Tochter nicht mehr. Manchmal reute es ihn bitter, daß er für Gold sein eigenes Kind verkauft hatte. Aber auch die wilden Löda hatten nicht alles Glück mit solchem Handel. Ihr sehnlichster Wunsch, Nachkommen dadurch zu erhalten, ging nicht in Erfüllung. Sie trauerten deswegen und mancher stürzte sich von einem Felsen in die Tiefe.

Sie waren wild, scheu. Ungern kamen sie mit Menschen zusammen. Nur in finsteren Nächten führten sie Menschen in ihre Wohnungen und zeigten ihnen ihre Schätze.

Von den Bauern wurden die wilden Löda nicht geachtet, denn sie galten als Verführer. Im Windautale kam ein Bauer um seinen Hof, weil er von einem wilden Loda verführt wurde. Er fing an, sich von der Ackererde loszulösen und begann Schätze zu sammeln. Die wilden Löda nahmen ihn dann auf, doch er starb bald.

Schnell starben die Riesen aus. Die letzten Riesen versenkten ihre Schätze in den Rainkarsee. – „Sink, Gold, so tief du kannst und glänze nicht. Sucht man dich, dann bring nicht Glück", sprachen die Riesen, während sie ihre Schätze versenkten. Nach-

Die wilden Löda

dem sie ihre Schätze dem See übergeben hatten, zogen sie vom Brixentale weg. Nur einer, der vom Falkenstein im Spertentale, zog nicht in die Fremde. Seine Schätze verwahrte er im Berge. Nach seinem Tode wollte man den Schatz suchen, fand ihn auch, konnte ihn aber nicht heben, da die Berghöhle voll Wasser war.

Die Almgeister aus dem Brixental

Wenn die Älpler im Herbst die Alm mit den Kühen verlassen haben, besuchen die Almgeister die Almhütten, mustern sie sorgfältig und sagen es dann ihren Brüdern und Schwestern, die im Berginnern hausen, daß es Zeit sei, in die Almhütten einzuziehen.

An welchem Tag die Geister in die Almhütten ziehen, wurde nie bekannt; manche sagen, die ersten Almgeister ziehen am Rosenkranzsonntag in ihre neue Wohnung. Nach einer anderen Überlieferung ziehen am Kirchtag alle Almgeister in die für sie bestimmte Almhütte.

Es beginnt nun ein neues Leben für die Almgeister. Während des Sommers hausten sie im Berginnern. Im Frühjahr wurden sie in das Berginnere gebannt; wenn der Senner auf die Alm kommt, so besprengt er alle Räume und Ställe der Alm mit Weihwasser, damit die Geister wegziehen. Nur hie und da wagt es ein Geistermännlein, das Berginnere zu verlassen. Kommen die Geister in die Almhütte, so kochen sie sich ein Mus. Nach dem Musessen richten sich die Geister alles zurecht. Ist dies getan, so streifen sie die Alm ab und bitten Gott, daß er sie vom Unglück verschone.

Über ihre Tagesarbeit ist wenig überliefert. Man weiß nicht, ob sie etwas arbeiten oder nicht. Da viele Geister auch Schatzhüter sind, werden sie sicherlich Schätze hüten müssen.

Eine besondere Zeit für die Almgeister ist die Weihnachtszeit. Am hl. Abend dürfen sie nichts essen, denn in der Christnacht kommen alle Geister von einem Tal an einem bestimmten Platz zusammen[1]. Dort verrichten sie geheimnisvolle Dinge. Es wird auch Gericht gehalten über die Geister. Diejenigen, welche im abgelaufenen Jahr erlöst wurden, kommen in der Christnacht in den Himmel. Die anderen müssen auf ihre Alm ziehen und warten, bis sie erlöst werden.

In der Zeit der Rauchnächte dürfen die Geister die Almen verlassen. Manche begeben sich zu den Häusern, wo sie aber wieder vertrieben werden. Wenn der Bauer mit der Räucherpfanne kommt, müssen alle Geister das Weite suchen, falls sie nicht zugrunde gehen wollen.

Die Weihnachtszeit ist für die Geister eine harte Zeit. Sie können sich bei den Häusern nicht aufhalten, und auf der Alm ist es furchtbar unheimlich. Man sagt, daß ihnen Tod und Teufel in die Augen schauen.

Sind die Rauchnächte vorbei, dann können sich die Geister auf der Alm wieder wohl fühlen.

Über den Abzug der Almgeister sind mehrere Überlieferungen da. Wenn das Vieh auf die Alm kommt, sind die Geister schon längere Zeit dahin. Der Senner besprengt darum die Räume der Hütte und die Ställe, damit die Geister im Sommer nichts Böses tun können auf der Alm.

Am Karfreitag ziehen die Geister von der Alm. Jedoch am Ostersonntag kommen sie wieder. An diesem Tag müssen sie in der Hütte zusammenräumen.

Nach einer anderen Überlieferung ziehen die Geister, wenn es zu grünen beginnt, von der Alm. Sie müssen die Alm gegen Sonnenaufgang verlassen, um dadurch das Wachstum und die Fruchtbarkeit der Alm zu fördern.

Von dieser allgemeinen Darstellung der Almgeister weichen manche Sagen ab. Nachstehend folgen einige solche Sagen. Es gäbe eine Menge von Almgeistersagen, doch weisen sie nur örtliche Verschiedenheiten auf, weshalb sie weniger interessant sind.

[1] Für das Unterinntal ist das Innere des Kaisergebirges die bekannteste Zusammenkunftstelle. Es gibt aber auch andere. (Anton Schipflinger)

Der Putz von der Schledereralm

Jedes Jahr, wenn man zur Herbstzeit die Alm verließ, kam einige Tage darauf ein Putz. Er richtete sich die Almhütte häuslich ein und bewohnte sie bis zur Christnacht. In der Christnacht verließ er die Almhütte und kam nicht mehr.

Der Ahndl hatte schon davon erzählt. Und nun wollten übermütige Burschen den Geist sehen.

Am hl. Abend begaben sich mehrere Burschen auf die Schledereralm. Als sie dort ankamen, war alles versperrt. Sie öffneten mit Gewalt.

„Toifl – hol' d' bös'n Buam!" hörten sie fluchen.

Bei der Esse war ein Schemel, auf welchem ein goldenes Kreuz mit einem hölzernen Christusleib lag. Die Burschen nahmen es und betrachteten es.

„Schiabn mas ein", sagte einer von den Burschen und ein anderer hatte es schon in der Tasche.

Mittlerweile kam der Putz. Er schrie sie an: „Geht's weg! Geht's heim! In kurzer Zeit seit's krank."

Die Burschen lachten laut. Sie besahen sich den Putz. Es war ein altes bartloses Männlein mit glühenden Augen und schwarzen Händen. Die Burschen wollten bleiben, doch es wurde ihnen unwohl und sie beschlossen zu Tal zu wandern. Als sie heimkamen, waren sie schwerkrank und starben etliche Tage darauf.

Der Putz kam immer noch auf die Schledereralm. – Alljährlich brannte in der Christnacht auf den Gräbern der Burschen ein seltsames Lichtlein.

Die Rauchnachtmandln

Auf mehreren Almen des Brixentales kamen in den Rauchnächten zwölf Männlein. Sie hatten schwarze Gewänder an und sangen feierliche Lieder. – Oft hörte man ihre Lieder in das Tal. – Waren die Rauchnächte vorbei, zogen die Männlein wieder ab.

Die Leute erzählen, daß diese Männlein Heiden waren und die Christen verspottet haben. Dafür müssen sie in den Rauchnächten als Rauchnachtmandln auf die Almen kommen – es sollen dies jene Almen sein, die ihnen einst als Wohnung dienten – und dort Buße tun.

Der Almgeist von der Buchaualm

Der „wunderbare" Wintergeist von der Buchaualm, wie ihn die Brixentaler nannten, kam jedes Jahr am Thomastag (21. Dezember) in seine Almhütte. Er war ein beliebter Almgeist, denn er hatte den Ruf eines guten Wunderarztes. Böse Mäuler nannten ihn einen vom Teufel abgesandten Hexenmeister. Dies traf natürlich nicht zu, den Menschen und Tieren tat er Gutes. Wer zu ihm kam um Wunderkräutlein erhielt eines, wenn er ihm versprach, über das, was er in der Almhütte gesehen hatte, zu schweigen.

„Schweigst du nicht, so leidest du für mich", sagte er immer, sobald man die Almhütte verließ.

Manchmal kam es vor, daß einer nicht schwieg. Dadurch wurde der Geist von der Buchaualm erlöst, dafür aber der vorlaute Mensch Almgeist und mit den gleichen Wunderkräften ausgestattet.

Das Rauchnachtfeuer

Wenn am hl. Abend in den Bauernhäusern der Bauer die Räume beräucherte, erschien auf der Duraalm ein kleines Feuer. Vor der Hütte blieb es stehen und wurde etwas größer.

In der Nacht zog das Feuer den Zaun entlang um die Alm. Wurde es Mitternacht, wanderte das Lichtlein der Almhütte zu, schlüpfte durch ein Fenster in das Innere und blieb verschwunden bis auf den nächsten Tag, wo sich dieses Spiel wiederholte.

An jedem Rauchnachtabend konnte man das gleiche Spiel dieses Feuerleins beobachten.

Am Vorabend von Dreikönig wurde das Feuer noch größer und man konnte deutlich ein Männlein darin sehen. Dies dauerte kurze Zeit und dann erlosch das Feuer.

Die Sagen von den wilden Frauen auf den Hopfgartner Almen

Die Götzenfrauen auf der Hohen Salve

Auf der Hohen Salve lebten drei wilde Frauen, wovon zwei schwarze Hände hatten, die dritte hatte schwarze Füße. Den Tag verbrachten sie mit Tanz zu Ehren der Sonne. Nahrung nahmen sie selten, und wenn sie eine zu sich nahmen, dann nur während der Dunkelheit. In aller Frühe erhoben sich die drei wilden Frauen von ihrer Schlafstatt und begannen mit dem Götzentanz. Die mit den schwarzen Füßen stellte sich zwischen die zwei anderen und begann:

„Sonn', Sonn', dir gehört alles!" Dabei trat sie zwölf Schritte zurück und die anderen zwölf Schritte vor.

„Sonn', Sonn', dir gehören wir!" begannen nun die nach vorne Gerückten und traten zwölf Schritte zurück. Die andere trat zwölf Schritte nach vorne. Jetzt waren sie wieder beisammen. Sie kehrten sich um, schrien zugleich: „Sonn', Sonn'n, wir sind für dich!" Sie begannen nun siebenmal um die Kuppe der Salve zu laufen.

Diese Handlung wurde den ganzen Tag immer von neuem begonnen. Nur um zwölf Uhr hielten sie eine kurze Rast.

An einem nebeligen Sommertage verirrte sich ein Kuhhirt und kam auf den Gipfel der Hohen Salve. Man mied jede Berührung mit den Götzenfrauen, denn jeder wußte, wie es die Götzenfrauen mit den Menschen machen. Als die Götzenfrauen den Kuhhirten erblickten, schauten sie ihn grimmig an. Er wollte fliehen, da faßte ihn eine und erwürgte ihn. Doch als sie sahen, was sie getan hatten, flohen sie. Nur die, welche den Kuhhirten erwürgt hatte, mußte bleiben, bis sie der Tod in Empfang nahm.

Die sieben Geisterfrauen

Auf der heutigen Alm Hochegg hausten früher sieben wilde Geisterfrauen. Tagelang schwebten diese sieben Frauen über das Tal, um Ausschau zu halten, ob nicht irgendwo eine Katze zu rauben sei. Denn diese Geisterfrauen durften nur Katzenfleisch essen. Bei den Bewohnern des Tales waren sie nicht besonders gut angeschrieben. Man mutete ihnen allerhand schlechte Sachen zu. Als nun eines Jahres die Ernte schlechter ausfiel als in früheren Jahren, beschlossen zwei Hopfgartner, diese Frauen zu ermorden.

An einem Werktag marschierten nun die beiden auf Hochegg zu. Zuerst frohen Mutes und voll Übermut, gingen sie durchs Kelchsauertal. Doch wie sie näher zum Standplatz der sieben Geisterfrauen kamen, wären sie lieber umgekehrt. Eine Viertelstunde vor Hochegg begegnete ihnen ein Bettelweib. Dieses fragten die Burschen, wo die Geisterfrauen wohnen. Das Bettelweib nahm, statt eine Auskunft zu geben, eine Rute, schlug den beiden Hopfgartnern auf die Hände und wanderte weiter. Die beiden schauten sich groß an. Sie konnten nicht mehr weiter. Da spazierten die Geisterfrauen daher, bespöttelten die Burschen und sagten: „Wenn ihr euch bis zum Abend nicht rührt, könnt ihr befreit werden." Die Burschen taten, wie ihnen die Geisterfrauen sagten. Und siehe – bevor es anfing zu dunkeln, konnten die Burschen wieder ihre Füße bewegen. Sie liefen so schnell es ging nach Hopfgarten und warnten jedermann vor solchen Unternehmungen. Die Geisterfrauen konnte man seit jener Zeit nicht mehr beobachten.

Das Steinhütt-Fräulein

Auf der Steinhütt-Alm stand in alter Zeit eine steinerne Hütte. In dieser wohnte ein weniger schönes Fräulein. Die Leute nannten es kurzweg das „Hüttenfräulein". Seine Mahlzeiten bestanden meistens nur aus Kräutersuppen.

Die Bauern hatten eine gewisse Furcht vor diesem Fräulein. Größer noch war die Furcht, die die Bäuerinnen hatten, denn man mutete ihm allerhand geheime Dinge zu.

Eine besonders neugierige Bauersfrau wollte einmal – nur einmal – mit diesem wilden Fräulein zusammen kommen. Obwohl die Bauersfrau sehr ängstlich war – aber das wilde Fräulein mußte sie sehen.

An einem Freitag ging sie nun zum Hüttenfräulein. Das Fräulein empfing sie auf das Herzlichste. In der Steinhütte mußte die Bäuerin auf einem steinernen Sessel Platz nehmen. Als es der Bäuerin gar nicht mehr behagte auf diesem Sessel, da wollte sie aufstehen – konnte aber nicht mehr. Sie fing an zu fluchen und böse Wünsche gegen das Fräulein auszustoßen. Das wilde Fräulein lachte und höhnte die Bäuerin: „Ja, warum bist du so neugierig gewesen, 's ist ja ganz nett sitzen auf diesem Sessel. Ganz ein praktischer Sessel für dich!"

Als die Bäuerin sah, daß sie hier mit Fluchen und Wünschen nichts ausrichtete, wollte sie es mit Gutem probieren. Doch als sie aufhörte, zu fluchen, war sie in einen Stein verwandelt.

Das wilde Freil und das Kasermanndl

Auf der Niederkaseralm hauste in alter Zeit ein Kasermanndl. Neben diesem lebte auch ein wildes Freil. Besonders gut haben sich die beiden nicht vertragen. Das Kasermanndl behauptete, es sei eher da gewesen, und das wilde Fräulein behauptete, es sei eher da gewesen. Keines wollte nun die Alphütte verlassen, und heiraten wollten sie auch nicht. Wollte das Kasermanndl kochen, dann goß ihm das wilde Fräulein einige Kübel voll Wasser in das Feuer. Kochte das wilde Fräulein, dann nahm das Kasermanndl die Pfanne und schüttete das Mus in die Saudiesn (ein Faß, in dem das Schweinefutter aufbewahrt wird).

Immer dachten sie nach, wie sie sich einander einen Duck (versteckte Bosheit) antun können; doch immer wurde der Duck vereitelt.

Als sich ein Jahr dem Ende zuneigte, da wollte das Kasermanndl Frieden machen. Das wilde Freil erklärte den Krieg. Und so ging es viele Jahre. Einmal wurde ihnen dieses Leben aber doch zu fad. Eines von den beiden mußte die Almhütte verlassen. Doch keines wolltes dies tun. Da sagte das Kasermanndl zum wilden Fräulein: „Schau, wir könnten ja auch miteinander in Frieden leben. Ganz leicht wäre dies einzurichten."

„Diesen Frieden kannst du dir denken", lachte das wilde Fräulein. „Mit einem so schiachen Loder, wie du bist, mag niemand einen Frieden."

Das war dem Kasermanndl zuviel. Es packte das wilde Fräulein und schmiß es zur Tür hinaus. Dann sperrte es die Tür zu und kochte sich ein schmalziges Mus.

Draußen flehte das wilde Fräulein um Einlaß. Und als das Bitten und Betteln nichts half, sagte es den Fluch: „Nieder Kasermanndl! Nieder Kasermanndl!" Dieser Spruch bedeutete so viel, als das Kasermanndl solle nieder, sich ihr ergeben; es sollte sterben. Doch das Kasermanndl hörte nicht auf das wilde Fräulein. Es verlachte es noch und fragte es, warum es nicht herein komme, um mit ihm Mus zu essen zu können.

Als das Kasermanndl fertig gegessen hatte, sagte es zum flehenden wilden Fräulein: „Jetzt hun i nix mehr. Must dir halt selber kochen." Da nahm dieses ein Holzscheit, schlug ein Fenster ein, kroch daselbst hinein und erschlug das Kasermanndl.

Das wilde Fräulein lebte noch lange auf dieser Alm und wurde später von einem Älpler erschlagen.

Seit dieser Zeit nannte man diese Alm die „Niederkaser"-Alm.

Das wilde Freil von Schmalzeck

Auf dieser Alm hauste vor urdenklichen Zeiten ein wildes Fräulein. Es war so schön, daß sie ein jeder gerne hätte sehen mögen. Doch niemanden war es gelungen, sie anblicken zu können; mochten sie auch Tag und Nacht ausspähen.
Ein Bauernbub, der wenig auf den Sonntagsgottesdienst hielt, versuchte sein Glück.

Samstag abends begab er sich auf die Alm. Die Nacht verbrachte er in der Alphütte. In aller Frühe ging er schauen, ob sich nicht etwa das schöne wilde Fräulein blicken läßt. Halb entmutigt wollte er heimzu gehen. Da hörte er eine Stimme: „Kind, ich sage dir, gehe, bevor Gott dich straft! Eile, damit du noch vor der Wandlung in das Dorf kommst!"

Dem Bauernbuben schien es gar nicht so eilig, denn als es Wandlung läutete, stand er noch auf der Alm und bestaunte das wilde Fräulein.

Das wilde Fräulein reichte ihm Butter und Brot mit dem Bemerken, er solle sich ein tüchtiges Butterbrot machen. Er tat es. Nach dem ersten Biß fiel er um und war tot. Das wilde Fräulein verschwand.

Die Baumgartner w lden Fräulein

Die Baumgartner wilden Fräulein

Auf der Baumgartner Feldalm lebten vor langer, langer Zeit eine Schar wilde Fräulein. Im Sommer fuhr ein reicher Bauer mit seinen Kühen auf diese Alm. Da die Alm sehr fruchtbar war, gaben die Kühe viel Milch, und der Bauer konnte viele Produkte, besonders Butter, von der Alm wegführen.

In der Nähe lebten die wilden „Freil" (Fräulein). Sie waren sehr arm und kamen oft zum Senner dieser Alm und baten diesen um Milch und Butter. Der Senner dieser Alm gab er ihnen gern etwas; brachte es doch Segen für die Alm.

Als nun ein anderer Senner auf diese Alm kam, wurden die Almleute übermütiger. Man begann mit Butterknollen Kegel zu spielen. Wie die wilden Fräulein dies sahen, weinten sie bitterlich. Sie zogen zu der Almhütte, klagten den Senner, daß sie nun verhungern müssen, weil er und seine Leute mit kostbarem Butter Kegel gespielt hat.

„Pero, Pero", klang es durch die Luft, und die wilden Fräulein verschwanden für immer.

Die Worte „Pero", sollen soviel wie „Berg-ab" bedeuten, und man sagt auch, daß die Baumgartner Feldalm immer schlechter geworden ist. Es ging „berg-ab".

Sagen vom Schloß Itter

Der Burggeist

Ein Edelmann aus einem deutschen Lande – er soll aus Steiermark gewesen sein – hatte sich einen schönen Batzen Geld erspart. Er hatte aber keine Burg, die er sein eigen nennen konnte, denn er war Sänger und erhielt bei anderen Rittern immer Unterkunft. Dieser Sorge wollte er abhelfen. Ohne nachzudenken, ob sein erspartes Geld ausreichen wird zum Errichten einer Burg, baute er die Burg Itter. Als die Burg halb ausgebaut war, ging ihm das Geld aus. Ratlos stand er vor einem Bauwerk und dachte nach, wie er zu Geld kommen könnte.

„Ich gib dir so viel Geld, soviel du brauchst", hörte der Edelmann eine Stimme sagen. Vor ihm stand ein kleines Mandl. Es war der Burggeist. Der Edelmann traute seinen Augen nicht und fragte: „Wo hätt'st dann du ein Geld?" „Geld hab ich genug. Ich fordere auch keine Rückzahlung des Geldes. Ich verlange nur, daß du mich als Burggeist in deine Burg aufnehmen wirst."

Der Edelmann war froh, die Burg ausbauen zu können. Zu jeder Zeit erhielt er vom Mandl Geld. Leider dachte er nicht daran, welche Unannehmlichkeiten ihm das kleine Mandl bereiten würde.

Die Burg war fertig. Nun zog das kleine Mandl als Burggeist in die neue Burg. – Wenn ein Gast längere Zeit auf der Burg blieb, so erschien der Burggeist am achten

Tage und forderte eine kleine Summe Geld. Weigerte sich der Gast das Geld zu erlegen, wurde er vom Geist so lange geplagt, bis er das Geld gerne gab. Dies wiederholte der Geist nach acht Tagen, wenn der Gast noch auf der Burg Itter weilte.

Daß nun mit der Zeit die Gäste nicht länger als zwei bis drei Tage blieben, war ihnen nicht zu verübeln.

Als der Geist das Geld, welches er dem Edelmann zum Erbauen der Burg gab, durch die Gäste hereingebracht hatte, verließ er die Burg Itter und ließ nichts mehr von sich hören. Es soll seine Erlösung gewesen sein, sagten manche.

Der Edelmann lachte sich genug. Ihm half der Geist die Burg bauen. Wie es den Gästen ging, war ihm gleich.

Der verzauberte Ritter

Ein Raubritter von Itter liebte eine Bauerntochter vom Wörgler Boden. Er wollte sie zur Frau nehmen. Die Mutter des Ritters bat ihn, er solle von der Heirat abstehen, denn das Mädchen war gottesfürchtig und wäre nur unglücklich geworden. Während der Nacht holte der Itterer Ritter das Bauernmädchen. Bald darauf wurde Hochzeit gefeiert. Die Bauerntochter versuchte die Hochzeit zu verschieben, doch es gelang ihr nicht. Am Traualtar antwortete sie auf die Frage des Priesters statt mit „ja" mit „nein". Der Raubritter wurde darüber wild und sagte: „Um jeden Preis, und sollte es den Teufel kosten, ich will dich zur Frau haben!"

In der folgenden Nacht kam der Teufel in des Ritters Schlafgemach. Der Ritter wollte nichts mehr wissen. Der Teufel aber bestand auf der unvorsichtigen Rede des Ritters. Er machte dem Ritter Vorschlag um Vorschlag, wie er die Bauerntochter zur Frau bekommen könnte. Der Ritter lehnte alles ab. Der Teufel wollte nicht nachgeben; Gold, Silber und alle möglichen Schätze bot er. Alles half nichts, er mußte unverrichteter Dinge abziehen.

Monate waren vergangen. Die Bauerntochter, die des Raubritters Gemahlin hätte werden sollen, war auf einer Alm Sennerin. Da sie seit jenem Tage, an dem der Teufel auch ihr einen Besuch abgestattet hatte, um sie zur Heirat mit dem Ritter von Itter zu bewegen, sehr leutscheu war, konnte man sie selten unter die Augen bekommen.

An einem Freitag wallfahrtete sie zu einem Marterl und betete dort um eine glückliche Sterbestunde. Tags darauf verschied sie ohne Todeskampf.

Als der Raubritter vom Tode seiner Geliebten hörte, fluchte er: „Lieber wär' ich ein verzauberter Ritter, als allein durchs Leben zu ziehen." Bald darauf starb auch der Ritter.

Er wurde, was er sich wünschte: ein verzauberter Ritter. Viele Jahre mußte er als solcher auf Schloß Itter umgehen.

Der Burggeist

Das Mitternachtsfeuer

Der Schatz vom Itterer Schloß

Man hat erzählt, daß im Innern des Schloßhanges ein großer Schatz seiner Ausgrabung harre. Ein Raubritter soll ihn zusammengetragen haben. Auch ein Kelch soll darunter sein. Der Kelch verhindert es jedem, den Schatz zu heben. Denn, wenn jemand den Schatz heben will, so muß er mit dem Schatz zum Teufel gehen.

Es soll tatsächlich vor einigen Jahrzehnten ein Söllandler versucht haben, den Schatz zu heben. Dieser Mann wurde wortkarg; er soll den Teufel gesehen haben.

Das Mitternachtsfeuer

Es war in alter Zeit, da hauste auf Schloß Itter ein gar grausamer Geist. Er versuchte ahnungslose Menschen in die Nähe des Schlosses zu bringen, von wo er sie in ein unterirdisches Verlies brachte und dort tagelang quälte.

Ein Bauer vom Salvenberg hatte am Abend in Itter etwas zu tun. Als er sich auf den Heimweg machte, war es stockdunkel. – Gehört hatte er vom Itterer Geist schon oft, aber er glaubte nicht daran. – Auf einmal stand ein Mann neben ihm. Der fremde Mann nahm den Bauer beim Arm und ging mit ihm in jenes Verlies, in dem schon viele schmachteten. Wie der Bauer sah, was der Mann mit ihm wollte, sagte er: „Was willst du?" „Nichts", antwortete der Mann. „Warum hast du mich hierher gebracht?" fragte der Bauer.

Jetzt gab sich der Mann zu erkennen; er war der Geist von Itter. Dem Bauern wurde bang. Was nun? Da im Verlies auch kein Licht war, durchsuchte der Bauer seine Taschen und fand, was er brauchte. Zunder und Feuerstein. Schnell probierte er Feuer zu machen. Und es gelang ihm. Mit dem Feuer in der Hand versuchte er die Tür zu öffnen. Als er die Tür geöffnet hatte, flüchtete er in das Freie.

Seit diesem Tage mußte der Geist bis zu seiner Erlösung im Verlies neben einem Lichtlein bleiben. Zur Mitternachtstunde wurde das Lichtlein größer; dieses Lichtlein nannte man das Mitternachtsfeuer.

Als der Geist erlöst wurde, wanderte das Lichtlein in der Nacht zu jenem Bauern, der ihm im Verlies mit Zunder und Feuerstein Feuer machte. Dort erlosch es.

Die goldene Schüssel

Auf Schloß Itter wurde in alter Zeit eine goldene Schüssel aufbewahrt. Diese Schüssel hatte eine besondere Bedeutung. Die Schüssel – sie wurde im Speisesaal aufbewahrt – füllte sich an jedem Karfreitag mit Blut. Am Ostersonntag wurde das Blut weniger; nur ganz wenig blieb übrig. Das übriggebliebene Blut wurde, wenn man es bis zum Pfingstsonntag stehen ließ, immer wässriger, manchmal sogar Wasser. Dieses Blut soll Blut vom Heiland gewesen sein.

Ein Pilger brachte diese goldene Schüssel auf Schloß Itter. Später soll die goldene Schüssel verloren gegangen sein.

Der letzte Fluch
(Erzählung aus dem Jahre 1268)

Die Sonne schien brennend auf Hopfgarten. Der Frühling zog ins Land. Ein fruchtbarer Sommer stand in Aussicht. Tagsüber Sonnenschein, nachts Regen. Waren die letzten Jahre weniger gesegnet, so schien der kommende Sommer besser zu werden.

Auf dem Wege von Hopfgarten nach Itter humpelte ein Bettelweib. Ihr folgte ein mittelgroßer, beleibter Bauersmann. Seine Augen sprühten vor Zorn, dann wurden sie wieder traurig. Sein Schritt verlangsamte sich, als er das Bettelweib sah. Er wollte heute mit niemandem ein Wort reden, bevor sich nicht sein künftiges Schicksal entschieden hatte.

Das Bettelweib blieb stehen. Was konnte nun der Bauer machen, als ihren freundlichen Gruß zu erwidern.

„Wohin des Weges?" fragte die Bettlerin den Bauern. „Zum Ritter Wolfhard von Itter", gab er zurück. „Dann haben wir den gleichen Weg. Ich muß ihn auch einmal aufsuchen, diesen Raubritter." – „Was führt dich hin?" fragte erstaunt der Bauer. – „Was mich hinführt? Weißt, es war vor drei Jahren. Da fuhren meine Eltern und ich von Innsbruck nach Kufstein. Dort wollten wir einige Tage verbringen, um dann die Reise nach Augsburg, frisch gestärkt, fortzusetzen. – Es war gegen Abend. In einer Stunde wären wir in Kufstein eingefahren. Da sprengten ein Dutzend Reiter daher, überfielen uns, und wir mußten mit. Kurz bevor wir zum Schloß Itter kamen, entwischte ich. Man verfolgte mich gar nicht. Denn das Geld und alle wertvollen Schmucksachen trugen die Eltern bei sich."

Die Bettlerin machte eine kleine Pause. Die Augen des Bauern begannen wieder vor Zorn zu funkeln. Dann fuhr sie fort:

„Es waren die Rittersleut von Itter. – Ich aber bin zu einer Bettlerin geworden. Und ehedem war ich eine angesehen Bürgerstochter von Augsburg. Ich habe meine Vaterstadt seit drei Jahren nicht mehr gesehen. Denn ich wollte meine Eltern befreien; doch es war mir unmöglich. Und erst kürzlich hörte ich von einem Kufsteiner Bauern, daß meine Eltern in den Messerturm geworfen wurden. Meine armen Eltern!" – Die Frau weinte herzzerbrechend. Immer wieder schrie sie: „Vater! – Mutter! – Hätte ich euch helfen können!"

Mittlerweile kamen die beiden zum Schlosse. Die Zugbrücke war aufgezogen. Der Torwächter fragte den Bauern, was er wolle.

„Den Ritter will ich sprechen", erwiderte der Bauer. „Die Frau", fügte er bei, „ist meine Begleiterin."

„Ich werde meinen Herrn fragen, ob ich euch hereinlassen darf."

Der Torwächter stieg vom Wächterturm und begab sich hierauf ins Schloß. Indessen tröstete der Bauer das Weib, sie sollte den Kopf nicht hängen lassen.

Die Zugbrücke wurde niedergelassen. Die beiden gingen hinein. Im Vorhof standen vier schwer bewaffnete Knappen. Von diesen wurden sie in den Rittersaal geführt. Auf einem erhöhten Sessel saß Wolfhard, der Herr des Schlosses. Ringsum standen die Knappen.

Erhobenen Hauptes, die Hände zur Faust geballt, trat der Bauer vor.

„Was will denn das Salvenbäuerlein bei mir im Schlosse?" spöttelte Wolfhard. „Ich bin gekommen, dich zu fragen, ob ich heuer auch wieder die ganze Ernte abführen muß? Sollte ich dies tun müssen, dann arbeite ich keinen Handstreich mehr!" Düster, klanglos und ernst waren die Worte.

Der Ritter erhob sich und versprach ihm, daß er heuer kein Körnlein abzuführen brauche. „Und wenn ich nur ein Körnlein verlange, so soll ich im Messerturm sterben müssen."

Dies Rede gefiel dem Bauern. Er trat zurück, um das Weib sprechen zu lassen. Die Bettlerin trat vor und stürzte auf Wolfhard. Schnell stürmten die Knappen herbei, um ihrem Herrn helfen zu können; er hatte schon einen Dolchstich erhalten. Man packte das Weib und schleppte es aus dem Saal. Ein Diener mußte den Bader holen. Der Bader hatte das Blut bald gestillt und erklärte, der Stich sei nicht gefährlich. „Der Herr Ritter darf halt keinen Raubzug mehr machen", fügte er hinzu.

Das Weib wurde ohne langes Fragen in den Messerturm geworfen. Den Bauer steckte man in den unterirdischen Kerker, weil er der Bettlerin verholfen hatte, in das Schloß zu kommen. Einige Tage mußte er hier schmachten und erst auf das Bitten seiner Frau wurde er auf freien Fuß gesetzt.

Wie man es vorausgeahnt hatte, so traf es ein. Ein Sommer, wie selten einer gewesen war. Trotzdem alles üppig gedieh, lachte kein Bauer im Brixental. Man wußte, mehr als die Hälfte mußte man dem Raubritter von Itter abliefern. Nur das Salvenbergbäuerlein freute sich heimlich, da es den gestrengen Herrn Ritter gefragt hatte.

Es war anfangs Juli des Jahres 1268. Ein herrlicher Sommertag, kein Wölkchen stand am Himmel, nur die Lüfte regten sich leicht. Wolfhard von Itter befahl seinen Knechten, die Rosse aus dem Stall zu führen, er werde mit seinen Knappen ausreiten.

„Mann, laß doch einmal diese schrecklichen Raubzüge", bat seine Frau Hedwig. „Die Raubzüge bringen uns kein Glück. Tu es deinem Töchterchen zuliebe".

„Ruhig, Kein Wort mehr!" fuhr Wolfhard seine Gemahlin an.

„Dann wandere ich in ein anderes Land", entgegnete Hedwig.

„Ich bin der Herr! Ich gebe Befehle!" Zu den Knappen gewandt: „Bringt mein Weib in den unterirdischen Kerker!"

Die Knappen führten den Befehl aus. Als man die Tür zum unterirdischen Kerker zusperrte, sagte Hedwig weinend: „Mann, der heutige Tag ist dein Unglück!"

Die Knappen überbrachten Wolfhard die letzten Worte seiner Frau. Er lachte hellauf. „Wer kann mir denn einen Schaden zufügen, wo ich mit meinen Katzen und Tummlern ganz Salzburg vernichten kann."

„Heute", erklärte Wolfhard, „reiten wir zum Salvenbäuerlein hinauf und zertreten dessen Traid."

Schmetternd und lärmend ging es den Salvenberg hinauf. Die Bauern flüchteten und versteckten sich. Die Bäuerinnen und die Kinder weinten, als sie sahen, wie die Itterer Rittersleut über die Felder ritten.

Beim Salvenbäuerlein jagten sie kreuz und quer über das Getreidefeld. Wie der Bauer dies sah, sprang er auf das Feld und schrie die Reiter an: „Was geht da! Ihr Raubritter! Gott soll euch alle derschlag'n!" Da packten ihn zwei Knappen, banden ihn fest und hängten ihn an einen Roßschweif. Des Bauern Eheweib Anna sah von der Labn zu. Als sie bemerkte, wie man ihren Mann behandelte, lief sie hinunter und bat den Ritter, sie möchten doch ihren Mann verschonen. „Ach was", antwortete Wolfhard, „bindet die Bettlerin fest!"

Nun ritt man dem Schlosse zu. Die Bauersleute brachte man in eine Kerkerzelle. Der Diener kam mit einem Krug Wein und bemerkte dazu: „Den sollt ihr trinken, bevor ihr in den Messerturm kommt!"

Nun wußten sie, wieviel es geschlagen hatte. Die Frau begann zu weinen: „Mein Bub, der Anderl – der Anderl – der arme Bub. Vater im Himmel steh' ihm bei, hilf ihm, denn wir sind dem Tode preisgegeben."

Der Bauer stierte in eine Ecke, Tränen kollerten über sein wetterhartes Gesicht. Seine Gedanken sannen auf Rache. Aber wo und wie Rache nehmen; keine Waffe, gefangen, als wären sie Mörder. Und doch stieg in ihm ein Fünkchen Hoffnung auf. Hoffnung auf Rettung! – Das Schluchzen seines Weibes erinnerte ihn an seine Lage.

Die Tür ging auf. Ein Knappe trat herein, lachte höhnisch und teilte dem Bauern mit, daß er in einer Stunde in den Messerturm geworfen werde. Dann schaute der Knappe in den Krug. Er nahm ihn in die Hand und trank. „Also, trink einen Schluck solch guten Etschländer", forderte der Knappe den Bauern auf und verließ die Zelle.

Über den Bauern war das Urteil gefällt. In einer Stunde – –. Der letzte Funke Hoffnung war erloschen. Sein Hof, sein Bub, sein Weib und sein Leben. – Ja – schwere Prüfungen kann der Herrgott von einem Menschen verlangen. Der Zorn packte den Bauern. Er nahm den Krug und schleuderte ihn in eine Ecke. Sein Weib fuhr auf. „Hans! Hans! In einer – –"

Dann begann sie wieder zu weinen und zu schluchzen. Des Bauern Zorn legte sich. Seine Fäuste lösten sich – er betete. Das letzte Gebet auf dieser Welt, dachte er, und fing das Vaterunser an.

Er wußte nicht, wie lange er gebetet hatte. – Vor ihm stand plötzlich eine Frau. Aus ihren Munde kamen die Worte: „Bauer, nimm dein Weib und folge mir."

Ohne ein Wort zu reden, nahm er sein Weib und folgte der Unbekannten. Stufe um Stufe mußte überwunden werden. Erst als er über die Zugbrücke ging, erinnerte er sich, daß er im Schlosse war.

„Geht heim!" befahl die Frau und kehrte um.

Unter einem Baum macht der Bauer Rast. Sein Weib erlangte wieder das Bewußtsein und fragte: „Wo bin ich? – Hat uns ein Engel gerettet oder – –?" Der Mann erklärte ihr alles. Und er meinte, des Ritter Wolfhards Gemahlin sei der Engel gewesen. „Wenn uns der Ritter nur nicht nachstellt", ängstigte sich die Frau.

Auf dem Heimweg begegnete ihnen der Bub, der Anderl. Er weinte. Von Nachbarn hatte er erfahren, was sich zugetragen. Der Anderl war im Wald Fichtenzapfen sammeln gewesen.

Vor dem Hause standen Leute. Fast ganz Hopfgarten war versammelt. Wie die Bauersleute ankamen, bestürmte man sie mit Fragen. Der Bauer erzählte kurz von der Rettung. Als er sagte, daß er sich nicht sicher fühle vor den Nachstellungen des Ritters, lachte man ihn aus.

„Ja, weißt du denn nicht, daß er in das Jenseits gewandert ist?" fragten ihn einige. „Der Raubritter im Jenseits – tot – ist's wirklich wahr?" „Selbstverständlich, Hans!" – „Gott sei Dank!" Ein Nachbar erzählte ihm, wie dies zugegangen.

„Der Ritter is zum Messerturm um ganga, und hat er sich z'weit viechi (vor) g'wagt. Da hat sich ein Stein losg'löst und er ist abikugelt. Wia dia Knapp'n ian Herrn such'n wöll'n, aft hab'ns ihn nimma g'fund'n. Bis'n oana im Messerturm drein gsehn hat. Hilf hat ma eam koane bringa kina, und etz muß ea so unt'n hänga, bis'n d'Seel valast."

Staunend hörten der Bauer, sein Weib und der Anderl zu. Die übrigen Hopfgartner hatten den Hof verlassen. Die gerettete Familie und der Nachbar beteten einen Rosenkranz. Nach dem Dankgebet für die Errettung wurde eine kleine Pause gemacht. Der Bauer erhob sich und sagte: „Ja, der Fluach is in Erfüllung ganga. Der Ritter Wolfhard hat g'sagt: Wann er nur oan Körndl von mia fordascht, aft soll ea im Messerturm sterben. G'fordert hat ea zwar nix, aba vernicht' hat er die Gottesgab!"

Der Bauer legte den Rosenkranz weg und ging seiner Arbeit nach.

Sagen von der Werburg

Der Geist von der Werburg

Einst hauste auf der Werburg ein Geistermännchen. Dieses hatte die Größe von fünf Spannen. Wenn auf der Burg jemand starb, dann begann der Geist sein Handwerk. Gegen Mitternacht erschien er in der Totenkammer und begann dort laut zu beten. Von der Totenkammer begab er sich in das Schlafgemach des Schloßherrn. Dort sang er ein Grablied. In den übrigen Kammern, die er besichtigte, betete er.

Mancher Knappe und Diener verließ Schloß Werburg, wenn jemand starb. Selbst dem Schloßherrn und dessen Frau gefiel es nicht mehr. Sie wollten das Schloß verkaufen, doch es kam kein Käufer.

Auf das Drängen seiner Frau verließ der Schloßherr seine Burg und kaufte sich von seinen Ersparnissen eine andere. Die Werburg übergab er einem Bauern zur Betreuung.

Was weiter geschah, berichtet die Sage nicht. Man vermutet, daß der Geist ausgezogen ist in eine andere Burg.

Die verstoßene Bäuerin

Es war in alter Zeit, da lebte am Ufer des Inns bei Wörgl eine junge, rüstige Frau. Niemand wußte, woher sie war. Sie war menschenscheu, und tagelang trat sie nicht aus der Hütte.

Am hl. Abend, als die Frau gerade Späne klob, fuhr die wilde Innschiffahrt vorbei. Die Haustüre war nicht versperrt, und so kamen zwei wilde Innschiffer zu ihr in die Küche. Das Weib erschrak und wollte mit dem Messer auf die beiden losgehen. Da packte sie einer beim Genick, der andere entwand ihr das Messer. Man zerrte die Frau aus dem Hause, und sie mußte mit der wilden Innschiffahrt gehen.

Jahre verstrichen. Niemand hörte etwas von der Frau. Das Häuschen verlotterte und mußte verfallen. Die Leute munkelten allerhand; manche wußten mit Bestimmtheit zu sagen, daß sie der Teufel geholt habe.

An einem hohen Feiertag – es soll Fronleichnam gewesen sein – pochte bei Schloß Werburg ein altes Weiblein an. Man öffnete ihr das Tor, gab ihr zu essen und stellte sie als „Goaßdirn" an.

Den übrigen Dienstleuten fiel es auf, daß sie an den Sonntagen und Feiertagen im Ziegenstall ein sonderbares Gemurmel hörten. Lange zögerte man, bis sich ein Knappe entschloß, einmal nachzuschauen was die „Goaßdirn" macht. Der Knappe schaute bei der Türritze hinein und fuhr entsetzt zurück. Er lief in die Küche hinauf und sagte nur die Worte: „Teufel … Seelen …" Dann brach er tot zusammen.

Der Besitzer des Schlosses ließ nun einen Priester kommen und den Stall aussegnen. Doch am nächsten Tag war das Gemurmel noch lauter.

Die Dirn auszujagen wagte man nicht. Der Schloßherr sandte zu einem bayrischen Einsiedler einen Boten. Der Einsiedler gab dem Boten zwölferlei Kräuter mit. Alle diese Kräuter mußten in den Strohsack der Dirn gelegt werden. Wie der Einsiedler sagte, tat man.

Der nächste Sonntag war der dritte Sonntag im Monat Juli. Gespannt auf die Geschehnisse, die nun kommen werden, bleib der Schloßherr auch daheim. Auf einmal begann im Stall drunten ein Geschrei. Der Teufel und die Dirn stritten.

Nach einiger Zeit verließ die Dirn den Stall, eilte in die Küche und fiel vor ihrem Brotgeber in die Knie. Der Ritter fragte sie, was sie wolle. Jetzt begann sie zu beichten. Sie erzählte, daß sie einmal eine Bäuerin war, aber nicht sparen konnte, und dann völlig verarmt ist. Von dem Erlös, den ihr Ehemann hinterlassen hatte, baute sie ein kleines Häuschen am Inn. Von den Erlebnissen mit der wilden Innschiffahrt schwieg sie. „Und jetzt bin ich verstoßen", setzte sie die Beichte fort. „Ich muß elend umkommen. Nur die armen Seelen können mich retten!"

Nach einer kurzen Pause, die sie mit Weinen ausfüllte, verließ sie das Schloß. Nie mehr hörte man etwas von ihr.

Sagen von Engelsberg

Der Schatz von Engelsberg und das Venedigermandl

Der Eigentümer der Glasfabrik Hörbrunn, Wenzel Friedrich, hörte von den Leuten über den Schatz von Engelsberg erzählen. Sie erzählten, daß ein Raubritter den Schatz zusammentrug, den Teufel als Hüter bestellte, sich dafür dem Höllenfürsten verschreiben mußte. Mehrere Dutzend Kisten sollen im Innern des Engelsberges ruhen.

Wenzel Friedrich glaubte dem Leutgerede nicht recht. Er wollte genaueres darüber erfahren und beschloß daher, ein Venedigermandl kommen zu lassen.

Der Schatz von Engelsberg

An einem Sommertage reiste Wenzel Friedrich in das Pinzgau. Er wollte in den Hohen Tauern ein Venedigermandl suchen. Auf einer Alm übernachtete er. Er dachte nicht daran, daß ihn hier ein Venedigermandl überraschen könnte. Kaum war er eingeschlafen, als ihn eine Stimme weckte.

„Ich bin der, den du suchst." Wenzel Friedrich stand auf und wollte das Venedigermandl einlassen. Doch, er sah und hörte keinen Venediger mehr. Er ging um die Almhütte – nirgends war ein Venediger. Als er die Tür verriegeln wollte, sah er auf dem Boden einen Zettel liegen. Schnell wurde Licht gemacht und der Zettel gelesen. Es stand darauf, daß das Venedigermandl in den nächsten Tagen bei der Ruine Engelsberg eintreffen werde.

„Ja, geht das Venedigermandlsuchen so schnell?" sagte Wenzel Friedrich vor sich hin.

Am nächsten Morgen marschierte er heimwärts. Das Herz schlug ihm froher als sonst. Seine Gedanken träumten vom Schatz der Ruine Engelsberg.

Schon in der ersten Nacht, in der Friedrich wieder daheim war, begab er sich zur Burgruine. Die ganze Nacht blieb er wach, aber es kam kein Venediger. Auch die zweite und dritte Nacht verstrich, ohne daß das Venedigermandl erschienen wäre. Friedrich glaubte nun, er sei mit dem Zettel betrogen worden. Aber er hatte doch die Stimme des Venedigers gehört? Aushalten! hieß es.

Endlich in der siebenten Nacht, kurz vor zehn Uhr, kam der Venediger. Wenzel Friedrich grüßte ihn freundlich und legte sein Anliegen vor.

„Ich möchte gerne den Schatz – die Leute dieser Gegend sagen, daß hier ein Schatz zu finden sei – beheben. Ist es möglich, diesen Schatz zu heben?" fragte Friedrich kurz.

Der Venediger schaut ihn groß an und sagte: „Freilich ist hier ein Schatz verborgen. Auch ist es möglich ihn zu heben. Aber ich sage dir, laß' ab davon. Der ganze Schatz ist geraubtes Gut und wie du weißt, bringt geraubtes Gut weder Glück noch Segen. Es sind viele Dutzende Kisten, gefüllt mit Gold und anderen Wertsachen hier verborgen."

Friedrich blickte auf den Boden und meinte: „Es wär' doch ewig schade, wenn so viel Gold verfaulen müßt'."

„Ich mein dir's gut, laß ab davon!" sagte das Venedigermandl gebieterisch und war verschwunden.

Wenzel Friedrich folgte nicht dem Rat des Venedigers. Er ließ nachgraben und fand wirklich einen großen Schatz. Über zwanzig eiserne Kisten wurden zutage gefördert. Jede war schwerer als die andere. Und alle diese Kisten waren gefüllt mit Gold.

Einige Jahrzehnte darauf fing das Geschlecht der Friedrich infolge der verschiedenen Zeitumstände an zu verarmen. Ob dies vom Schatz von Engelsberg herkam, weiß man nicht.

Der Huzelmann

Vor langer Zeit nahm ein Handwerker aus Hopfgarten von der Ruine Engelsberg einen Mauerblock weg. Er brauchte ihn für seinen Keller. Im Volke lebte der Glaube, daß, wer von der Ruine Engelsberg einen Stein wegnimmt, dafür etwas Geld in die

Der Huzelmann

Ruine legen soll. Der Handwerker dachte sich, es ist doch nicht nötig, diesen Mauerblock teuer zu erstehen.

In jeder dritten Nacht erschien dem Handwerker der Engelsberger Huzelmann. Der Huzelmann war ein kleiner Geist und hatte grüne Augen. Jedesmal forderte er den Handwerker auf, er soll doch endlich den Mauerbock zahlen. Gegen diese Forderung blieb der Handwerker immer taub. Der Huzelmann drohte nun mit dem Tod. Da fragte der Handwerker nach dem Preis. „Drei Nächte mußt du für den Mauerblock auf Engelsberg wachen. Wann kommst?" fragte der Geist.

Gerne hätte der Handwerker Geld für den Mauerblock gegeben. Er wollte auch mit dem Huzelmann wegen Geld verhandeln, doch der Huzelmann sagte, Geld nütze ihm wenig. Also versprach der Handwerker, er werde morgen das erstemal kommen. Ungern hielt er Wort, aber er dachte an den Tod.

Vier Stunden hielt der Handwerker schon Wache, ohne daß sich etwas besonderes ereignete. Er dachte sich, ach was, ich schlafe ein Stündchen. Während er schlief, kam der Huzelmann, packte ihn bei den Ohren und zerrte ihn in das Innere des Schloßberges. Der Handwerker erwachte. Er fing an, den Huzelmann zu bitten, daß er ihn freilasse.

„Warum hast du nicht gewacht?" fragte der Huzelmann. „Ich war müde und schlief unwillkürlich ein", antwortete der Handwerker. „Du bist ein Lügner!" sagte der Huzelmann. „Ich gebe dir die Freiheit, aber du wirst mit ihr wenig anfangen können, denn wer den Huzelmann belügt, muß sterben, will er oder nicht."

Wenige Tage darauf erkrankte der Handwerker und starb.

Der Wintergeist

Zur Winterszeit hauste auf Engelsberg ein eigenartiger Geist. Während des ganzen Winters konnte man ihn nie erblicken. Untertags rief er immer „Weho! Weho!" Zur Nachtzeit schwieg er. Viele bemühten sich, mit dem Geist einmal zusammenzutreffen, doch niemals glückte dies jemandem.

Der Geist war ein Hirtenknabe, der sich einst an den Tieren versündigt hatte – er schlug sie mit einem Kruzifix – und nun mußte er während des Winters auf Engelsberg bleiben. Im Sommer wurde er auf eine Alm gebannt.

Ein alter Senner erlöste ihn von seiner Verbannung. Dafür erhielt der Senner vom Hirtenknaben einen Hut voll Gold, den er von Engelsberg mitgenommen hatte. Der Senner verschenkte das Gold und wurde dadurch ein zufriedener Mann. – Die Worte „Weho" sollen soviel wie „Wehe" bedeuten.

Sagen von Elsbethen

Das Elsbethenkirchlein

Am Fuße des Engelsberges steht das liebliche Elsbethenkirchlein. Mit Recht kann man es als eine Wallfahrtskirche gelten lassen. Über dieses Kirchlein konnte ich auch einige Sagen erfahren. Steht es ja mit der Ruine Engelsberg im Zusammenhang. Ein Itterer Ritter soll nach der Sage das Kirchlein erbaut haben. Die Entstehungssage wurde dem Bild, welches im Kirchlein hängt und Darstellungen über die Sage zeigt und zugleich auch nachstehende Sage in Worten wiedergibt, entnommen.

Auf dem Schloße Högau lebte ein alter Ritter, welcher nur eine Tochter namens Elsbeth hatte. Dieselbe war sehr fromm. Der stolze Rittersmann von der Burg Itter begehrte sie zur Frau. Der Vater willigte nicht ein und sprach: „Meine Tochter wird mit einem frommen Manne bei einem Bissen Brot glücklicher sein, als mit einem gottlosen Reichen."

Bald darauf vermählte sich Elsbeth mit dem Ritter von Engelsberg. Als das Hochzeitsmahl gehalten wurde, hörte man plötzlich Waffenlärm. Der erzürnte Ritter von Itter war mit seinen wilden Kriegsknechten erschienen, eroberte das Schloß Högau und nahm die Neuvermählten und die Eltern der Braut gefangen. Elsbeth und ihren jungen Gemahl ließ er in einen tiefen, finsteren Kerker sperren, und zum Vater der Braut sprach er: „Mit einem frommen Manne wird deine Tochter bei einem Bissen Brot glücklicher sein, als bei einem gottlosen Reichen. Wohlan, Brot will ich ihnen geben, Wasser mögen sie sich selber suchen. Nun wollen wir uns herzlich freuen des Glückes deiner Elsböth bei dem frommen Engelsberger."

Tage vergingen, die jungen Eheleute erhielten nur Brot, sie waren nahe daran vor Durst zu verschmachten. In dieser größten Not wurde ihr Gebet wunderbar erhört. Auf einmal wurde es im Kerker helle, wie am Tage, die hl. Eilsabeth stand vor ihnen und zeigte auf die schwarze Mauer hin, aus welcher eine silberklare Quelle hervorsprudelte.

Der Ritter von Itter trat eben, da dies geschah, in das Gefängnis, mit der Absicht, die beiden zu verhöhnen. Er sah den Lichtglanz und die reine Quelle. Tief ergriffen hievon und durch die Gnade Gottes gerührt, legte er seinen Groll ab.

Zum Beweise seiner Bekehrung erbaute er das Elsbethenkirchlein am Fuße des Engelsberges. – Dies ist geschehen im Jahre 1494.

Der Bauernstein

Viele Winter sind seither vergangen, als diese Begebenheit stattfand. Ein Bauer von Salvenberg – er war Kartenspieler, wie man im Brixental keinen zweiten finden konnte – saß spät abends noch im Wirtshaus. Da er ein Vieh verkauft hatte, war seine

Brieftasche dicker und er ging in das Wirtshaus, um dort einen zu treffen, mit dem er Karten spielen konnte. Aber niemand wollte mit ihm spielen. Jeder entschuldigte sich mit einer guten Ausrede, man wußte nur zu gut, daß, wenn man mit ihm spielt, es zu Streitereien kommt. Aus Übermut nahm der Bauer ein Geldstück, warf es auf den Boden und sagte: „Wenn mit mir niemand Karten spielen will, so zertrete ich das Geld, da ich sonst doch nichts anfangen kann!"

„Mit dem Zertreten ist das Geld nicht wertlos. Findet das Geld jemand und reinigt es, dann hat es wieder den gleichen Wert wie zuerst", sagte einer der Anwesenden.

„Heute noch wird das ganze Geld, welches ich bei mir trage, vernichtet. Ich bin reich genug, daß ich dadurch nicht ärmer werde. – Lieber tät' ich schon Karten spielen, aber es muß nicht sein. Wenn ich das Geld in das Feuer werfe? Wenigstens werde ich es los", spottete der Bauer. Dabei leerte er das Geld auf den Tisch. „Nur nicht freveln", mahnte ihn der Wirt.

Langsam verließen die Gäste das Wirtshaus. Sie wollten den Bauern in seinem Treiben nicht mehr sehen. Dem Bauern war das Gehen nicht besonders dringend. Er bestellte einen Wein, trank ihn und begann wieder mit seinen Frevelreden. Dem Wirt wurde dies zu bunt; er schob den Bauern samt dem Geld vor die Tür hinaus und riegelte die Tür zu.

Statt nach Hause zu gehen, ging der Bauer nach Haslau, um beim dortigen Wirt weiter zu freveln. Wie er sah, daß schon alles schlafen gegangen war, dachte er sich: „Jetzt gehe ich nach Elsbethen, damit ich heute noch einen guten Schnaps krieg'!" Er ging nach Elsbethen, setzte sich auf die Bank vor dem Kirchlein und lärmte eine Weile.

„Bauer, ich sag dir, geh weg!" mahnte ihn eine Stimme. Da wurde er wild und warf das Geld vor die Kirchentür hin. Er hörte ein Gerede und schon standen drei Männer vor ihm. Ein Langer und zwei Bewaffnete.

„Was tust du hier?" fragte der Lange.

„Was geht euch dös an?" erwiderte der Bauer.

„Schenk das Geld armen Leuten", sprach ein Bewaffneter.

„Ich verbrenn's!" sprach der Bauer wild.

„Dein Herz ist kalt wie Stein, deine Zukunft wird ebenso sein, denn heute Nacht wirst du zu Stein", sprach mit feierlicher Stimme der zweite Bewaffnete.

Alle drei verließen den Bauern.

Der Bauer stand auf. Er suchte das Geld. Wie er das erste Geldstück in die Hand nahm, fiel er um und war zu Stein geworden.

In derselben Nacht noch verschwand der Stein. Er wurde in den Engelsberg getragen. Seine Seele wurde durch eine hl. Messe, welche im Elsbethenkirchlein aufgeopfert wurde, erlöst. Sein Leib blieb und bleibt Stein bis zum jüngsten Tag.

Der Elsbethener Zwerg

Nachdem das Elsbethenerkirchlein schon einige Jahrzehnte stand, wurde ein Zwerg Pförtner. Der Zwerg machte seine Arbeit immer ordentlich und alle Leute hatten ihn gern, denn er war ein gar freundlicher, redegewandter Zwergenherr.

Einmal hörte der Zwerg, wie zwei Bäuerinnen während des Rosenkranzes miteinan-

Der Elsbethener Zwerg

der tratschten. Voll Zorn hüpfte der Zwerg auf den Hut einer der beiden Bäuerinnen und wollte ihr den Kopf zurecht setzen. Dies sahen die anderen Leute und murrten über den Zwerg. Er wurde hinaus befördert und tüchtig gescholten. Darüber war der Zwerg beleidigt; er setzte sich auf die Turmspitze und weinte. Viele Leute hatten mit ihm Mitleid und versuchten ihn zu trösten. Der Zwerg ließ sich nicht trösten, er blieb stumm.

Nach einigen Monaten kamen die beiden Bäuerinnen, die den Zwerg unglücklich gemacht hatten, wieder. Auch diesmal tratschten sie. – Der Zwerg stieg vom Turm und sagte leise: „Zwei Weiber haben geratscht, darum werden sie gewatscht."

Als die beiden Ratschbasen aus dem Kirchlein gingen, erhielt jede vom Zwerg zwei Watschen. (Ob sie weh taten, ist eine Frage, denn ein Zwerg ist doch nicht imstande, eine „Tüchtige" herzugeben.)

Der Zwerg wurde nie mehr glücklich. Es tat ihm sehr leid, daß er in der Kirche mit den Bäuerinnen diese Dummheit machte.

In einer Sommernacht verließ er Elsbethen für immer. In der Kirche fand man einen kleinen Schatz, welchen der Zwerg für die Kirche spendiert hatte.

Wunderbare Quelle

Ein Bürger von Hopfgarten war seit Jahren schwer krank. Er probierte alle möglichen Mittel, um die Gesundheit wiederzuerlangen; doch alles umsonst. Oft ließ er sich nach Elsbethen führen, um dort für die Gesundheit zu beten. Statt besser wurde es immer schlechter. Und eines Tages wurde es so arg, daß seine Angehörigen zum Sterben herrichteten. Man holte den Priester. Die Sterbekerze wurde angezündet. „Nach Elsbethen möcht ich noch!" rief auf einmal der Bürger. Schnell wurde eine Kutsche geholt. Man fuhr mit dem kranken Mann nach Elsbethen.

Hinter dem Kirchlein sah er eine Quelle. Von dieser wollte er Wasser haben. Sein Wunsch wurde erfüllt; und – aus dem Sterbenden wurde ein gesunder Mann.

Sagen vom Harlaßanger-Kirchlein

Der Wallfahrtsort der Brixentaler Älpler Harlaßanger, welcher zweieinhalb Stunden von Kirchberg am Gaisberg liegt, ist von vielen Sagen umrankt. Ein alter Senner erzählte mir die aufgezeichneten Sagen.

In uralter Zeit hauste in der Nähe von Harlaßanger ein Kohlenbrenner. Eines Tages, als der Köhler dabei war, einen Stamm zu klieben, wurde er ganz verzagt, denn das Holz brachte er nicht entzwei. Da erschien ihm ein wildes Fräulein und fragte den Köhler, ob sie ihm helfen dürfe. Das gefiel dem Köhler. Das wilde Fräulein tat ihre Hände in den Spalt, um den Stamm auseinanderzureißen. Doch der Köhler nahm sofort die Keile heraus – und das wilde Fräulein war mit den Händen eingeklemmt. Das wilde Fräulein schrie um Hilfe. Ein Riese kam und befreite das Fräulein. Zum rohen Kohlenbrenner aber, der bis jetzt zuschaute und lachte, rief der Riese folgende Worte: „Haar laß, hin bist du doch!" Auf der Stelle stürzte der Kohlenbrenner tot zusammen.

Viele hundert Jahre später baute ein Bauer – es soll der letzte Nachkomme von diesem rohen Kohlenbrenner gewesen sein – das Harlaßanger-Kirchlein, damit kein Unrecht mehr in dieser Nähe geschähe.

Eine andere Sage, gleichfalls von den wilden Fräulein, berichtet: Auf dem Gaisberg hielten sich in sturmbewegter Zeit eine große Schar wilder Fräuleins auf. Ihre kargen Mahlzeiten bettelten sie sich bei den Bauern. Doch eines Tages wurden die Frauen von den Bauern mit groben Worten überhäuft. Die wilden Fräuleins jammerten über ihre große Not. Als ein Bauer dieses Jammern hörte, erbarmte er sich ihrer und beschloß, ihnen alle Tage Essen zu geben. Nur eine Bedingung stellte er ihnen: sie müßten ihm seinen Sohn vor allen Gefahren schützen. Dies taten sie auch. Doch eines Tages kamen keine wilde Frauen mehr; der Sohn war verschwunden. Alle waren ganz traurig. Im Bauern flammte der Zorn auf. Er sprach nichts; aber in Gedanken wünschte er den wilden Fräuleins den Untergang. „Sie sollen alle sterben müss'n, die wilden Fräulein!" wünschte der Bauer noch vor dem Schlafengehen. Da – am Morgen, kam der Sohn und war ganz traurig. Über dem Bauernhof flogen die wilden Fräuleins und schrien: „Der Bauer und sein Sohn gehör'n dem Krieg!"

So kam es auch. Einige Monde nach diesem Geschehnis wurden der Bauer und sein Sohn Opfer des Kriegssturmes. Die Bäuerin ließ zum Andenken an ihren Mann und ihren Sohn das Harlaßanger-Kirchlein erbauen.

Der gottlose Senner

Im Spertentale lebte einst ein gottloser Senner. Seine Frau war aber fromm und besuchte immer die Kirche. Ihren Mann wollte sie überreden, er soll doch in die Kirche gehen und ein gottgefälliges Leben führen. Alles war vergebens. An einem Werktag forderte die Frau ihren Mann auf, mit ihr spazieren zu gehen. Der Senner willigte ein. Die schlaue Frau führte ihn zum Harlaßanger-Kirchlein. Da der Mann merkte, daß seine Frau ihn in das Kirchlein führen wollte, sagte er: „Ich geh' jetzt zurück. Ich mag nicht in das Bethaus gehen." Die Frau antwortete ihm: „'S is ja gar kein Bethaus. Ein Wirtshaus ist's. Wer aber einen guten Trunk bekommen will, und zwar umsonst, muß oan (einen) Vaterunser beten." Dies gefiel dem Senner. Voll Freude ging er mit seiner Frau in das Kirchlein. Die Frau mußte ihm das Vaterunser vorbeten, denn er konnte es gar nicht mehr. Und als sie es beendet hatten und der Senner auf die guten Getränke harrte, packte ihn eine Furcht vor dem Teufel und er beschwor, wie ein gottesfürchtiger Mann zu werden. Was er auch wurde. Die Frau war glücklich, daß ihr Mann wieder zu Gott zurückgefunden hatte. Sie freute sich aber auch ihrer Schlauheit.

Die reiche Dirn

In alter Zeit lebte in Brixen im Thale eine Dirn. Von ihrem vielen Geld wußte ein jeder etwas anderes. Der eine hörte – weiß Gott wo – daß sie drei Flickreiterl voll mit Geld habe. Der andere wieder, in ihrem Strohsack seien eine Menge von blanken Goldtalern versteckt. Und gerade wegen ihres Reichtums hätte sie zwanzigmal Bäuerin werden können; sie wies aber jeden Freier ab. Dadurch wurde ihr Reichtum noch sagenhafter und manche hatten sogar erfahren, daß ein großer Fürst um sie werbe. Der Dirn wurde dies aber auch zu gespensterhaft. Sie dachte hin und her, was sie mit dem Geld tun sollte, um eine gute Tat damit zu verrichten; es sollte aber nicht in die Öffentlichkeit kommen. Denn die Dirn dachte sich: „Wenn ich mein Geld für ewig aufgehoben habe, dann heirate ich den reichsten Bauern." Wenn die Not am größten, dann ist Gottes Hilfe am nächsten, sagt ein Sprichwort. Auch hier war es so. Eines Nachts fiel ihr ein, die Geldreiterln zum Harlaßanger-Kirchlein hinaufzutragen und dort zu verstecken. Sie tat es. Als nun eines Tages der reichste Bauernsohn vom ganzen Tale zu ihr kam und um ihre Hand bat, willigte sie ein. Aber als der junge Werber nach ihrem Vermögen forschte, sagte sie, sie besitze nur etwas von dem kärglichen. Da wollte der Bauernsohn die Heirat rückgängig machen, denn er fand nirgends etwas von dem sagenhaften Gelde – und die Dirn antwortete, ihr sei es gleich. Von jetzt ab warb niemand mehr um ihre Hand. Das Geld konnte sie aber nicht für ewig im Harlaßanger-Kirchlein lassen. Da holte sie das Geld, warf einige Geldstücke in den Opferstock, als Dank für die Beschützung des Geldes. Die Dirn war froh, von den Heiratswerbern frei zu sein. Denn das Heiraten war ihr verhaßt.

Sagen vom Kirchanger-Kirchlein

Um Wallfahrtsorte wob man gerne legendenhafte Sagen. Besonders das Entstehen der Wallfahrtsorte wurde mit Sagen bekränzt. Auch das Kirchanger-Kirchlein bei Kirchberg gilt als gerne besuchte Wallfahrtskirche. Einige Sagen über geheimnisvolle Vorkommnisse sind nachstehend aufgezeichnet. Über die Entstehung dieses Kirchleins berichtet eine Sage folgendes:

Ein Kirchberger Bauer, der als sehr reich galt und auch großen Grundbesitz hatte, träumte in der Nacht einen seltsamen Traum. Er träumte, daß im Keller seines Nachbarn ein Schatz vergraben ist. Der Nachbar wußte jedoch nichts davon. Der Bauer glaubte dem Traum und wollte nun den Schatz, ohne davon ein Wörtl dem Nachbarn, dem wirklichen Besitzer des Schatzes, zu sagen. Er dachte hin und her, wie er es anstellen sollte, damit er nicht gestört werde bei der Arbeit. Dem Bauer fiel kein rechter Gedanke ein, er beschloß daher, dem Nachbarn vom Schatz einen kleinen Teil zu geben. Er ging an einem Abend zum Nachbarn und erzählte diesem vom Schatze im Keller. Als der Bauer vom Nachgraben redete, wollte der Nachbar die Hälfte des Schatzes haben. Der

Bauer wollte nur einen kleinen Teil hergeben. Es kam daher zu keiner Einigung. In der Nacht grub der Besitzer des Kellers nach und fand statt des erhofften Geldes ein Marienbild. Der Finder dachte sich, wenn ich dieses Marienbild wieder hineinlege und schön zumache, dann kann ich mit dem Bauer nochmals reden, vielleicht bietet er mir Geld, wenn ich ihm den ganzen Schatz überlasse. Gedacht, getan. Am nächsten Morgen kam der Bauer wieder und wollte weiter verhandeln. Wie nun der Nachbar mit seinem Geldangebot herausrückte, wurden sie bald einig. Der Bauer grub nach und fand einen irdenen Krug voller Goldmünzen. Dies sah nun der schwer enttäuschte Eigentümer des Kellers. Als der Bauer den Schatz behoben hatte, grub der Besitzer des Kellers nach und fand wieder das Marienbild. Diesmal trug er es in seine Kammer und bewahrte es dort auf. Nach einigen Tagen war das Marienbild verschwunden; man fand es auf der Stelle, wo heute das Kirchanger-Kirchlein steht. Der Finder ließ dort eine kleine Kapelle bauen.

Nach einer anderen Sage entstand das Kirchlein durch eine Dirn. In Kirchberg diente bei einem Bauer eine Dirn, die sehr arm war und sonst nichts hatte, als das, was ihr der Bauer gab. Der Bauer eilte mit dem Geben nicht, so mußte die Dirn daher oft die schlechtesten Kleider anziehen. Mit einem solchen Kleid wurde sie im Winter einmal in den Wald geschickt. Wie sie nun so durch den Schnee watete, sah sie ein Marienbild. Schnell hob die Dirn das Bild auf. Sie wollte das Bild nach Hause tragen, doch es wurde immer schwerer. Die Dirn legte das Marienbild zu einer Tanne hin und eilte nach Hause, um den Fund zu melden. Der Bauer ging gleich zur Stelle, wo das Marienbild stand, wollte es aufheben, doch er brachte es nicht vom Platze. Er beschloß, hier ein Kirchlein zu bauen, und so soll das Kirchanger-Kirchlein entstanden sein.

Später besuchte die Dirn oft das Kirchlein. Und einmal schenkte ihr ein Bettelweib, welches im Kirchlein kniete und betete, zwölf Goldstücke. Die Dirn weigerte sich anfangs das Geld zu sich zu nehmen, denn sie glaubte, es sei etwa gestohlenes Gut; doch als die Bettlerin sagte: „Wenn du das Geld nicht nimmst, so bin ich auf ewig verloren", nahm sie es an und verbrauchte es ehrlich. – Das Bettelweib war eine Gräfin, die von ihrem Manne verstoßen wurde, da sie sehr geldgierig war. Die zwölf Geldstücke waren vom Teufel und wer diese besaß, wurde von der Geldgier und deren Folgen erfaßt. Es war sonderbar, daß die Dirn von der Geldgier verschont blieb.

Das Sünderbild

Einige Jahre nach dem Entstehen des Kirchanger-Kirchleins, der Ruf als Wallfahrtsort drang immer mehr in das Volk, fand ein leichtsinniger Handwerker ein seltsames Bild. Das Bild hatte mittlere Größe und stellte sechs geheimnisvolle Zeichen dar. Es war ein Sünderbild. Wer ein Sünderbild fand, mußte es in eine Wallfahrtskirche tragen und dort warten, bis das Bild verschwand. Der Handwerker lachte und spottete über das Bild. Er trug es in das Kirchanger-Kirchlein und wartete dort spottend auf die Dinge, die da kommen werden. Zuerst erschien eine alte weinende Frau; diese jammerte. Ihr folgte ein Knabe mit gefalteten Händen. Nun kamen der Teufel, eine Hexe und ein Zwerglein.

(Es ist auffallend, daß in einer Kirche der Teufel auftreten kann.) Als letztes kam ein junges Brautpaar. Das Brautpaar nahm das Sünderbild, gab es dem Teufel und sprach dabei einige unverständliche Worte. Dann verschwanden alle wieder. Der Handwerker war froh, die Kirche verlassen zu können.

Der Kirchanger Rabe

In der Nähe des Kirchanger-Kirchleins hauste früher ein Rabe; obwohl im Brixental Raben keine Seltenheit waren, so schenkte man diesem Raben ein besonderes Augenmerk. Seine Füße bluteten jeden Tag, den Kopf ließ er hängen, die Schwanzfedern waren weiß. Am Freitag flog er in das Kirchlein und küßte mit dem Schnabel das Marienbild. Die Leute stritten sich um den Raben sehr viel, denn die einen sagten, er sei ein Untersberger Rabe, andere behaupteten, er sei ein verzauberter Mensch. Man wollte ihn fangen, doch erwischte man ihn nicht. Eines Tages verschwand der Rabe; man hörte und sah nichts mehr davon. Vielleicht hatten die Ersteren Recht, die sagten, daß er ein Untersberger Rabe war.

Der weiße Teufel vom Kirchanger

Ein reicher Bauer, welcher auch Wirt war, hatte einer Bäuerin die Heirat versprochen. Auch des Bauers Knecht wollte diese Bäuerin zur Frau haben. Daß die Bäuerin den reichen Bauern bevorzugte, ist wohl verständlich. Dies wollte der Knecht auf alle Fälle verhindern. Die Furchtsamkeit des Bauern nutzte der Knecht nun ordentlich aus.

Er verkleidete sich zu einem Teufel mit einem weißen Kopf. In der Nacht, als der Bauer beim Kirchanger-Kichlein vorbei ging – er war bei seiner Braut –, trat der Teufel hervor, hielt den Bauern auf und sagte: „Wenn du mit der Liebschaft mit der Bäuerin nicht abstehst, so bist du mir verschrieben."

„Ich stehe ab! Ich stehe ab! Ich krieg' schon eine andere!" erwiderte der Bauer und wollte weiter gehen.

„Und noch etwas mußt du mir tun", fing der Teufel von neuem an. „Eine Nachbildung von mir mußt du rechts am Altare dieses Kirchleins aufstellen"; dabei zeigte der Teufel an das Kirchanger-Kirchlein.

„Ich werde alles machen, gar alles!" versprach der Bauer.

Der Teufel ließ ihn gehen.

Am nächsten Tage mußte der Bauer der Bäuerin die versprochene Heirat absagen. Und als nächster Werber kam der Knecht und erhielt die Hand. – Ob ein weißer Teufel im Kirchanger-Kirchlein aufgestellt wurde, weiß niemand. Der „Teufel" wird sich darum nicht mehr gekümmert haben; die Hauptsache war: er hatte die Bäuerin zur Frau.

Der Kirchanger Rabe

Sagen um Schloß Kaps

Burgen und Schlösser sind Zeugen aus vergangenen Tagen, aus Tagen, wo die Ritterschaft edel und mutig war. Solche Burgen könnten uns erzählen aus alter Zeit, daß man viele Bücher schreiben könnte. Manches Ereignis ist uns in der Sage überliefert worden. Schloß Kaps bei Kitzbühel ist auch ein Wahrzeichen der Vergangenheit, und nachstehende Sagen erzählen uns von Rittern dieses Schlosses und von Leuten und Geistern, die in diesem Schlosse gehaust haben.

Der schwedische Soldat

Unruhige Zeiten waren im Lande. Von außen drängten schwedische Reiter immer an die Grenze, doch wagten sie es nie, in das Land einzubrechen. Der damalige Herr auf der Kapsburg, ein kampfeslustiger, junger Mann, zog einmal mit seinen Leuten weit in das Bayrische hinaus, denn er wollte mit den Schweden einen Kampf austragen. Nach langem Reiten stießen sie zu den Kaiserlichen. Diese nahmen sie freudig auf und voll ungestümer Kampfesfreude trat er mit seinen Leuten in den Dienst der Kaiserlichen, um dadurch die Schweden, von denen in der Heimat viel erzählt wurde, kennenzulernen.

Im großen Heere Tillys diente nun Peter von Kaps – so wird er in der Sage geheißen – mit seinen Knappen und Dienern. – Das Heer Tillys konnte die Schweden nicht aufhalten. Gustav Adolf zog in München ein. Böhmen, Tirol und Österreich schienen ebenfalls in die Hand des Schwedenkönigs zu kommen. In schwerer Stunde ging Kaiser Ferdinand zu Wallenstein und bat ihn, die Führung des Heeres zu übernehmen. Langsam willigte Wallenstein ein, denn er hatte es dem Kaiser nicht vergessen, daß er ihn einmal im schönsten Siegeszuge zurückgesetzt hatte. Schnell wurden die Werbetrommeln gerührt und im Sommer 1623 brachte Wallenstein eine Armee von 40.000 Mann zusammen. Auch Peter von Kaps mit seinen Leuten – sie irrten in der letzten Zeit planlos umher, denn das Heer Tillys zerbröckelte allmählich – meldete sich zu den Landsknechten Wallensteins.

Mit glühenden Augen, voller Begeisterung und von Idealismus beseelt zogen Peter und die Seinen in den Kampf.

Es kam der November dieses Jahres und mit ihm die Schlacht bei Lützen, in der der alte Haudegen Pappenheim und der Schwedenkönig Gustav Adolf auf dem Schlachtfelde blieben. Die Schlacht von Lützen brachte weder den Schweden noch Wallenstein einen vollen Sieg. Weil viele Offiziere nach der Ansicht Wallensteins nicht ihre volle Schuldigkeit getan hatten, hielt er ein großes Strafgericht und ließ sogar etliche enthaupten.

Peter von Kaps zog nun im Dienste Wallensteins von einer Schlacht in die andere. Oft wurde er verwundet, es schreckte ihn nichts ab. Von Sieg zu Sieg eilte er. Mit Freude spornte er immer sein Pferd an, wenn es in den Kampf ging.

Das Jahr 1634 war für Deutschland ein Schweres. Am 25. Februar wurde Wallenstein von Soldaten in Eger ermordet. Die Landsknechte des großen Friedländers zogen

Der schwedische Soldat

Das Sonnwendfeuerl

auseinander. Peter von Kaps wandte sich der Heimat zu. Als Erinnerung an seine Kriegszeit nahm er sich einen Gefangenen schwedischen Soldaten mit.

Dem Soldaten ließ er daheim nichts abgehen. Eigene Dienerschaft stellte er ihm zur Verfügung, festliches Essen und jeden Wunsch erfüllte er ihm. Nur einen nicht, den Lieblingswunsch.

Der schwedische Soldat konnte gut deutsch. Er erzählte von seiner Heimat und bat den Kapsburgherrn jedesmal, wenn er von der Heimat berichtete, er möge ihn freilassen, denn in der Heimat warten seine Mutter, seine Frau und drei Kinder auf ihn. Ganz krank wurde der fremde Soldat.

Endlich ließ ihn der Peter von Kaps ziehen. Wie der schwedische Reiter das Burgtor hinter sich hatte, sagte er: „Bis zu den Bergen, dann ein Ende."

Müde und schwach waren seine Beine. Sie trugen den kampfgewohnten Soldaten nur bis über die Grenze. Im Bayrischen drüben erlag er und starb.

Einmal will man ein Lichtl – ganz blutrot war es und unruhig zuckte es – über die Berg wandern gesehen haben. Das Lichtl ging der Burg Kaps zu und erlosch dort.

Seitdem das Lichtl in der Burg Kaps Platz genommen hatte, geisterte es in jenen Nächten, an dessen Tag zuvor der schwedische Soldat die Burg verlassen hatte.

Erst als Peter von Kaps das Zeitliche segnete, verschwand der Geist.

Das Sonnwendfeuerl

Sonnwend ist die schönste Zeit im Sommer. Die Tage sind lang, die Arbeit ist hart, in der Natur ist alles in üppiger Schönheit und Pracht. Und wenn Sonnwend ist, dann brennen auf den Bergen die Sonnwendfeuer. So ist Brauch und Sitte seit urdenklichen Zeiten.

Auf der Burg Kaps ging vor langer Zeit zur Sonnwendzeit ein Sonnwendgeistl in der Gestalt eines kleines Feuerleins um. Jahr für Jahr konnte man etliche Tage vor Sonnwend und etliche Tage nachher ein kleines Feuerl um die Burg wandern sehen. Man wußte nicht, woher es kam und konnte auch nicht beobachten, wohin es entschwand. Etliche glaubten, ein verstorbener Ritter von Kaps treibe sein Unwesen, andere wieder deuteten es als Unglückszeichen aus.

Da kam in einem Sommer einmal ein Ritter aus einem fernen Lande als Gast auf die Burg Kaps. Man erzählte ihm auch von diesem Sonnwendgeistl. Auf diese Erzählung hin beschloß der fremde Ritter, zu bleiben, bis er dieses Geistl beobachten könne. Es kam Sonnwend. Als der Gast das Feuerl sah, sagte er: „Nehmt einen geweihten Palm und Weihenpfinztageier (Gründonnerstageier), und legt sie vor die Burg. Durch diese Mittel kann der Geist erlöst werden."

Der Rat des Gastes wurde befolgt und das Sonnwendfeuerl sah man seither nie mehr.

Die Magd von Kaps

Auf der Burg Kaps lebte vor etlichen Jahrhunderten eine Magd, die im Rufe stand, mehr zu wissen als jeder andere Mensch. Von manchen sagte sie den Tod voraus und jedesmal traf er genau, wie vorausgesagt, ein. Die ganze engere und weitere Umgebung hatte Ehrfurcht vor dieser Magd und betrachtete sie scheu. Es fanden sich auch schlechte Mäuler, welche der Kapsburger Magd nachsagten, der Teufel sei mit ihr in Verbindung. Manche wollten ihn sogar gesehen haben, als er die Magd besuchte. Trotz dieser üblen Reden steigerte sich der gute Ruf der Magd. Der Burgherr war mit ihr zufrieden und konnten nichts Unrechtes beobachten.

An einem Sommertag verschwand die Magd spurlos. Niemand hatte sie gesehen, mit keinem Worte hatte sie sich verraten. Ganz bestürzt war man über diese Handlung. Lange hoffte man auf die Rückkehr. Sie kam nicht mehr.

Im nächsten Jahre kam im Frühjahr ein wandernder Sänger auf Kaps. Er hatte an den Burgherrn eine Botschaft auszurichten, die so lautete: „Eine Dirn sagte mir am Wege, ich soll dir sagen, du sollst graben im Burghof an drei Ecken."

Man schüttelte über diese Worte den Kopf. Schließlich schritt man doch zur Nachgrabung. Bei jedem Eck fand man eine schwere eiserne Truhe; jede Truhe beinhaltete etliche Schmuckstücke und eine Pergamentrolle, auf der die Worte standen: „Wenn gefunden und gelesen, die Pest am Wege ist."

Etliche Wochen darauf wütete in der Umgebung Kitzbühels die Pest. Kitzbühel blieb verschont von diesem großen Sterben.

Die Botschaft stammte von der ehemaligen Dienstmagd, die man später für ein wildes „Freil" hielt, wegen ihres sonderbaren Gehabens.

Der Fehdegang

Ein Burgherr von Kaps war mit dem Ritter von Münichau in arger Fehde. Monatelang schickten sie sich einen Fehdebrief um den anderen. Endlich wagten sie es im Zweikampf Schluß zu machen. Während sich der Burgherr von Kaps zum Kampf kleidete, eilte ein Bote seinem Schlosse zu und brachte die Nachricht, daß der Ritter von Münichau schwer erkrankt ist und man schon einen Priester zum Versehen geholt habe. Diese Nachricht erschütterte den Burgherrn furchtbar. Schnell sattelte er das Roß und ritt nach Münichau, um sich mit dem dortigen Ritter zu versöhnen. Wie er in den Münichauer Schloßhof trat, überbrachte ein Schloßdiener den Knappen die traurige Nachricht, daß ihr Herr, dem sie eine Viertelstunde zuvor noch die Hand gereicht hatten, verschieden ist. Auch der Kapser Burgherr hörte diese Nachricht. „Zu spät", rief er und sank zu Boden.

Als er zu sich kam, war er irre. „Ich bin Schuld", sagte er oft.

Lange Jahre war der Burgherr von Kaps irre. Eines Tages kam er von seinen Gedanken heraus und war von dem unglücklichen Wahne befreit.

Aus diesem Anlaß stiftete er eine Jahresmesse, welche in der Schloßkapelle gelesen werden mußte, und zwar an dem Jahrestage des Todes des Münichauer Ritters.

Sagen von Kitzbühel und Umgebung

Das Pestmandl

Als in der Gegend von Kitzbühel die Pest wütete und ein Menschenleben nach dem anderen dahinfegte, da lebte in Münichau ein alter Schloßwärter, der weit in der Welt herumgekommen war und auch in der Kunst der Medizin nicht schlecht bewandert war. Zu diesem gingen die Bürger der Stadt Kitzbühel und frugen ihm um ein Mittel, damit sie von der Pest befreit würden. Der Schloßwärter holte aus seiner Kammer ein dickes, handgeschriebenes Buch, schlug es auf und suchte. Nach einer Weile sagte er: „Fromm im Leben, mäßig im Speisen und mit Glut, welche aus Eichenholz gewonnen, darein man siebenerlei Kräuter tue, räuchere man die Häuser. Tuet dies und die Pest wird eure Stadt verlassen." Das war der Rat des Schloßwärters von Münichau.

Die Bürger gingen befriedigt heim. Getreulich taten sie wie ihnen gesagt wurde. Sie sammelten Kräuter, fällten Eichen und wollten Eichenglut gewinnen. Doch so sehr sie sich auch mühten, aus den grünen, neugefällten Eichen erhielten sie keine richtige Glut. Da sie kein dürres Eichenholz hatten und die Pest immer mehr um sich griff, verzweifelten sie schier. In dieser Not gingen sie wieder zum Schloßwärter von Münichau. Dieser versprach, ihnen ihre Häuser zu räuchern, was er in der nächsten Nacht auch vornahm. Wie er es anstellte, mit einer Pfanne Glut alle Häuser zu räuchern, darüber berichtet nichts. Die Pest verließ die Stadt Kitzbühel bald. Dem Münichauer Schloßwärter trug dies den Namen „Pestmandl" ein.

Die tapferen Weiber

Vor langer Zeit, da war Kitzbühel vom Feinde bedroht. Es sollen schwedische Reiter in die Gegend einzudringen versucht haben. – Überall verbreitete sich diese Nachricht mit Angst und Schrecken. Die Männer wollten nicht zu den Waffen greifen, denn sie vermeinten, der Übermacht des Feindes erliegen zu müssen. In der letzten Stunde entschlossen sich die Weiber von Kitzbühel und Umgebung, dem Feinde entgegen zu gehen und ihn nicht in das Land zu lassen. Zu diesem Zwecke trieben sie alle Ziegenböcke der Umgebung zusammen, befestigten zwischen den Hörnern eine Kerze und zogen mit Gabeln, Sensen, Hacken und anderen derartigen Werkzeugen dem Feinde entgegen. Als es dunkel wurde, zündete man die Kerzen zwischen den Hörnern an. Wie die schwedischen Reiter diesen geisterhaften Zug beobachteten, packte sie ein Grausen und sie nahmen sofort Reißaus. Kitzbühel war vom Feinde gerettet.

Zur Dankbarkeit für ihre Tat erhielten die Weiber das Recht, in der Kirche auf der rechten Seite – wo eigentlich der Platz der Männer ist – knien zu dürfen.

Der Goldknappe

Es war in der Zeit, wo in der hiesigen Gegend der Bergsegen in reichstem Ausmaße in die Bevölkerung floß. Buntes und festliches Leben herrschte in der Stadt Kitzbühel. Nach harter Bergarbeit lenkten die Knappen gar oft ihre Schritte in die Gasthäuser und pflegten dort lustige, gesellige Unterhaltung. Damals lebte auch ein Sonderling unter den Knappen. Nie will man ihn lachen gehört haben und stets ging er allein. Auch in die Gasthäuser blickte er selten. Einmal fragte ihn ein munterer, etwas leichtsinniger Knappe, warum er gar so traurig sei. Da antwortete der Sonderling: „Wenn i gnuag Gold hätt', dann tät ich lach'n. Doch allzu schnell wird der Berg sich schließen und Gold und Leute begraben." Seit diesem Ausspruche nannte man ihn den Goldknappen. Er wurde sehr alt; als er einmal sterbenskrank im Bette lag und jedermann an seinen Tod glaubte, sagte er: „I stirb nit früher, als bis der Berg den Bergsegen begräbt." – Es dauerte noch etliche Jahre, als durch das Städtchen die Kunde von Mund zu Mund eilte, daß Wasser in die Stollen vom Röhrerbichl gedrungen ist und viele Knappen verschüttet wurden.

Nach diesem Ereignis nahm der Bergbau unerwartet schnell ab. In wenigen Jahren war er in der Gegend um Kitzbühel auf einen unbedeutenden Wirtschaftszweig herabgesunken.

Nach einer anderen Überlieferung erzählte ein Bergzwerg einem Bauern über die wertvollen Bergerze, die in den umliegenden Bergen versteckt seien. Da erwiderte der Bauer, daß man dieses jetzt alles zu Tage fördere und nichts mehr verloren gehe.

„Wenn das Wasser in die Stollen steigt und Menschen verschüttet werden, dann dauert es nicht mehr lange und der Bergbau ist zu Ende", erwiderte darauf der Zwerg.

Die Berghexe

Schon lange ist es her, da hauste auf dem Kitzbüheler Horn eine Hexe, die besonders wegen ihrer bösen Krankheitszauberei in üblem Rufe stand. Durch allerlei Mittel hexte sie den Leuten Krankheiten an. Damals lebten in der Gegend drei mutige Burschen, und diese wollten der Berghexe – so wurde sie geheißen – den Garaus bereiten. In aller Stille schmiedeten sie ihre Pläne. An einem Sommertage schritten sie zur Ausführung. Sie schlichen, jeder allein, zur Höhle der Hexe, baten um Einlaß und plauderten mit der Hexe eine Weile, bis alle drei beisammen waren. Dann überfielen sie die Hexe, banden sie und forderten von ihr die Zaubermittel. Ohne ein grobes Wort zu verlieren, grinste sie die Burschen an und sagte: „Schnell verhunger' ich nit und zaubere mit dem Mund."

Da die Hexe die Forderung der lachenden Burschen nicht erfüllte, zogen sie ab und nahmen sich vor, in den nächsten Tagen wieder zu kommen.

Unterdessen kam eine andere Hexe und löste die Fessel der Berghexe.

Nun wollte diese Rache üben, soviel sie nur die Kraft dazu besaß. „Ein Seuche schicke ich den boshaften Bauern", keuchte sie wild. Schon wollte sie die Zauberformeln aussprechen, da wehrte die Retterin ab:

„Tu's nit, 's könnt auch dein Tod werden."

Schließlich ließ sich die Berghexe überreden. Auch zog sie es vor, in eine andere Gegend zu ziehen, um dort ihr Handwerk auszuüben.

Der Kasergeist

Auf einer Alm in der Nähe von Kitzbühel lebte vor langer Zeit eine Sennerin, die als die Schönste von weit und breit galt. Sie war auf ihre Schönheit auch nicht wenig stolz und betrachtete manchen gar verächtlich. Zur gleichen Zeit lebte auf der Nachbaralm ein bildsauberer Hirte, von dem die Rede ging, daß er von einem Bergmännlein einen großen Schatz erhalten habe. Für diesen Hirten hatte die Sennerin Aug' und Ohr. Doch der Hirte betrachtete sie nicht und liebte eine Bauerntochter. Die Sennerin versuchte alles, um den Hirten für sich zu gewinnen. Doch vergebens. Darüber ärgerte sie sich viel. Einmal sagte sie im Zorn: „Entweder will er mich, oder ich werde Almgeist."

Der Hirte heiratete bald darauf die Bauerntochter. Am Hochzeitstage lag die Sennerin krank im Bette. In der folgenden Nacht starb sie. – Im Sommer wohnte sie als Geist in einer Waldhöhle, im Herbst bezog sie die Almhütte und blieb darin bis zum Frühjahr. Man nannte diesen Geist den „Kasergeist."

Die Münichauer Reiter

Leise säuselte der Herbstwind durch die Bäume, das Laub fiel büschelweise von den Ästen. In den Küchen der Bauern saß man um den Tisch und erzählte. Von den vergangenen Tagen ging die Rede, von den letzten Begebenheiten im Dorf und in der Stadt erzählte man und übte an manchem eine kleine Kritik.

Während draußen in der Natur der Herbstwind sein Spiel trieb, stand der Schloßherr von Münichau in seiner Kammer und war tief in Gedanken versunken. Zwei Kerzenluster erhellten den Raum. Sein Schatten hatte etwas Unruhiges an sich.

„Seit ich mit dem Velber, dem Ritter von Falkenstein in der Fehde bin, bin ich so unruhig. Nirgends kann ich auch nur eine Weile ruhen. Ich bin unglücklich geworden", sprach halblaut der Schloßherr von Münichau.

Wie schnell eine Fehde entstehen kann. Hat einer den anderen nie gesehen, und trotzdem kam Feindschaft in die zwei Schloßherren. Und das kam so:

Die freien Burginsassen von Münichau zogen an einem Lenztage auf die Jagd. Sie ritten gegen Kirchberg. Am gleichen Tage waren auch die Falkensteiner auf der Jagd und ausgerechnet in den Wäldern um Kirchberg. Als die Falkensteiner die Münichauer gewahrten, lenkten sie die Rosse dorthin.

„Was sucht ihr hier? Hier gehört der Wald dem Schlosse Falkenstein! Schaut, daß ihr in euer Nest kommt!" rief herrisch und spöttisch Diethard, der Herr von Falkenstein, den Münichauern zu.

Die Münichauer zogen ab. Am anderen Tage sandte Heinrich, der Schloßherr, einen Boten zum Falkenstein und forderte den Falkensteiner zum offenen Kampfe heraus. Diethard lehnte ab; er erwiderte, daß für ihn sein unüberwindliches Felsennest, seine Burg, zum Kampfe bereit stehe. Heinrich von Münichau wußte, was diese Worte bedeuten. Er solle die Burg erobern, wenn er zum Kampfe antreten wolle. Monatelang dachte Heinrich darüber nach. Immer wieder stand er von seinen Plänen ab.

„Vater, wir sind bereit. Wage heute den Ritt zum Falkensteiner Felsennest. Heute haben die Knappen frische Schneid und scheuen weder Tod und Teufel", sagte sein ältester Sohn, der zu ihm in die Kammer kam.

„Wir reiten! sag' den Knappen, sie sollen sich bereitstellen, denn heute Nacht sollen die Falkensteiner ihr Felsennest verlieren", erwiderte gebieterisch Heinrich.

Eilig verließ der Sohn die Kammer, eilte zu den Knappen und teilte ihnen den Entschluß seines Vaters mit. Mit unbändiger Freude nahmen sie die Nachricht auf. Die Pferde wurden gesattelt, Waffen hervorgeholt und ein Trunk auf das Wohl des Herrn von Münichau getan.

Auch Heinrichs Pferd wurde gesattelt. Der älteste Sohn ließ es sich nicht nehmen, als daß er ebenfalls diesem Kampfe beiwohnen müsse. Er besorgte für jeden eine Fakkel.

Die Nacht lag über dem Land. Im Schloßhof von Münichau warteten die Knappen auf ihren Herrn. Er kam. Freundlich grüßte er sie, gab ihnen seine Pläne bekannt und setzte sich auf sein Pferd. Die Fackeln wurden angezündet. Der Ritt begann. An der Spitze Heinrich von Münichau; ihm zur Seite sein Sohn Otto.

Unheimlich sah die Schar der reitenden Ritter mit den brennenden Pechfackeln aus.

„Heut' gibt's no was. Jetzt bin ich schon über siebzig Jahre und hätt' viel g'seh'n und erlebt, doch eine so unheimliche Reiterschar sah ich noch nie. Heut' gibt's no was Leut, i sag' was Arges", sagte ernst und mit bedächtigter Miene der alte Isbichler Bauer von Kirchberg.

Im Schlosse Falkenstein in der Sperten herrschte fröhliches Leben. Groß und klein, jung und alt waren im Rittersaale versammelt, tanzten und sprachen dem feurigen Etschländer Wein beträchtlich zu. Es war ein Fest, wie es solches auf Falkenstein wöchentlich eines gab.

„Lasset die Zugbrücke nieder, ladet die Bauern als Gäste, schließet kein Tor, denn jedermann soll bei uns Gast sein", befahl Diethard abends und so wurde es gehalten.

„Die Bauern kommen nicht, die achten uns zu wenig und weshalb sollen wir alles sperrangelweit offen lassen, es hat doch keinen Wert. Darf ich vielleicht die Zugbrücke aufziehen?" fragte der Torwächter Diethard. Diethard lachte und sagte: „Laß' alles offen; es kommen schon Gäste!"

„Am Ende ganz und gar unerwünschte", sagte der Torwächter.

„Was macht es? Wir sind starke Gestalten, wir fürchten niemanden, mag kommen wer will. Wir sind bereit."

Ein Bockhorn erschallte. Schon standen die Münichauer im Schloßhofe. Auf Falkenstein herrschte große Bestürzung. Heinrich von Münichau forderte Diethard von Falkenstein zum offenen Kampfe heraus.

„Knappen! Tretet an! Seid tapfer!" rief Diethard den Knappen zu. „Tretet an!" – Keiner rührt sich. –

Die Münichauer Reiter

„Feiglinge! Wißt ihr nicht, daß ihr auf Falkenstein wohnt? Tretet an!" rief Diethard wieder. Er bebte vor Zorn und begann, sich zurückzuziehen, als er merkte, daß niemand für ihn einstehe.

„An die Arbeit!" befahl Heinrich. Die Münichauer Knappen sprangen von den Pferden, eilten auf Diethard und dessen Knappen zu, banden sie und sperrten sie in die Kerker des Falkensteiner Schlosses.

„Wir sind die Herren von Münichau und Falkenstein", gab Heinrich bekannt. Ganz rot wurde Diethard im Gesichte, er zitterte vor Zorn. Verrat, vermutete er.

Der Kellermeister erschien und rief den Münichauern zu: „Kommt, laßt uns ein Fest feiern, denn es soll kein Sieg ohne Freudenfest sein. Heinrich von Münichau, ich heiße Sie willkommen. Ihnen biete ich nun meinen Dienst als Kellermeister von Falkenstein an."

Heinrich von Münichau nickte. Diethard dagegen, der ebenfalls die Worte des Kellermeisters gehört hatte, brandmarkte ihn als Verräter.

Im feuchten unterirdischen Keller saßen sie alle, die sich stolz als „Falkensteiner" benannten. Welches Ende mag wohl kommen? So wird mancher gedacht haben.

Die Münichauer betraten den Speisesaal und feierten den schnellen kampflosen Sieg mit Wein und gutem Essen. Schon hatte die tückische Kraft des Weines überhand genommen. Der Kellermeister aber verschaffte sich den Schlüssel zum Kerker und öffnete den gefangenen Rittern und Knappen die Türe.

Einer von den Münichauern beobachtete das falsche Spiel des Kellermeisters. Er raffte sich auf, nahm sein Schwert und rief seinen Kameraden zu:

„Münichauer! Greift zu den Waffen. Schont nichts auf Falkenstein, den Falschheit und List brüten in diesem Neste!"

Ohne zu zögern, stürmten die Knappen auf, griffen zu den Waffen und als sie die Falkensteiner Knappen befreit sahen, wußten sie, was sich zugetragen, und begannen sich mit ihnen im Kampfe zu messen. Ein blutiger Kampf entstand.

Der erste Tote war der Kellermeister, der durch sein falsches Spiel an allem Schuld war. – Schon ging es der Morgendämmerung zu. Auf Falkenstein war der Kampf beendet. Keiner von den Falkensteinern blieb am Leben.

Heinrich von Münichau sagte zu seinen Knappen: „Was sich hier zugetragen hat, ist durch ein ränkisches Spiel, das durch den Rebensaft herbeigeführt werden sollte, geschehen. Wenn Falkenstein gebrochen ist, so haben wir es gebrochen und wir wollen nicht, daß dieses Nest noch weiterhin bestehen soll; Burg Falkenstein muß zerfallen!"

Die Leichen wurden beerdigt. Aus dem Schlosse schaffte man alles weg. – Einsam und öd stand die stolze Burg da. Welch ein unrühmliches Ende!

Die Münichauer Reiter lebten fort im Volke als die sagenhaften „Reiter von Münichau". Wenn ein Herbststurm über die Gegend von Kirchberg und Reith zog, so hörte man ein fast unheimliches Sausen und man sagte: „Das ist der Ritt der Münichauer Reiter."

Die Goldtruhe
Wie der Schwarzsee entstand

Wo heute der Schwarzsee sich ausbreitet, da stand vor vielen Jahrhunderten ein schönes, stattliches Bauernhaus samt Ställen und Tennen. Überall redete man von diesem Bauernhofe, der auch in schlechten Jahren eine gute Ernte unter Dach brachte. Neidig blickte mancher nach dem „Schwarzen Hof", wie man ihn stets nannte.

Auf dem Hof herrschte kein Bauer, sondern eine unbekannte Frau. Vom böhmischen Lande kam sie hierher, kaufte aus der Hand des jungen Besitzers, der lieber den Wein in Ehren hielt als die Bauernarbeit, den Hof, stellte Knechte und Dirnen ein und von früh bis spät wurde geschafft.

In einer stürmischen Langnacht gewahrte man ein Fuhrwerk, das dem Hofe zufuhr. Die Räder des Wagens ächzten und die Pferde patschten im Schweiße. Auf dem Wagen befand sich eine Truhe, die gefüllt war mit Silber und Gold. Das Fuhrwerk lenkte man in die Rem; die Truhe hob ein halbes Dutzend Männer vom Wagen und schleppte sie mit unendlich viel Mühe in die Schlafkammer der Bäuerin. – In selbiger Nacht verließ das Fuhrwerk noch den Hof und wandte sich dort hin, woher es kam.

Geheimnisvoll flüsterten die Leute der Umgebung über dieses Geschehnis. Sie fühlten, daß eine fremde Hand vom Heimatboden Besitz ergriffen hat. –

Zu Gundhabing lebte ein junger, mutiger, zu jeder Arbeit tüchtiger Knecht. Manches Stücklein hatte er allein oder im Bunde mit gleichgesinnten Kameraden ausgeführt. Da kam ihm einmal der Gedanken, zu der Bäuerin des „Schwarzen Hofes" fensterln zu gehen. Lange zögerte er, doch er wollte der Hetz halber dieses Stücklein ausführen. Und so machte er sich doch auf und zog lachend weg. Auf dem Wege überkam ihn ein ganz sonderbares Gefühl. Es kam ihm vor, als ginge er einen schweren Gang. Wie er zum Hause kam, sah er neben dem Stall ein kleines Tröglein und von einer hölzernen Rinne rann ein wenig Wasser in das Tröglein. Da er Durst hatte, trank er, doch schnell spie er das Wasser wieder aus. Es war schlechtes Mooswasser.

„Geht gut an", dachte sich der Knecht, kraxelte der Wand entlang auf die Laben und suchte das Fenster der Bäuerin. Aus einer Kammer drang ein wenig Licht. Diesem ging er zu. Nichts sah er, denn Vorhänge verhüllten die Fenster. Eine kleine Spalte entdeckte er nach einigem Suchen. Er schaute hinein und sah, wie die Bäuerin aus einer Truhe Goldstücke klaubte. Der Kammerboden war mit Goldstücken übersät. Der Knecht zweifelte, ob dies wohl mit rechten Dingen zugehe. Aus den Augen der Bäuerin sah er Geldfreude glänzen. Jetzt ließ sie die Goldstücke, die sie in den Händen hatte, fallen, und begann um die Truhe zu tanzen. Nach einer Weile wurde sie schwindelig und fiel auf den Boden.

„'S Mooswasser ist mei Tod – geht nit; 's Geld is nit mei", sprach sie auf dem Boden liegend, und dann begann sie zu zählen. „Zwölf Nächte noch, dann is gar", vernahm der Knecht wieder.

Ihm wurde es unheimlich. – Er ging heimwärts. – Das Erlebnis der Nacht verschwand nicht mehr aus seinem Kopfe. Immer sah er die Geld zählende Bäuerin und ihre Worte sprach er des öfteren leise aus.

Am anderen Tage war er ganz dasig und die übrigen Ehhalten wunderten sich, was ihm wohl begegnet sein möge. Sie versuchten, durch Fragen etwas herauszubringen, doch als Erwiderung schüttelte er nur den Kopf.

Von Tag zu Tag wurde der Knecht stiller und niedergeschlagener. Zeitweise begann er irre zu sprechen. Am zwölften Tage schritt er im Hause von der Stube in den Stall, auf die Tenne, in die Rem und wieder zurück. „Geld hätt' i gnuag – unterm Wasser muß i leb'n – 's gar", vernahm man paarmal aus seinem Munde.

Jedes redete ihm mit guten Worten zu, doch er horchte nicht. Abends ging er den Weg, den er vor zwölf Tage gegangen war: zum Fenster der Bäuerin vom „Schwarzen Hofe" – – –

Die Bäuerin war wieder beim Goldklauben. Mit ungeahnter Wucht stieß der Gundhabinger Knecht mit der Faust das Fenster ein. – Die Bäuerin tat einen grellen Schrei und die Erde begann ganz langsam zu sinken.

Das Mooswasser neben dem Stall rann immer größer, ein kleines Bächlein wurde daraus. Die Dienstboten verließen den Hof. Der Gundhabinger Knecht eilte ihnen nach.

„Bleibt da! Bleibt da!" rief er. – Als sie sich umschauten, sahen sie vom Hause nichts mehr. Ein großer See lag darüber.

Alle gingen mit dem Knecht nach Gundhabing und verbrachten dort die restliche Nacht. Am nächsten Morgen schaute man nach, doch nichts mehr konnte man von diesem stattlichen Hause sehen. Und weil man den Hof den „Schwarzen Hof" hieß, so taufte man den See gleich „Schwarzsee".

Bald erkrankte der Gundhabinger Knecht – er war jetzt nicht mehr irre – schwer. Vor dem Sterben sagte er, daß in der Tiefe des Schwarzsees eine Truhe, gefüllt mit Gold und Silber, ist, und einen überaus großen Wert besitze. Diesen Schatz kann nur einer heben, der am Karfreitag geboren ist.

Der Fememord am Schwarzsee

Ein sonnenklarer, frischer Augusttag nahm seinen Anfang. Vom Osten her wehte ein guttuendes Lüftchen. Der Himmel war ohne Wolken, das Land stand im Grün des Grummets. Auf den Äckern wiegten sich die Kornähren majestätisch. Die Zeit der Kornernte war da.

In der Stadt Kitzbühel regte sich alles. Wunibald, der Stadtschmied und „Chroniker" – den letzteren Namen gab man ihm wegen seines großen Wissens über vergangene Tage – stand in seiner Schmiede, wünschte seinen Gesellen einen guten Morgen, ging zur Esse, ließ den Blasbalg an und begann ein Stück Eisen zu erwärmen.

„Gesellen, gestern habe ich einen neuen Auftrag erhalten. Ein Bote vom Falkenstein war da und beauftragte mich, für das Schloß Falkenstein Waffen zu liefern. Dieser Falkensteiner braucht seinen Teil an Waffen; das Felsennest in der Sperten muß ja in den Waffen ersticken!" rief Wunibald seinen Gesellen zu und lächelte.

„Gibt es Ritterfehde?" fragte ein Geselle.

„Es wird ein böses Ende nehmen und es wäre besser, der Tod nähme seine Sense und tät' mähen. – Wenn die Lorenzikohlen fallen, wird der Femedolch in der Femelinde stecken. Ein gar angesehener und stolzer Rittersmann wird sein Leben lassen müssen. Gott gebe ihm Gnade."

Jetzt wußten die Gesellen, warum der Meister lächelte. Das geheime Femegericht war zusammengetreten und hatte einen Urteilsspruch gefällt, der in der Lorenzinacht vollzogen werden sollte.

Die Sonne stand im Zenith. Die Elfuhrglocke läutete. Alles eilte zum Mittagtisch. Auch Wunibald und seine Gesellen gingen in die Stube und nahmen dort das Mittagsmahl ein. Während des Essens sagte Wunibald:

„In drei Tagen ist Lorenzi. Wenn in unserer Stadt die Kunde von der vollzogenen Feme eintreffen wird, werden zwei Begräbnisse sein."

Alle waren über diese Rede im Unklaren. Sie verstanden den Sinn nicht, sie begriffen sie nicht. Sie hatten jedoch Ehrfurcht vor dem Worte des Meisters, denn er wußte viel, der Meister war ein Chronist!

Die Sternschnuppen, die in der Lorenzinacht vom Himmel fallen, man nennt sie Lorenzikohlen, denn sie sollen schöner sein als alle anderen des ganzen Jahres.

In dieser Nacht ging ein Wanderer gegen Kitzbühel. Sein Gang war schleppend. Die Augen wandte er stets dem Himmel zu und wenn eine Lorenzikohle vom Himmel fiel, dann sagte er stets: „Sternlein sind so viele, sie fallen vom Himmel, wie die Menschenleben dahinsterben."

Der Wanderer war ein Handelsmann aus dem benachbarten Bayern. Lange Jahre trieb er mit Getreide und anderen Lebensmitteln regen Handel. Er brachte Vieh nach Bayern und Getreide herein. Durch seinen Handel zog er sich das Mißtrauen und die Feindschaft der umliegenden Grafen und Burgherren zu, die das Handelsmonopol nicht aus ihren Händen lassen wollten. Und eines Tages, da wurde er als Steuerhinterzieher gebrandmarkt. Er liefere an die vorgesetzte Behörde nicht mehr jenen Lehenszins ab, den man ihm vorschreibe – so lautete die Beschuldigung.

Schnell berief der Freigraf von Münichau das geheime Femegericht ein. Die Mitglieder erschienen auf Schloß Münichau und beschlossen das Todesurteil des Handelsmannes.

„Wenn wir heute ein Urteil auf Tod gefällt haben, so haben wir es getan, weil ein Eindringling glaubte, durch seinen Handel den bisherigen zu überflügeln. Nichts hätten wir gegen ihn unternehmen können, bis er seine Steuern, den üblichen Handelszehent und Lehenszins, nicht mehr bezahlte. Freischöffen, ich fordere euch auf, zu sagen, ob ihr für oder gegen das Urteil sprecht", sprach der Freigraf zu den Freischöffen.

„Wir bestätigen das Urteil unseres Freigrafen! Hartwig von Münichau, wir sind bereit, es zu vollstrecken", klang es einstimmig.

Der Fronbote trat vor die sieben Freischöffen und fragte: „Wo soll das Urteil vollstreckt werden?"

Der Sitte des Gerichtes entsprach es, auch den Angeklagten zu hören. Der Freigraf lud den Handelsmann, der den Namen Rudolf Hasberger trug, zur Linde am Schwarzsee. Nichts Genaues wußte Hasberger, doch er ging trotzdem hin, denn er wollte seinen Mann stellen und sich verantworten.

Es war in der Lorenzinacht des Jahres 1332.

Rudolf Hasberger kam zur Linde. Der Fronbote empfing ihn und führte ihn vor den Freigrafen und die Freischöffen.

Hartwig verlas das Urteil.

„Ich bin nicht schuldig. – Ich zahle immer, was ich zahlen mußte. Sollte ich mehr zahlen müssen, so bin ich bereit, wenn die Aufforderung an mich ergeht", erwiderte der Hasberger.

„Sie haben den Handelszehent für das heurige Jahr noch nicht bezahlt", warf Hartwig ein.

„Er ist erst um Ägidi fällig", sprach stolz und siegesbewußt Rudolf.

„Auch der Lehenszins ist noch zu zahlen und die Getreidepreise haben Sie erhöht."
„Der Lehenszins wird in der Herbstebennacht bezahlt und daß die Getreidepreise höher sind, ist nicht meine Schuld. In Bayern war im vergangenen Jahr eine Mißernte und auch heuer scheint die Ernte nicht gut zu werden; dadurch kann wenig Getreide ausgeliefert werden und man mag überhaupt froh sein, ein wenig Getreide zu einem höheren Preis zu bekommen. – Herr Freigraf, Fronbote und Freischöffen! Das Urteil, das ihr gegen mich gefällt habt, ist schlecht. Ich habe nichts hinterzogen! Freischöffen, gebt ein gerechtes Urteil."

„Fordern Sie die Schöffen nicht zum Urteil auf! In Ihrem Nest Falkenstein wollen Sie die Tradition fortsetzen, an der das Geschlecht der Velben zugrunde ging. Alle Schmieden meiner Freigrafschaft haben große Aufträge für Falkenstein. Und wie man hört, wollen Sie die Macht an sich reißen und der Herr meiner Freigrafschaft werden. Dieses Spiel verdient den Tod ohne Widerrede. Ich dulde es nicht, daß dieses Falkennest nochmals zum Aufschwung kommt. Meine Väter haben Falkenstein gebrochen und ich sorge dafür, daß es gebrochen bleibt. – Freischöffen zur Wache!"

Die zwei jüngsten Schöffen stellten sich mit ihren Femedolchen an die Seite Rudolf Hasbergers. Unheimlich sah ihre Bekleidung aus und im Lichte von zwei Pechfackeln war die ganze Umgebung gespensterhaft. Der See rauchte ganz leicht.

Schon wollte der Freigraf das Zeichen zur Vollstreckung des Urteils geben, da sprangen die zwei ältesten Freischöffen vor den Freigrafen.

„Nach altem Recht steht den beiden ältesten Freischöffen das Recht zu, das letzte Wort zu sprechen. – Wir fordern die Freigabe des Angeklagten, denn die Gründe sind zu gering, um den Urteilsspruch auszuführen. – Uns scheint, daß der Herr Freigraf ein falsches Urteil sprach und uns belogen hat", sprach einer der beiden.

„Zieht den Dolch", befahl Hartwig.

„Der Dolch wird nicht gezogen!" riefen die beiden ältesten Freischöffen dazwischen.

„Habt ihr nicht in Münichau dafür gestimmt?" erinnerte Hartwig.

„Freigraf, du hast uns belogen. Der Handelszehent und der Lehenszins sind noch nicht fällig. Was die Sache mit dem Aufrichten des Schlosses Falkenstein betrifft, so ist dies keine Sache, um das Freigericht zu mißbrauchen!" rief einer der beiden.

„Hartwig von Münichau, zieh' dein Urteil zurück!" riefen nun mehrere Freischöffen.
„Das Urteil bleibt!"

In diesem Moment stürzten sich die zwei Vollstrecker des Urteils auf den Handelsmann. Er war bald tot. – Die beiden Ältesten zogen auch den Femedolch und stürzten sich auf den Freigrafen. Auch er war bald tot.

„Ein Unschuldiger und ein Schuldiger", sagte der Fronbote.

Die Femedolche wurden in die Femelinde gesteckt. Dem Brauch gemäß betete man noch für die Seelen der Gerichteten. Dann ging man auseinander.

Ein sonniger Augustmorgen stieg vom Osten auf. In der Stadt Kitzbühel waren zwei Leichen aufgebahrt, deren Beerdigung nun stattfand. Als man mit den Särgen in den Friedhof schritt, ging ein Gemurmel durch die Leute. Die Botschaft vom Femmemord war soeben eingetroffen. „Vier Dolche steckten in der Femelinde, das bedeutet zwei Tote", hieß es allgemein.

„Die Lorenzinacht dieses Jahres ist eine unglückliche gewesen", sagte Meister Wunibald zu seinen Gesellen.

„Meister, woher wußtest du das alles so früh vor dem Urteil?" fragten die Gesellen.

„Man nennt mich einen Chronisten, und als solcher habe ich Augen und Ohren. Die Dolche habe ich selber geschmiedet. Und wie ihr hört, ist auch Hartwig von Münichau unter den Toten. Er wurde von den beiden ältesten Freischöffen getötet, denn diese lebten mit ihm in Feindschaft. Er wollte sie aus dem Femegericht hinausbringen und hat den Burgherrn von Falkenstein, einen bayrischen Handelsmann, falsch angeklagt und verurteilt. Durch dieses Spiel glaubte er zustande zu bringen, was er wollte, nämlich sowohl sich den Gegner als auch die unbequemen Freischöffen vom Halse zu schaffen. Woher ich das alles weiß? Wer Augen hat, der schaue, und wer Ohren hat, der höre", erzählte Wunibald, der Stadtschmied.

Die Femelinde wurde von Jahr zu Jahr dürrer, denn ein Unschuldiger wurde erdolcht. Aus der Stelle, wo die Dolche der jungen Freischöffen staken, rann ein roter Saft heraus; man nannte ihn „das unschuldige Femeblut", während die Dolche, mit denen Hartwig von Münichau erdolcht wurde, rostig wurden als Zeichen seines falschen Urteilsspruches.

Jedes Jahr in der Lorenzinacht, wenn alles still und der Himmel ohne Wolken ist, soll man, wenn ein Lorenzisternlein auf die Erde fällt, die Worte des Fronboten hören: „Ein Unschuldiger und ein Schuldiger."

Sagen aus dem Kaisergebirge

Der Kaiserkrug

Ein Bauernweib hatte von ihrem Ahndl einen alten steinernen Krug geerbt. Im Krug drinnen fand man einen Zettel, der die Worte trug: „Dies ist ein Kaiserkrug – achtet darauf."

Wie es nun so ist, verwendete man den Krug im Haushalt. Die Worte, welche auf dem Zettel zu lesen waren, hatte man vergessen.

Es war im Sommer. Auf dem Felde war man damit beschäftigt, den Traid unter Dach zu bringen, denn ein Gewitter drohte zu kommen. Da man großen Durst hatte, schickte man einen Buben in das Haus mit dem Befehl, er soll einen Krug voll Wasser bringen. Der Bub befolgte den Befehl, brachte mit dem Kaiserkrug Wasser und stellte ihn, als alle getrunken hatten, unter einen Garbenschober.

Nach kurzer Zeit kam das Unwetter; alles rannte nach Hause. In der Eile vergaß man den Krug. Erst nach einigen Tagen bemerkte man es. Man schickte den Buben auf das Feld, den Krug zu holen. Er kam ohne Krug zurück; der Krug war nicht mehr dort, wo er ihn hingestellt hatte. Alle suchten nun danach, aber als man ihn nicht fand, meinte der Bauer: „'S is eh koa Schad."

Öfter als einmal zog der Herbst durch das Land. Der Bauer wurde schwerkrank. Bader und Bauerndoktoren von nah und fern wurden nach einem Rat gefragt. Keiner konnte einen guten Rat erteilen. Da kam eines Tages ein Kräutermandl in das Haus. Diesen fragte man auch um Rat. Er betrachtete den Bauern und sagte: „Hier hilft sonst nichts, als einen Kaiserkrug mit Erde füllen und denselben unter die Bettstatt stellen."

Nun erinnerte man sich wieder an den ererbten Krug. Diesen Krug aber nach Jahren zu finden, war etwas Unmögliches. Man fragte von Haus zu Haus, ob nirgends ein Kaiserkrug zu haben sei. Doch nirgends konnte man einen solchen auftreiben.

Der Bauer wurde Tag für Tag schlechter. Man machte sich auf den Tod gefaßt.

Der Bub, der mit dem Kaiserkrug Wasser trug, ging in den Wald, um Tannenzweige für einen Besen heimzutragen. Während er nach Tannenzweigen suchte, sah er bei einem Eichenbaum den Krug liegen. Schnell griff er danach und trug ihn nach Hause. Dort herrschte große Freude; man füllte den Krug mit Erde und stellte ihn unter die Bettstatt. In Bälde änderte sich die Krankheit des Bauern. Er genas und wurde wieder gesund.

Wieder verstrichen Jahre. Den Krug bewahrte man auf. Kurze Zeit vor der Traidernte kam ein altes Weib zum Bauern und forderte eine hübsche Summe Geld. Der Bauer wollte nicht zahlen, denn er wußte nicht wofür. Da sagte das Weib:

„Ich habe euch den Kaiserkrug gerettet. Hätte ich ihn nicht mit mir getragen, so wäre ein großes Unglück über euch gekommen."

Der Bauer weigerte sich, auch nur einen kleinen Teil zu zahlen. Darüber war das alte Weib so empört, daß sie anfing zu schimpfen.

„Schau, daß du aus meinem Hause kimmst", herrschte sie der Bauer an.

„Heut' Nacht wirst du noch den Kaiserkrug zerbrechen." Mit diesen Worten verließ sie das Haus.

Gegen Abend fing es an zu donnern und zu blitzen. Der Bauer schaute in die Kammer, ob der Kaiserkrug noch da sei. Als er ihn berührte, brach der Krug. Das Gewitter wurde immer ärger. Die Bäuerin und die Dienstboten beteten in der Stube den Rosenkranz. Auf einmal ging die Tür auf, ein altes Männlein trat ein, setzte sich auf die Ofenbank und sagte: „Leut', geht jetzt! Es wird nimmer lang dauern. – Geht auf das Feld!"

Die Betenden schauten ihn groß an. Sie folgten ihm. Das Männlein blieb auf der Ofenbank sitzen. Kaum waren sie auf dem Felde, da tat es einen gewaltigen Krach und das Haus flammte. Ein Blitz hatte eingeschlagen. Vom Männlein und vom Bauern sah man nichts mehr.

Einige Tage darauf wußte man überall von diesem Bauern und man sagte: „Der Bauer kam dorthin, von wo der Kaiserkrug war." – Und dieser war aus dem Inneren des Kaisergebirges.

Der verbannte Bauer

In alter Zeit hauste in Sölland ein reicher Bauer. Sein Stall war voll des schönsten Viehs, seine Tennen gefüllt mit Getreide, und dazu hatte er noch viel Geld. Wie es nun so ist, zum vielen Geld kommt der Geiz. Je reicher der Bauer wurde, desto geiziger wurde er.

Der Kaiserkrug

Da kam an einem Herbstabend ein Kleinhäusler zu ihm und ersuchte ihn um einen kleinen Geldbetrag, denn er müsse jetzt etwas zahlen; das Geld würde er redlich zurückgeben.

Der reiche Bauer lachte und sagte: „Du bist mir zu schlecht. Geld leih' ich nur jenen, die besser sind als du."

Der Kleinhäusler hörte nicht auf zu bitten und zu betteln, doch der Bauer blieb hart.

Kaum hatte der Kleinhäusler des reichen Bauern Haus verlassen, als ein altes, runzeliges Weib kam. Der Bauer fragte sie, was sie wolle. „Geld und Vieh, Geld und Vieh!" antwortete sie. „Wer bist du?" fragte der Bauer. „Die Hex' von – –." Sie sprach den Ort nicht aus.

Nun fing der Bauer an zu jammern. Er erzählte der Hexe, daß er selber Hunger leiden müsse und oft gar keinen Groschen in der Tasche habe. „Wenn dies die Wahrheit ist", begann die Hexe, „dann kannst du bleiben auf diesem Hofe. Ist dies Lüge, dann wirst du auf den Wilden Kaiser gebannt." – Die Hexe sprach's und war verschwunden.

Jahre vergingen. Der Bauer war immer hartherzig. Keinen Kreuzer wollte er verschenken. Und als es zum Sterben wurde, wußte er, wohin er kommen würde. Er wollte alles gutmachen, aber es war zu spät.

Wenn man in den mondhellen Nächten auf den Kaiser schaute, sah man den Bauern, wie er einen Geldsack auf den Schultern trug und umherwanderte. Von wem und wann er erlöst wurde, berichtet die Sage nicht.

Der Teufelsbaum

Irgendwo in der Nähe des Wilden Kaisers stand vor langer Zeit eine große, bartige Fichte. Man nannte sie den Teufelsbaum. Die Sage erzählt folgendes:

Es lebte eine schöne Dirn. Auch hatte sie viel Geld. Sie war aber unmäßig stolz und verhöhnte jeden Burschen, der sie zum Weibe haben wollte. „D' Toifl steckt hinter ihr!" sagte man und wich ihr aus.

Sie wollte Bäuerin werden. Doch vom ersparten Gelde wollte sie nichts wegtun, um einen Hof zu kaufen, und Burschen bekam sie auch keinen.

An einem Sommerabend ging sie allein in den Wald und klagte den Bäumen ihr Leid. „Wirf's Geld weg und sei nicht stolz", hörte sie sagen. Ein Männlein kam daher und sagte immer diese Worte. „Dummer Rat", dachte sich die Dirn. „Einen solchen hätt' mir der Teufel auch gegeben, vielleicht einen besseren."

Kaum hatte sie sich mit diesem Gedanken abgegeben, als ein Holzknecht neben ihr stand und sie fragte: „Diandl, was fehlt dir denn?"

Die Dirn erzählte dem Holzknecht ihr Leid. Vom vielen Gelde, das sie besaß, redete sie am meisten.

„Ich weiß dir einen guten Rat", begann der Holzknecht. „Ich mein', 's Beste ist, ich und du machen ein Paarl."

Die Dirn war einverstanden. Dann führte sie der Holzknecht zu einer Fichte und sagte: „Erd' öffne dich – Stolzheit geht hinab!"

Jetzt sah die Dirn, wer der Holzknecht war. – Es war der Teufel! Und da sie mit ihm einverstanden war, mußte sie in die Hölle.

Der verbannte Bauer

Den Fichtenbaum hieß man seither „Toiflsbam". In Neumondnächten soll ein Mandl dort gestanden sein. Dieses sagte immer: „Teufelsbaum, wenn du bist dürr, dann ist die stolze Dirne hier!"

Die „wilden Freil" vom Kaisergebirge

In alter Zeit lebten auf dem Kaisergebirge viele wilde „Freil". Sie waren den Menschen freundlich gesinnt und halfen jedem, der für sie Arbeit hatte. Lohn verlangten sie keinen. Jeder, bei dem sie arbeiteten, gab ihnen für ihre Arbeit Lebensmittel.

Es lebte auch ein Jäger, und dieser war der Todfeind der wilden „Freil". Teuflisch hätte es ihn gefreut, wenn es ihm einmal gelungen wäre, ein solches Geschöpf niederknallen zu können. Mochte er noch so viele Jahre durch die Wälder streifen, nie sah er ein „Freil".

Eines Tages verstieg er sich. Für etliche Tage hatte er Nahrung bei sich, aber auf eine Rettung war nicht zu hoffen. Als die Nahrung ausging, wollte er sich erschießen; doch die Büchse fiel ihm aus den Händen und polterte über den Felsen hinab.

In der Nacht sah er dann, wie viele wilde „Freil" ober ihm vorbeigingen.

„Helft mir! Helft mir!" rief er.

Die wilden „Freil" hörten seinen Ruf und befreiten ihn. Seither machte er sich niemals mehr Gedanken, wie er ein „Freil" erschießen könnte.

Das Goldtröglein

Ein Hirtenbub suchte seine Herde. Das Wetter war schlecht und nebelig. Nirgends fand er seine Tiere. Stundenlang suchte er schon. Auf einmal stand er vor einem Zaun. Über diesen sprang er hinweg und kam in eine schöne Wiese. Mitten in der Wiese war ein kleines, goldenes Tröglein, welches mit Mooswasser gefüllt war. Der Hirtenbub bestaunte das Tröglein nicht wenig und plagte sich mit dem Gedanken, das Wasser auszuschütten und das Tröglein mitzunehmen. Lange Zeit schaute er umher, ob niemand daher käme, aber es war nebelig und er sah und hörte nichts. Schnell war das Wasser ausgeschüttet. Mit dem Tröglein in den Händen suchte er das Weite. Das Tröglein war schwer und das Büblein wurde müde. Als es zum Zaun kam, wußte es nicht, wie es das Tröglein ganz hinausbringen könnte. Es bleib kein anderes Mittel übrig, als es über den Zaun zu werfen. Das Hüterbübl tat es. Das Tröglein fiel auf einen Stein – zerbrach.

Schnell sammelte der Bub die Scherben. Da es den Zaun hinter sich hatte sei es gerettet, meinte das Hirtenbüblein und dachte nicht mehr an seine Herde. Kreuzvergnügt wanderte es der Almhütte zu. Je länger das Bübl ging, desto mehr kam es von der Almhütte ab.

Es kam zu seiner Herde und versuchte die Tiere vor sich herzutreiben. Die Tiere waren aber unwillig und gingen nur bergauf. Das Hirtenbüblein folgte ihnen. Nach langem Wandern kamen sie zu einem Gattern, der sich von selbst öffnete. Die Tiere gingen hinein und waren in der Wiese, aus der das Hirtenbüblein das Goldtröglein hatte. Sie gingen zur Stelle, wo das Goldtröglein stand, und als sie dasselbe nicht sahen, blieben sie stehen und schauten einander an.

Da zog das Hirtenbüblein eine Scherbe vom Tröglein aus seiner Tasche und zeigte sie den Tieren. – Das Trögleinstück fiel ihm aus der Hand. Auch die übrigen Scherben vom Tröglein hatte es nicht mehr in der Tasche. Die Tiere liefen davon.

Weinend ging das Büblein der Almhütte zu. Dem Senner erzählte es von seinen Erlebnissen. Dieser sagte ihm, daß ein Zwerg zu ihm gekommen sei und ihm vom Tröglein erzählt habe. – „Lange wird es nicht mehr dauern, dann wirst du zu den Zwergen in den Kaiser wandern", sagte der Senner zum Bübl.

Nach einigen Wochen kam das Bübl wieder in diese Wiese, es wurde von vielen Zwergen umringt und mußte mit ihnen gehen. – Vom Hirtenbübl hörte man nichts mehr.

Der Bettlerstein

In alter Zeit wanderte ein Bettler von Kopfstoan (Kufstein) nach Kitzbühel. Sein Weg führte ihn durch das Sölland. Stolz und mächtig sah ihm die Burg Funkelstein entgegen. Der Bettler setzte sich, unweit von der Burg, auf einen Stein. Er konnte die Burg nicht genug betrachten und fragte sich: „Soll ich anklopfen um ein Almosen, oder nicht?" Es war gen Abend. Vor dem stolzen Tor der Burg Funkelstein der Bettler; aus seinen Lippen preßte er die Worte hervor: „Macht mir auf – ein Armer bittet um ein Stück Brot."

Der Torwart sagte: „Hier wirst du umsonst harren um ein Stück Brot. Der Burgherr ist geizig. Seine Frau schmachtet im Verließ; niemand kann sie retten – außer durch ein Wunder."

Ich will sie retten, die arme Burgfrau, dachte sich der Bettler. Zum Torwärter sagte er: „Kannst du mir Hammer und Meißel verschaffen?"

„Ich kann es." Der Torwärter brachte dem Bettler Hammer und Meißel. „Wo eine kleine Tanne aus dem Boden wächst, dort ist die Burggräfin gefangen", erklärte der Torwärter dem Bettler.

Sein Schweiß perlte tropfenweise auf den Boden. Er arbeitete unverdrossen. Der Bettler erhob sich – es war Mitternacht. Ein paarmal noch und die Burggräfin ist – erlöst. Jetzt war ein Loch; durch dieses Loch stieg die Burgfrau heraus.

„Wohin willst du gehen?"

„Fort, weit weg von diesem grausamen Manne."

„Darf ich dich begleiten?"

„Ja", sagte sie.

Über Berg und Tal ging es. Durch Wald und Felder. Ins Bayerland hinaus. Die Burgfrau wollte bei ihrem Vater – einem bayrischen Ritter – bleiben. An einer Quelle hielten die beiden flüchtige Rast. Der Bettler reichte der Gräfin Wasser. Sie trank – sie war erschöpft.

Der Bettler machte der Gräfin aus Farn und Blättern ein Ruheplätzchen. Die Burgfrau machte einen kurzen Schlaf. Während des Schlafes schlug der Bettler Haselnüsse auf und aß sie.

Als die Gräfin wieder wach wurde, schenkte ihr der Begleiter Wasser ein.

„Ich muß sterben, ich bin schwach um mich zu erheben."

„Eher als du stirbst, werde ich Stein sein."

Kaum waren diese Worte den Lippen des Bettlers entglitten, da stand er, in Stein verwandelt, neben der Gräfin. Diese erschrak und war tot.

Am anderen Tage fanden Bauern aus der Nähe die Leiche der Gräfin und das Steingebilde. Das Volk nannte das Steingebilde den „Bettlerstein".

Nach einigen Jahrzehnten kaufte der Funkelsteiner dem Bauern den Bettlerstein ab und ließ das Gebilde im Schloßhof aufstellen.

Am dreizehnten Tage der Aufstellung fiel das Steingebilde auseinander. Ein Blitz krachte; Funkelstein fing an zu sinken.

An der Stelle, wo einst Funkelstein stand, liegt heute der Hintersteinersee.

Die wilde Innschiffahrt

Sehr selten hört man von der wilden Innschiffahrt erzählen. Man muß in der Gesellschaft einiger alter Weiber und echter Älpler sitzen, so kann man ihnen manches ablauschen. Nur darf man sie nicht auslachen oder bespötteln, wenn sie über solche Sachen erzählen. – So konnte ich auch Erzählenswertes ablauschen.

Die wilde Innschiffahrt in den Rauchnächten

Die Rauchnächte sind im Brauchtum des Volkes als Zeit, in der böse und gute Geister besondere Freiheit genießen, überliefert. Um sich vor bösen Geistern zu schützen, räuchert und besprengt man Haus und Stall mit Weihrauch, geweihten Kräutern und Weihwasser. Auch die wilde Innschiffahrt gehört zu den Erscheinungen der Rauchnachtzeit. Fährt doch am hl. Abend die erste wilde Innschiffahrt durch Tirol. Diese erste wilde Innschiffahrt ist der Anfang zu dem Unfug, den die wilden Innschiffleut in den Rauchnächten treiben. Bis Dreikönig fährt keine durch Tirol, doch nach der Überlieferung halten die wilden Innschiffleut an manchen Stellen und einige wilde Schiffer verlassen das Boot. Sie warten bis Dreikönig, denn an diesem Tage fährt die zweite wilde Innschiffahrt durch Tirol, und fahren mit dieser fort. Während der Rauchnachtzeit wandern sie auf die Berge und stiften Unheil.

Die Sagen vom Treiben der wilden Innschiffahrt

Die „wüd'n Innschiffleut" sollen das erstemal in der hl. Nacht erscheinen. Manche Erzähler behaupten, daß in der hl. Nacht keine wilde Innschiffahrt durch Tirol führt, denn die hl. Nacht gehört dem Inngeist. Das zweitemal kommt sie am Vorabend des Dreikönigsfestes. Eine Nachzüglerfahrt wird am Lichtmeßtag gemacht. Die wilde Schiffahrt kann man mit dem wilden Heer vergleichen. Es besteht nur der Unterschied, daß die Ersteren zu Wasser kommen, die Letzteren in der Luft. Auch sonst scheint manches ein wenig anders. Die Frage von woher und bis wie weit die wilde Innschiffahrt zieht, ist schwer zu beantworten, denn die Sagen geben keine genaue Örtlichkeit an.

Die wilde Innschiffahrt dürfte auch im Oberland und in Bayern bekannt sein. Dies schließe ich darum, weil die Sagen „allgemein" sind, d. h. sie beziehen sich nicht auf einen bestimmten Landesteil.

Die wilden Innschiffleut waren alle Männer. Ein wildes, verwegenes Gesicht mit Hakennase und zornblickenden Augen lugte unter der Zipfelmütze hervor. Ihre Kleider waren warme Tierfelle. Auf fliegenden Schiffen fuhren sie durch Tirol. Wenn sie Halt machten, fing das Wasser an, Wellen zu schlagen.

Man erzählt, daß derjenige, der mit der wilden Innschiffahrt mitmußte, grobe Pein aushalten mußte. Die wilden Schiffleut waren grobe Gesellen und kannten weder Mitleid noch Barmherzigkeit.

Am Lichtmeßtag zieht der letzte Zug der wilden Innschiffleut durch Tirol. An diesem Tage erscheinen den Bauern und Dienstboten, die im vergangenen Jahr Lohnstreitigkeiten hatten, die Innschiffleut. Wehe dem, der kein reines Gewissen hat. Er muß mit der wilden Innschiffahrt mitfahren – weiß Gott wohin.

Es ist etwas eigenartiges, geheimnisvolles, wenn man in der Weihnachtszeit von der wilden Innschiffahrt erzählen hört. Es ist, als stecke ein Körnchen Wahrheit dahinter.

Eine Bäuerin wollte gerne die wilde Innschiffahrt sehen. Sie begab sich am Dreikönigstag zum Inn. Es dauerte lange Zeit, die Sterne standen schon längst am Himmel, als sie das Wasser peitschen hörte. Vor lauter Neugier trat sie näher an den Inn. Wie sie die grausigen Männer sah, wollte sie davonlaufen. Aber da hatte sie ein Mann schon in den Händen und zerrte sie mit.

Ein Zimmermeister, der schon viele Häuser erbaut und für manche Kirche eine Arbeit verrichtet hatte, hörte von der wilden Innschiffahrt. „Dö mecht i sechn", sagte er und wartete auf den Dreikönigsabend.

Es war einige Tage vor dem Weihnachtsfest, als der Zimmermeister auf dem Heimweg durch einen Wald schritt. Da hörte er eine Stimme rufen: „Zimmermann, frag nicht nach der wilden Innschiffahrt, es sind lauter grausige Leut dabei! Hundert Jahr und noch mehr kannst du büßen für deine Neugier!"

„Ach was, die wilde Innschiffahrt will ich sehen", dachte sich der Zimmermann und schlug die Worte, die er im Walde gehört hatte, in den Wind.

Endlich kam er, der hart erwartete Dreikönigsabend. Schon bei Tagesanbruch begab er sich an den Inn. Viele Stunden mußte er warten, bis die wilde Innschiffahrt kam. Kurz vor Mitternacht erschienen die wilden Innschiffleut. Auf einem großen Boot, wie man solches zum Salz Liefern hatte, saßen viele wilde, bärtige Männer. Einige schlugen die Ruder. Die anderen saßen auf den Bänken neben dem Feuer. Wie die wilden Innschiffer den Zimmermann sahen, sprangen zwei vom Boot. Der Zimmermeister setzte sich zur Wehr, doch es half ihm wenig, denn die wilden Innschiffleut waren stärker als er.

Ein ganzes Jahr war er verschollen. Niemand wußte, wohin er war. Erst als er im nächsten Jahr von den wilden Innschiffleuten auf jene Stelle geführt wurde, von der sie ihn geholt hatten, kam er zu sich selbst. Über die Zeit, die er bei der wilden Innschifffahrt verbrachte, wußte er wenig zu erzählen. Nur an einige Kleinigkeiten konnte er sich erinnern.

Der Inngeist

Im Zusammenhang mit der wilden Innschiffahrt steht der Inngeist. In der Weihnachtszeit beginnt er seine Tätigkeit. Ganze Nächte geistert er im Inn herum und sucht sich ein Opfer. Mancher übermütige Bursche wollte ihn sehen und ihm einen Streich spielen, jedoch die Geschichte nahm ein ungewohntes Ende.

Der Geist kam an das Ufer und gab dem Betreffenden einen Ring; nahm er ihn, so sank er in das Wasser; nahm er den Ring nicht, dann wurde der Geist wild und zog unter Fluchen und Schelten ab.

Wenn ein Bursche den Ring nahm und in das Wasser gesunken war, kam der Geist und sagte: „Sieben Jahre mußt du mir dienen. Alle Jahre darfst du in der Weihnachtszeit den Inn verlassen, aber du mußt mir versprechen, nach drei Tagen wieder zu kommen und mit keinem ein Wort zu reden." Unter dem Wasser mußte jeder, ob Mann oder Weib, dem Geist geistern helfen. Wenn sieben Jahre um waren, konnte das Opfer den Inn verlassen.

Eine junge, schöne Bauerntochter, so erzählt die Sage, stand in der hl. Nacht am Ufer des Inns. Sie wollte den Inngeist sehen. Als er kam und ihr den Ring geben wollte, verließ sie das Ufer. Doch der Geist eilte ihr nach und riß ihr einige Haare aus. Sofort fiel sie um und war tot.

Andere Sagen berichten folgendes:

Ein Bauer wurde vom Inngeist in den Inn geführt. In der Weihnachtszeit verließ er den Inn. Er dachte sich aber: „Z' ruck geh i nimma." Die drei Tage waren um. Der Bauer saß in der Stube seines Hauses und spielte mit dem Nachbarn Karten. Auf einmal tat es einen Krach und der Bauer lag tot am Boden.

Anders erging es einem Fuhrmann. Dieser war auch in das Reich des Inngeistes gekommen und erhielt in der Weihnachtszeit drei Tage frei. Der Fuhrmann verließ sofort Tirol. Er war der Meinung, in einem fremden Land könne der Inngeist ihm nichts mehr anhaben. Wie hatte er sich da getäuscht! In der Nacht vom dritten auf den vierten Tage erschien ihm der Inngeist und zauberte ihn an das Ufer des Inns. Sein Leben lang mußte der Fuhrmann im Dienste des Inngeistes stehen.

Der Inngeist

Sagen vom Schloß Matzen

Der Alpbacher Schloßgeist

Ein Alpbacher Bauer, der nach Matzen zinspflichtig war, sagte einst, als er den Zins auf Matzen abzahlte: „Wenn der Tod mir nahe ist, dann möge der Tod mich nach Matzen in den Keller bannen."

Die Frau des Bauern erfuhr von dieser Rede und bat ihn, er möge die Rede zurückziehen und dafür Sühne tun. Doch der Bauer lachte hölzern und sagte kurz: „Auf Matzen läßt sich's leb'n, auch nach dem Tode." – „Ein unnützer Frevel", erwiderte die Bäuerin.

Nach dem Tode wanderte der Geist des Bauern nach Schloß Matzen. Er wurde in den Weinkeller gebannt. Dort verbrachte der Geist des Bauern Nacht für Nacht. Oft seufzte er: „Wie hart! Wie hart!" Dem Burgherrn machte dieser Geist viel Kopfzerbrechen. Eines nachts verbrachte der Burgherr etliche Stunden im Weinkeller, um den Geist zu fragen, wodurch er erlöst werden könne.

Kurz vor Mitternacht kam der Geist. Voller Schneid fragte der Burgherr nach dem Mittel, wodurch er erlöst werden könne. „Gib den Zins, den ich auf Matzen abgeführt habe, den armen Leuten", erwiderte der Geist.

„Wieviel macht er aus?" fragte der Burgherr.

„Gib zehn armen Familien drei Jahre lang Tag für Tag ein Mittag- und ein Abendmahl", kam es aus dem Munde des Geistes.

Der Burgherr befolgte den Rat des Geistes. Nach wenigen Tagen war der „Alpbacher Bauerngeist", wie man ihn nannte, verschwunden. – Er war erlöst.

Der Freundsberger Ritter

Ein Freundsberger Ritter machte einst einen Jagdritt in das Brandenbergertal. Fanfaren und Jagdhörner schallten in die Landschaft. Zu Pferd jagten die Ritter durch das Tal. Als sie zuhinterst im Brandenbergertal waren und den Aufstieg auf die Berge hinter sich hatten, zog sich am Himmel ein schweres Unwetter zusammen. Man wollte die Jagd abbrechen, doch manche waren dagegen und man blieb bei der Jagd. Als es anfing zu regnen, flüchtete man in die nahen Almhütten. Die Älpler gaben den Jägern Milch, Brot und Butter. Das Wetter wurde immer ärger, die Bergbäche schwollen an. Durch das Anschwellen der Bergbäche wurde der Schloßherr von Matzen, ein Frundsberger Ritter, sehr unruhig. Er entschloß sich in das Tal zu gehen und dann mit dem Pferd nach Hause zu reiten. Man wollte ihn zurückhalten, doch er ließ sich nicht aufhalten. Ungestüm eilte er in das Wetter hinaus, schritt schnellen Schrittes dem Tale zu und ritt nach Hause. Wenige Stunden nach Abgang des Ritters kam ein Erdrutsch den Berg herunter und verschüttete die Almhütten, in der die Jäger Zuflucht genommen hatten. Alle waren verschüttet und konnten nicht mehr geborgen werden.

Der Freundsberger Ritter dankte Gott, als er von diesem Unglück hörte, für die wunderbare Rettung. Den Angehörigen der Verschütteten ließ er alle Hilfe angedeihen. An der Stelle des Unglückes ließ er ein Feldkreuz aufstellen und ließ darauf die Worte malen: „Besser in Sturm und Wind, als ihn meiden."

Der ungerechte Richterspruch

Auf dem Richtplatze in Matzen wurde einst ein junger Mann zum Tode verurteilt. Er war beschuldigt, des Schlosses Wild gestohlen und dabei einen Jäger erschossen zu haben. Der Bursche gab zu, gewildert zu haben, doch angeschossen habe er niemanden. Auf die Frage, warum er wildere, erwiderte er: „Mein Ahn und mein Großahn lugten schon nach Wild und das liegt mir in Blut. Ich bring's nicht aus dem Blut, es ist ein Erbe. – Doch Blutschuld lud sich kein Ahne und auch ich nicht auf."

Der Richter fragte ihn, ob er einen Ring aus einem Kessel voll siedendem Wasser nehmen könne, ohne sich dabei Brandwunden zuzuziehen.

„Das tu ich nicht; das ist ein Ding des ‚Frevels'", antwortete ruhig und ernst der Bursche.

„Dann ist das Urteil gefällt. Wenn du dies nicht tun willst, dann möge dir der Kopf vom Rumpfe getrennt werden", lautete das Urteil des Richters.

„Ich bin unschuldig! Gott ist mein Zeuge. Der, der ein falsches Urteil fälle, möge Gott um Gnade bitten", kam es kurz und bitterernst aus dem Munde des Todgeweihten.

In der Stunde, in der das Urteil vollstreckt wurde, wurde der Richter irrsinnig. Er irrte in den Wäldern umher. Nach Jahren fand er den Tod durch die Kugel eines Wilderers, der sich dann in eine Schlucht stürzte, um für seine Tat Sühne zu tun.

Die Hexe auf Matzen

Krieg herrschte im Tirolerland. Bayrische Ritter hatten bereits Rattenberg in ihren Händen. Schon standen vor Matzen die feindlichen Ritter und Knappen. – In dieser Zeit lebte auf Matzen eine Magd, die im Rufe, eine Hexe zu sein, stand. Der Burgherr wollte übergeben, denn er war für einen Kampf für längere Zeit nicht gerüstet. Bevor er zur Übergabe schritt, ließ er die Dirn zu sich kommen und frug sie um Rat.

„Drei Tage aushalten, dann ziehen die bayrischen Reiter landaus in ihre Heimat, denn ihnen geht es genau so wie dir", lautete der Rat der Magd.

Der Burgherr wartete drei Tage. Und richtig, am dritten Tage zogen die bayrischen Ritter ab, räumten Rattenberg und zogen in ihre Heimat.

Der Schloßherr gab der Magd einen ansehnlichen Geldbetrag sowie das Recht, daß sie auf Schloß Matzen das Recht der Zuflucht und Ernährung zu jeder Stunde beanspruchen könne. Das Geld lehnte sie ab, das Recht der Zuflucht nahm sie dankend an und versprach, jedem Inwohner des Schlosses mit Rat zur Seite zu stehen, wenn ein solcher von ihr gebraucht werde.

Einmal fragte der Burgherr, ob die bayrischen Ritter noch einmal vor Matzen kommen werden. Die Magd erwiderte: „Drei Sommer nach meinem Tode werden wieder bayrische Ritter vor Matzen stehen. Für dieses Mal gebe ich den Rat: man schaffe Pech in das Schloß, siede es in der Stunde des Kampfes recht heiß und gieße es eine Stunde nach Mitternacht, jeden Tag einen Kessel voll, vom Burgfried in die Tiefe. Nach sieben Tagen sind die Belagerer dahin."

Die Voraussagung der Magd traf haargenau ein. Man tat, wie sie geraten. Jedesmal, wenn siedendes Pech in die Tiefe gegossen wurde, hörte man Ritter jammern, denn sie wollten die Burg ersteigen und wurden mit siedendem Pech empfangen. Am siebten Tage zogen sie ab, denn „Matzen ist nicht zu nehmen", lautete der Spruch der Ritter.[1]

[1] Diese Sagen erzählte mir ein Bauer, der in der Nähe des Schlosses Matzen seinen Hof hat.

Verschiedene weitere Sagen

Die Venedigermännlein

Tirols reicher Bergbau in den vergangenen Jahrhunderten, der dem Lande großen Reichtum und Wohlstand brachte, hat auch in der Sage ein Denkmal im Volke hinterlassen. Das Entstehen der Bergwerke ist mit besonderer Aufmerksamkeit überliefert, und auch das Ende des Bergbaues.

Nachstehende Zeilen werden sich mit den Entstehungssagen etwas befassen. In ihnen tritt eine Gestalt auf, die nicht nur das Entstehen der Bergwerke bewirkt hat, sondern sich auch anderweitig uneigennützig in den Dienst der Menschen stellte: Es ist das Venedigermandl.

Alle Sagen über die Entstehung von Bergwerken erwähnen das Venedigermandl. Im Traume, durch eine Begegnung oder aus Dankbarkeit führten die Venedigermännlein die Bewohner des Alpenlandes zu den im Innern der Erde ruhenden Schätzen und Erzen.

Das Bergwerk am Röhrerbichl wurde drei Handwerksburschen, die auf der Lehrlingswanderung waren, durch eine Eingabe im Traum offenbar.

Das berühmte Bergwerk in Schwaz verdankt seiner Entstehung einer Begegnung zwischen einem Venediger und einem Bauern: Der Bauer traf im Walde einen Venediger und da er wußte, daß diese Männlein viele Schätze besitzen, sagte er zu ihm, er solle ihm einen Hut voll Edelsteine bringen. Ohne Mühe gebe es keinen Schatz, erwiderte ihm der Venediger; dabei verriet er ihm, wenn er nachgrabe, werde ein Strom vom Reichtum aus dem Berge fließen.

Der Eisenbergbau am Pillersee wurde dadurch entdeckt, weil die Leute stets Venedigermandln dort sahen, und dies schien ihnen nicht ohne Bedeutung. Man grub nach und fand Eisenerze.

Ein Venediger brachte einmal einen Villanderer Bauern einen Hut voll Silber für eine erwiesene Liebestat. Der Bauer fragte, von wo er dieses Silber habe? Das Venedigermandl sagte kurz: „Aus dem Berg." Erst nach etlichen Jahren ließ der Bauer nachgraben, und da entstand das Silbergwerk von Villanders.

Auch die Bergwerke von Klausen, Gossensaß und Terlan wurde von den Venedigern den Bewohnern zugeführt.

Einmal tat sich ein Venediger im Walde weh – er rutschte aus und stürzte einen Steilhang hinunter – und konnte nicht mehr weiter. Eine alte Frau mit ihrer Tochter trafen das Männlein, als sie das Holz sammelten. Beide mühten sich nun mit ihm ab. Sie nahmen den Venediger in ihre Hütte, verbanden und pflegten ihn. Als er geheilt war, verschwand er spurlos. Nach einigen Tagen kam er mit einem Sack, der gefüllt war mit Erzen, und übergab ihn als Dank für die Mühe, die man um ihn machte. Er wies auch den Weg zu den Erzen. So entstand das Bergwerk von Klausen.

Das Bergwerk von Rabenstein im Sarntal ist durch ein Venedigermännchen, das einem Holzknecht begegnete, entdeckt worden. Der Holzknecht hielt den Zwerg auf und verlangte von ihm einen kleinen Schatz. Der Venediger sagte, daß er keinen Schatz habe, wenn er aber durchaus einen haben wolle, so möge er im Walde nachgraben. Der Holzknecht glaubte dem Venediger, grub nach und fand Silber und Blei.

Die Venediger haben auch eine andere Art von Schätzen. Als Schatzhüter wurden sie oft angestellt, und sie mißbrauchten ihr Amt nie. Auch wußten sie, wo Schätze von Rittern, reichen Bauern und Bürgern vergraben wurden. Sie hüteten alle Schätze der Erde mit größter Sorgfalt. Waren sie einem Menschen gut gesinnt, und hegten sie zu ihm Vertrauen, so verrieten sie einen solchen Schatz. Schweigen ist Gold. Dieses Sprichwort galt auch bei den Venedigern. Jedem, dem sie eine Erzader oder einen anderen Schatz verrieten, legten sie Schweigepflicht auf. Viele konnten nicht schweigen, und die Folge war, daß der Schatz oder die Erzader dem Nachkommen des Betreffenden fast aus den Händen rann.

So lebt die Sage von den Venedigern im Tiroler Volke. Der Bergbau ist heute kein bedeutender Wirtschaftszweig mehr; die Sage jedoch erinnert uns noch an den blühenden Bergbau, an die Zeit, wo in Schwaz 30.000 Bergknappen Arbeit und Brot fanden.

Das alte Kasermandl

Tiefer Schnee lag über den Almen. Die Rehe, Hirsche und alles andere Wild konnten ihn kaum durchwaten.

In einer Almhütte saß an der Esse auf einem Schanei (Schemel) ein gar altes Kasermandl. Und heute am hl. Abend, sollte es sterben. Nie hatte es einem Menschen Leid zugefügt. Aber – die Zeit, die es auf Erden verbringen durfte, war vorüber. Es mußte in das Jenseits wandern. Das Kasermandl nahm die Muspfann, machte einen Teig und kochte ein Mus, wie es Älpler tun. Es pumperte an die Tür.

„Was ist los – geh herein, wennst d'r draust", rief das Kasermandl.

Die Tür ging auf; ein junger, kräftiger Bauernbursche trat ein. Sein Blick war betrübt.

„Was mechst (möchtest)", fragte der Kaser.

„Ich mecht di fragn", begann der Bauernbursche, „was ich tun soun –"

„Ach so", unterbrach ihn das Kasermandl, „du mechst a Wunderkraut."

„Für mein Muatta!"

Das Kasermandl ging in die Stube und brachte ein kleines Päckchen Wunderkraut.

„Du mußt mir dafür versprechen, daß du in sieben Jahren wieder da her kommst und den Namen ‚Runger' nachsagen kannst."

Der Bursche versprach es heilig, nahm das Kraut und eilte nach Hause, um seiner Mutter zu helfen.

Nun durfte der Kaser noch weitere sieben Jahre auf dieser Welt bleiben. Wie war er froh!

Die Kräuter halfen der Mutter des Bauernburschen. Leider dachte er nicht mehr daran, sich den Namen des Kasers zu merken.

Das sechste Jahr war um. Am Thomastag, während der Arbeit, fiel dem Bauernburschen sein Versprechen, das er dem Kasermandl gegeben hatte, ein: Nun war guter Rat teuer. Wo konnte er den Namen des Kasers erfragen? Er frug bei den Nachbarn, ob sie ihn wüßten. Nirgends erhielt er eine befriedigende Antwort.

Schweren Herzens ging er am hl. Abend zur Alphütte. Als er dort ankam, hörte er, wie das Kasermandl sagte: „I bin von Rung, i bin von Rung, darum bin i so alt." „Runger" heißt er, dachte sich der Bursche. Er klopfte an die Tür. Auf „Herein" ging er hinein.

„Runger", triumphierte der Bauernbursche.

„Du hast dir den Namen gemerkt", lobte ihn der Kaser.

Das Kasermandl nahm die Muspfanne und begann ein „Miasl" zu kochen. Der Bursche wartete; er aß mit dem Kaser. Doch das Mus schmeckte ihm nicht besonders vorzüglich; es hatte einen eigenartigen Geschmack.

„Warum ißt denn so wenig", pfauchte ihn das Kasermandl an.

„I hab koan Hunger", antwortete der Bauernbursche.

„Dann gehst hoam!"

Der Bursche war froh, daß er heimgehen durfte. Er vergaß es ganz, dem Kaser für die Wunderkräuter zu danken.

In der hl. Nacht verließ das Kasermandl die Almhütte. Wohin es wanderte, wußte niemand.

Der Bauernbursche, der von ihm die Wunderkräuter hatte, blieb sein Leben lang ein gesunder und glücklicher Mann. Als sein Vater starb und er Bauer wurde, kam in einer Nacht der Kaser in seine Kammer und gab ihm einen kleinen Stein, welcher allerlei Kräfte besaß.

Der Bock und der Pfannenflicker

Es war in der guten alten Zeit, da ging ein Pfannenpflicker über ein Joch. Er wollte auch auf der anderen Seite des Berges ein Geschäft machen. Waren doch in der alten Zeit bei den Bauern die Pfannenflicker gerne gesehen. Kupferschmiede und Spengler gab es damals nicht so viele wie heute. Und billiger werden die Pfannenflicker auch gearbeitet haben. Sie waren auch bekannt wegen ihres großen Durstes. So lieferten die Pfannenflicker nicht nur manchmal ein Räuschlein, sondern sie wurden auch dick.

Auch der Pfannenflicker, der über das Joch ging, war etwas zu dick. Er ging daher langsam und mußte alle fünf Schritte rasten. Schnell ging der Übergang nicht.

Das Joch war erreicht. Nun ging es schneller. Nicht etwa, weil es hinab ging. Nein. Ein Bock sah den Pfannenflicker und verfolgte ihn. Der Pfannenflicker aber hielt den Bock für einen Teufel und lief daher vor Schreck, was er laufen konnte. Der Bock ließ in seiner Verfolgung nicht nach. Er wird sich gefreut haben, hier einen Mann zu finden, der sich vor ihm fürchtet! Endlich wurde es dem Pfannenflicker zu dumm, er stellte seine Kraxe auf den Baumstock und machte neunmal das Kreuzzeichen. Der Bock-Teufel achtete nicht darauf. Mit ganzer Kraft rannte er dem Stock, wo die Kraxe stand, zu und stieß sie hinab. Das Geklirre und Gerumpel der Pfannen und Kessel erschreckte ihn und er nahm reißaus.

Als sich der Pfannenflicker von seinem Schrecken erholt hatte, sagte er derb: „Rumpl der Kessel ist besser, als neunmal das heilige Kreuz."

Der Pfannenflicker nahm seine Kraxe und ging – vom Teufel befreit – den Berg hinab.

Die Trud

Zu den bösen Geistern wird im Unterinntal[1] auch die Trud gerechnet. Sie hat die Gestalt eines Weibes, einer Hexe. Am häufigsten wird sie als Alpdruck bei Menschen und Tieren erwähnt. In der Rauchnachtzeit zieht sie im Gefolge der Perchte mit. In dieser Zeit ist sie am wenigsten zu fürchten, denn sie steht im Dienste der Perchte.

Vor allem gebärenden Müttern setzt die Trud mit Vorliebe nach und plagt sie in der Nacht, in dem sie sich auf die Brust setzt. Aber auch kranke Leute werden von der Trud geplagt. In der Wildschönau war ein Knecht krank. Auf der Brust drückte ihn etwas so schwer, daß er kaum atmen konnte. Da machte der Bauer aus fünferlei Holz einen Trudenfuß (ein aus drei ineinanderverschränkten gleichschenkeligen Dreiecken gebildetes fünfeckiges Zeichen) und legte es dem Knechte auf die Brust. Sofort wurde dem Knecht leichter und bald genas er.

Bei Nacht arbeitet die Trud. Füße und Hände sind ganz mit Haaren überwachsen. Ihr Gesicht hat einen maskenartigen Zug. Die Kopfhaare sind ganz verwirrt und verknotet. Berührt sie mit ihrer Hand Haar von Menschen, Pferden oder Schafen, so verknotet sich das berührte Haar ebenso. Man nennt es Trudenzopf.

Es ist von Interesse, sich mit den verschiedenen Vorstellungen, die im Volke über die Trud vorhanden sind, etwas näher zu befassen. Sie tritt als böses Gespenst in verschiedener Art, bzw. bei den verschiedensten Gelegenheiten auf. Auch ist ein besonderes Merkmal an ihr, daß sie auch Tiere – Pferde, Schafe, Hennen und Rehe – plagt. In der Phantasie des Volkes lebt die Trud auch als Vogel, und zwar als eine Art Eule. Wenn sie sich im Zustande eines Vogels auf einen Tannenast setzt, so wächst hernach ein eigenartiges Gewächs; dieses ist ein von Nadeln freies, jedoch sehr buschiges Gewirr. Die

Überlieferung weiß darüber, daß in alter Zeit die Trudhexe in den Wäldern hauste. Den Menschen war sie sehr böse gesinnt und tat großen Schaden in den Wäldern. Auch dem Teufel spielte sie einmal in die Karten. Daraufhin verzauberte er sie in den Trudvogel. Natürlich sieht man diesen Vogel selten oder überhaupt nicht. Nur ein Söllandler Bäuerl sah in einmal des Nachts. Durch den Anblick erschreckte er derartig, daß er umfiel und geraume Zeit mit Atemnot kämpfen mußte. Von da ab hatte das Bäuerl viel mit Atemnot zu leiden und er schob alle Schuld auf den Trudvogel.

Besonders gerne geht die Trud in der Gestalt eines Vogels auf Tiere los. Wenn Rehe von der Trud geplagt werden, dann stoßen sie ganz unheimliche, gruselige Laute aus. „Der Trudvogel hat sich aufs Genick g'huckt", sagt man. Manche wollen Rehe, die von der Trud geschunden wurden, beobachtet haben und dabei festgestellt haben, daß solche Rehe bald starben.

Ein Wilderer aus dem Sölland beobachtete einmal in einer Nacht ein Reh, das von der Trud geplagt wurde. Die Trud setzte sich auf das Genick des Tieres, blieb dort sitzen und erst als sie fort flog wurde das Reh vom Alpdruck der Trud frei. Der Erzähler sah die Trud in der Gestalt eines eulenartigen Vogels zu- und wegfliegen. Während der übrigen Zeit sah er nichts von der Trud.

Werden Pferde von der Trud angepackt, so werden sie mürrisch und beginnen zu stampfen; gleichzeitig müssen sie mit Atemnot ringen. Nachher sind die Pferde meist williger. Durch das Abwaschen mit Wasser, in welchem Echter Bärlapp (Lycopodium clavatum) gesotten wurde, glaubt man die Pferde vor der Trud zu schützen.

Drückt die Trud ein Schaf, so muß es bald verkommen, denn es erträgt den Druck nicht und der Schrecken plagt es ununterbrochen. Es verfällt einer Art Starrheit, so daß es nicht mehr fressen kann. Man nennt diesen Anfall die Schrattelsucht. Dagegen hilft nur ein Schrattengatterl, welches an der Stalltüre angebracht sein muß. Das Schrattengatterl besteht aus drei vertikalen und horizontalen Stäben, welche neun Kreuze bilden. Auf der Weide bindet man den Schafen ein Hanfband um den Hals, welches zuerst durch einen Weihbrunnkessel gezogen wurde. Das beste Weihwasser für solche Sachen ist das Dreikönigswasser. Ein anderes Mittel, die Schafe vor der Trud zu schützen, besteht darin, daß man ihnen dreimal im Jahre – am Martiniabend, Dreikönigsvorabend und Sonnwendtag – ein „Trud'nleck" gibt. Dieses „Gleck" besteht aus siebenerlei Kräuter, worunter drei Viertel vom Ganzen gemahlener Hexenstaub (Echter Bärlapp) sein muß.

Raufen die Hennen in der Steige, dann ist die Trud in sie hineingefahren. Die Hennen leisten der Trud den zähesten Widerstand, sie können nicht erdrückt werden, sondern sie raufen sich eben aus.

Am meisten Schaden richtet die Trud bei den Menschen an. Hier kann sie ihre ganze Kraft anwenden. Männer und Weiber plagt sie, ja zuweilen auch Kinder. Die Menschen kann sie verschiedentlich plagen, und zwar indem sie sich während des Schlafes auf die Brust setzt oder von der Ferne mit geheimer Hexenkraft die Menschen drückt.

Von einem Scheffauer Bauern erzählt man: Vor Weihnachten ging er abends zum Nachbarn in den „Hoangart". Während er mit dem Nachbarn über verschiedenes plauderte und „schatzte", begann er auf kurze Zeit zu husten. Als der Husten nachließ, hatte er schier keinen Atem mehr. Dies dauerte eine kurze Weile. Er ging dann heim und merkte in der Schlafkammer, daß auf seinem Bette die Trud gesessen war und diese ihn plagte.

Auf dem Oberkapfingerhof im Brandenbergtal wurde ein Knecht ständig von der Trud belästigt. Man wandte alle vorhandenen Gegenmittel an, doch die Trud schien nichts zu merken von den Gegenmitteln. Der Knecht vertauschte nun die Kammer, doch die Trud plagte ihn gleich. Er ging dann zum Nachbarn, es nützte nichts. Endlich beschloß er, heimzugehen. Etliche Tage hatte er Ruhe, dann aber zauberte ihm die Trud von der Ferne ihre Lästigkeit an. Der Knecht starb bald an Atemnot. Man gab alle Todesschuld der Trud.

Weibern kann die Trud auch das „Wirg'n" anzaubern. Wer mit diesem Übel durch die Trud belastet ist, hat viele Schmerzen auszustehen und kann nicht eher ruhen, bis die Betreffende etwas Lebendiges „derwürgt" hat. Einige Sagen erzählen: Im Sölland lebte eine ledige Dirn, die in gesegneten Umständen stand. Da zauberte ihr die Trud das „Wirg'n" an. Tag und Nacht jammerte die Dirn vor Schmerzen. Man fürchtete nun, daß sie nun das neugeborene Kind würge und man gab ihr daher eine Katze in die Hand. Schnell würgte die Dirn die Katze und war von ihrem Leiden erlöst. – In der Kundler Gegend hauste einmal eine Taglöhnerin, die von der Trud arg geplagt wurde. Schließlich wurde auch ihr das „Wirg'n" angezaubert. Furchtbar irrte sie umher, durch Wälder und auf die Almen. Auf einer Alm würgte sie ein Schaf. Vom Zauber war sie befreit und nie mehr plagte sie die Trud.

Die Gestalt der Trud ist im ganzen Unterinntal verbreitet. In den Nebentälern des Inntales, besonders im Brixental und im Sölland, wird über die Trud viel berichtet. Auch in der Wildschönau sind die Sagen und Berichte über die Trud noch gut erhalten.

Droht der Trud durch irgend einen Abwehrzauber eine Gefahr, dann verwandelt sie sich, um dadurch der Gefahr zu entrinnen. Berührt sie einen Trudenfuß oder ein Schrattengatterl, so ist sie einer Krankheit von langer Dauer verfallen. Dieser Krankheit kann sie entrinnen, wenn sie sich in einen Vogel – in den Trudvogel – verwandelt. Manchmal verwandelt sich die Trud auch in ein Schaf. Dies jedoch selten, da sie in dieser Gestalt vielen Gefahren ausgesetzt ist.

Auf dem Kupfnerhof in Breitenbach wurde einmal eine Bäuerin, während sie in gesegnetem Zustande war, von der Trud jede Nacht geplagt, nur vom Freitag auf den Samstag hatte sie Ruhe. Der Bauer wollte diesem Spiel ein Ende machen. Er zimmerte einen Trudenfuß, machte mehrere Schrattengatterl, richtete sich Weihwasser und geweihte Palmkätzchen bereit. Als dann das Weib von der Trud geplagt wurde, nagelte der Bauer den Trudenfuß und die Schattengatterl an den Fensterstockrahmen. Die Palmkätzchen steckte er in die Holzwand. Hernach besprengte er das Weib mit Weihwasser. Sofort fühlte sich die Bäuerin erleichtert. Am Fenster sah der Bauer einen Vogel. Er ging dem Vogel zu, dieser flog fort. Von weitem hörte er ihn dann noch einen „kranken" Schrei ausrufen. Lange Zeit wurde von der Trud niemand geplagt. Es wurde vermutet, daß sie krank geworden war.

Im Unterangerberg wurde die Trud in ähnlicher Weise bekämpft. Von ihrem Abzug konnte man nichts merken. Die geplagte Person wurde etliche Stunden nach dem Beginn der Abwehr noch geplagt. Schließlich gewahrte man ein Schaf um das Haus laufen und erst als man das Schaf verjagt hatte, wurde die geplagte Person vom Drucke der Trud befreit. Man nahm daher an, daß das Schaf die Trud war, denn in dieser Gestalt konnte ihr der Abwehrzauber nicht mehr großen Nachteil zufügen.

[1] Gemeint ist eigentlich das Unterland, weil die Sagen um die Trud über das Unterinntal hinausgreifen (Franz Traxler).

Das Wetterglöcklein
(Oberland)

Vier alte Hexen hausten einst in der Nähe des Inns. Eine kleine Hütte, die eher einem Stalle glich, mit Garten, war ihr Besitz. Sie lebten und arbeiteten miteinander. Zank und Streit waren tägliche Erscheinungen ihrer Gemeinschaft; auseinander gingen sie deswegen nicht, denn sie mußten beisammen bleiben, bis der Tod sie trennte. Wie sie zusammen kamen, davon erzählen uns nachstehende Zeilen.

In einem kleinen Dörfchen im Oberinntale hatten die Bewohner ein Wetterglöcklein, das, trotzdem es die kleinste Glocke weit und breit war, alle großen Wetter vertrieb. Drei Geschlechter waren schon vergangen, niemand konnte sich eines Unwetters erinnern. Sobald das Glöcklein erklang, stoben die Gewitter auseinander und gingen in anderen Orten nieder.

Eine Nachbargemeinde kam zu dem Gedanken, das Glöcklein in dunkler Nacht zu stehlen und zu den Glocken der eigenen Kirche zu hängen. Man wußte aber nicht, wie man es anstellen sollte, um bei der Tat nicht ertappt zu werden. Auf allerlei Pläne kam man, ausführen wollte sie niemand, selbst um viel Geld nicht.

Drei junge Bauerntöchter, denen man nachsagte, daß sie zum Arbeiten zu schön seien, kamen in einer Vollmondnacht an einem bestimmten Platze zusammen. Sie hatten beschlossen, gemeinsam zu der in der Nähe wohnenden Hexe zu gehen, um dieselbe um Rat zu fragen, wie man das bekannte Wetterglöcklein am ehesten hierher bringen könnte.

„Wenn ihr wollt, bringe ich euch die Glocke in der nächsten Neumondnacht zu meiner Hütte her und ihr könnte die Glocke hier abholen", sagte die Hexe, blickte den Töchtern mit ihren sprühenden Hexenaugen in die Augen und zerrte an ihrem Kittel.

„Bring' uns das Glöcklein. Für die Arbeit werden wir dich gut entlohnen", sprachen jubelnd die Töchter.

„Dreimal der Kittel von hinten, dreimal von vorn, wo das Wasser still rauscht, soll unser Häuserl steh'n", murmelte die Hexe. Die Bauerntöchter verstanden die Worte nicht und gingen.

Einige Tage vor der Neumondnacht erboten sich die drei Bauerntöchter die Glocke zu bringen. Viel Geld versprach man ihnen. Den Dreien glänzten die Augen vor Geldfreude, sie spotteten über die dummen Menschen, die nicht verstanden, wie man das Wetterglöcklein am leichtesten entwenden könnte, und ihr Hochmut stieg gewaltig. Ihre Zukunft sahen sie sorglos vor sich, die buntesten Pläne schmiedeten sie, alles würden sie beherrschen und über arme Leute ließen sie manches harte Spottwort fallen.

In der Neumondnacht holten sie das Glöcklein. Von der Hütte der Hexe bis zur Kirche zogen sie es mit einem Räderschlitten. Am anderen Tage tat man die Glocke in den Turm.

„Was nützt uns das Glöcklein? Durch unsaubere Hände ist es gegangen. Es wird eher Unwetter bringen als vertreiben", sprach der Priester, der die Gemeinde betreute, denn ihm gefiel solches Handeln nicht.

Am Abend schien es, als komme ein arges Unwetter. Schnell wurde das Glöcklein geläutet. Wie der Priester es sagte, so kam es. Nicht vertrieben hat das Glöcklein das Wetter, sondern herangezogen.

Das Wetterglöcklein

Als das Unwetter losbrach, nahm der Priester den Kelch aus dem Tabernakel und eilte von Haus zu Haus, er nahm den Leuten die Beichte ab und reichte ihnen den hl. Leib dar. Nur drei Personen in der Gemeinde verweigerten den Empfang der Hostie, es waren die drei Töchter, die die Glocke brachten. Nach dem Priester ging die Hexe von Haus zu Haus, sie suchte die drei Bauerntöchter. Als sie dieselben gefunden hatte, mußten sie mitgehen.

„Dreimal der Kittel von hinten, dreimal von vorn, wo das Wasser still rauscht, soll unser Häuserl steh'n", murmelte die Hexe immer und freute sich auf das Unwetter.

Das Dorf versank, als das Wetterglöcklein nicht mehr läutete; zur selben Stunde kam die Hexe mit den drei Bauerntöchtern, die unterdessen die Schönheit verloren hatten und alte Hexen geworden sind, in der Nähe des Inns an. Ein altes, zerlumptes Häuschen stand dort, welches sie als Wohnung bezogen.

In Neu- und Vollmondnächten eilten die Hexen zum Inn und blickten in dessen Tiefe. Sie sahen ihre Gemeinde mit dem Kirchlein und den Häusern, auch ein Glöcklein hörten sie, es war das Wetterglöcklein. Die Bauerntöchter weinten, die alte Hexe fluchte.

Das Feuermännlein
(Oberland)

In den Bergen Tirols lebte in alter Zeit ein Bäuerlein, welches sich und die Seinen mit schwerer Arbeit und großen Mühen durchbringen mußte. Damals zogen viele Soldaten durch das Land, sie zogen gegen Italien und auch Tiroler Grafen schlossen sich dem Römerzuge an.

„Wenn das Feuermännlein im Tal drunten steht, dann kommt eine schwere Zeit für uns", sprach der Bauer und blickte sorgenvoll nach seiner Familie.

„Wer ist denn das Feuermännlein?" fragt sein Weib, die noch nie etwas davon gehört hatte.

„Es war an einem Sonnwendabend", begann der Bauer. „Die Bauern dieses Berges zogen auf den Gipfel und entzündeten ein Sonnwendfeuer. Auf dem Wege dorthin begegnete ihnen ein Wanderer. Sie gingen an ihm vorbei. Der Wanderer fragte sie, wohin sie gingen. Sonnwendfeuer brennen, antworteten die Bauern und schritten schneller den Berg aufwärts.

Als sie zurückkamen, saß der Wanderer auf einem Stein und sprach, während die Bauern vorbeigingen: „Schaut, ober mir steht ein feuriges Männlein und wenn dieses Männlein im Tal drunten steht, kommt eine üble Zeit." Oberhalb des Wanderers stand neben einem Baum ein feuriges Männlein.

Nur in den Sonnwendnächten sah man dieses Männlein und jedes Jahr ein Stück näher beim Tal. Heuer steht es im Tal drunten." Der Bauer hatte seine Erzählung beendet.

Sein Weib schaute ihn an und seufzte: „Welches Unglück etwa kommen wird?"

„Mehrere Höfe werden abbrennen. Und zwar die Höchstgelegenen. Wir sind auch dabei", antwortete der Bauer.

„Ist das Unglück nicht vermeidbar?" fragte das Weib weiter.

Das Feuermännlein

„Du weißt, auf der anderen Talseite lebt in seiner Klause der berühmte Geisttöter. Zu diesem gehe ich."

Beschäftigt und eilig ging der Geisttöter in seiner Klause auf und ab. – Der Bauer trat ein. Ohne langes Zögern fragte der Klausner: „Was führt dich hierher?" – Der Bauer erzählte ihm die Geschichte vom Feuermännlein und dem bevorstehenden Schicksal. – „Ja", sagte der Klausner, „das Feuermännlein ist ein böser Geist, aber es wird schon ein Mittel geben, um das Unglück zu verhüten."

Er kramte in seinen Truhen und Schachteln nach. Allerhand Sachen kamen zum Vorschein. Endlich hatte er das Gewünschte. Er legte es auf den Tisch und sagte: „Dies sind alles kleine Späne, doch ihre Kraft ist groß. Stecke sie um deinen Hof und es wird dein Haus vor dem Feuermännlein geschützt sein. Ist das Deinige geschützt, so sind es die anderen auch."

Der Bauer tat, wie ihm der Geisttöter geheißen. Er steckte die Späne um den Hof, und als eines Tages das Feuermännlein das Haus dem Feuer opfern wollte, stieß es auf die Späne und zündete diese an, in der Hoffnung, das Haus werde schon anfangen zu brennen. Wie es nun sah, daß es sich getäuscht hatte, starb es vor Gram.

Katzensteine im Unterinntal

Es dürfte gewiß nicht unangebracht sein, einmal etwas über das Thema „Katzensteine" zu schreiben. Obwohl über „die Katzensteine im Unterinntal" keine gedruckten Quellen auffindbar sind und auch die mündliche Überlieferung spärlich ist, so hoffe ich doch, mit meinem Gebotenen dem Heimatforscher irgend etwas erschlossen zu haben. Den größten Teil der hier aufgezeichneten Begebenheiten über die Katzensteine verdanke ich einem alten Senner, der selbst viel auf Sagen und Volksglauben hält.

Der Katzenstein beim Kirchanger-Kirchlein

Neben dem Kirchanger-Kirchlein in Kirchberg soll vor ca. dreihundert Jahren (1630) plötzlich ein Stein aus der Erde hervorgewachsen sein und unter Donner und Wetterleuchten dreimal wie eine Katze geschrieen haben.

Lange Zeit mied man diesen Stein und auch den Besuch des Kirchleins. Es ist aber sonderbar, daß dieser Katzenstein schon 1630 „neben" dem Kirchanger-Kirchlein aus der Erde hervorkam, da diese Kirchberger Filialkirche erst um 1700[1] entstanden ist, also siebzig Jahre nach dem Ereignis. Der Erzähler dieser Begebenheit sagte mir, daß das Jahr 1630 ein schreckliches war.

Man könnte annehmen, jedoch mit Unsicherheit, daß vielleicht schon eine kleine hölzerne Kapelle dort stand und dieselbe im Jahre 1700[2] vergrößert wurde. Auch wäre es möglich, daß ein Feldkreuz dort stand, aus dem der Volksmund eine Kapelle formte. Wenn man aber wieder hört, der Stein verschwand nach hundert Jahren wie er gekommen war, so kann er vielleicht später gekommen sein. Auch wäre es möglich, daß man als Dank die Kapelle vergrößerte.

Über besondere Ereignisse während dieser hundert Jahre konnte man mir nichts erzählen.

[1] Vergleiche Dr. M. Mayer: „Der Tiroler Anteil des Erzbistums Salzburg, 1. Heft, Seite 189. – [2] Im Jahre 1768 wurde das Kirchanger-Kirchlein vergrößert. (Anton Schipflinger)

Der Elsbethener Katzenstein

Fast zur gleichen Zeit wie am Kirchanger entstand der Elsbethener Katzenstein. In einer Sommernacht während eines Gewitters schoß er aus der Erde.

Einige Sagen berichten, daß, wer den Stein berührte, geheime Kräfte erhielt. Jedoch mußte man diese Kräfte ehrlich ausnützen. Wer sie zu dunklen Geschäften brauchte, soll dem Teufel verschrieben worden sein. Solche Kräfte wollte sich nun jedermann aneignen; dabei wurden die Leute unzufrieden, neidisch und stolz. Man begann zu wünschen. Da kam ein Unglück über Hopfgarten; der Katzenstein wurde lebendig. Jetzt wollte jedermann seine geheimen Kräfte wieder hergeben, denn der lebendige Katzenstein kam in der Nacht zu jenen, die ihn zuvor berührten. Wie die Geschichte ausging, ist nicht berichtet.

Der Stein soll dreieckig gewesen sein und in der Mitte war ein Katzenkopf eingraviert. – Verschwunden ist der Stein im Jahre 1667.

Ruine Katzenstein bei Windshausen

Im Volksmund wird der Wachttum bei Windshausen[1] Katzenstein geheißen. Nach einer Sage soll in alter Zeit dieser Wachtturm eine Burg gewesen sein. Der Ritter dieser Burg verbrauchte manchmal gar zu viel guten Etschländer Wein; in der hl. Nacht trank er hundert (!) Becher. Als er den letzten Tropfen trank, versank die Burg. – Alle sieben Jahre sah man in der heiligen Nacht eine Katze um den Turm laufen.

Wenn man nun der Ansicht ist, daß doch eine Burg bei Windshausen stand – obwohl die älteste Urkunde von einem Wachtturm spricht und dies im Jahre 1310 –, so wird diese Annahme immerhin irrig sein. Man fragt sich jedoch, woher kommt dann der Name Windshausen? Denn die Urkunden berichten nur vom Wachtturm Windshausen, nicht von einer Ruine Katzenstein. Es kann auch möglich sein, daß der Name von der oben erwähnten Sage stammt. Es ist aber sonderbar, wieso hier der Name Katzenstein auftaucht, da von einem Katzenstein nichts berichtet wird. – Vielleicht ist es möglich, durch Nachforschen über die Katzensteine Genaueres zu erfahren.

[1] An der Grenze auf der bayr./tirol. Seite zu Erl.

2. Bräuche

Brauchtum im Jahreslauf

Maria Lichtmeß

> Maria Reinigung
> an (den) Bauern ean Peinigung,
> an Dienstbot'n ean Freud',
> weils Geldl abgeit.

Treffend kennzeichnen den Lichtmeßtag obige Zeilen, welche vom Vierstaller Romanus[1] stammen. Der Lichtmeßtag ist der Tag, an die Knechte und Dirnen ihren Lohn erhalten. Vormittags wurden die Ehhalten in die Kammer der Bauersleute gerufen und erhalten dort Schnaps und Kloberbrot und den Lohn. Hier kann der Bauer oder die Bäuerin ihre Klagen dem Dienstboten sagen und der Dienstbote den Bauersleuten. Außerhalb dieses Tages und zu anderen Leuten soll man nicht klagen. Die Knechte zahlt der Bauer, die Dirnen die Bäuerin.

Der Jahreslohn betrug nach altem Gelde für einen Knecht 100 bis 150 Gulden und für eine Dirn 40 bis 60 Gulden.

Der Blasiustag ist der Schlenggltag. In der Frühe gibt es ein Schlengglmus, das ist ein Rahm- oder Eiermuß. Wenn der Kast'nführa kommt, wird der Kasten (dies ist meistens, besonders bei Dirnen, das erste größere Einrichtungsstück) auf den Schlitten geladen. Vom Besitzer des Kastens erhält der Kast'nführer eine Flasche Schnaps, damit er denen, die ihm begegnen, „z' Trink'n" geben kann.

Der Dienstbote steht nun nicht gleich ein. Er geht etliche Tage in den „Schlenggl". Meistens geht er nach Hause und verbringt dort einige Tage. Steht der neue Dienstbote ein, dann gibt's Wassernudeln mit Fleisch drauf ab.

„Zum Hunif (Hanf) femmeln[2] is der Brauch, d' Diana z'vahan", lautet das Bauernsprichwort. Auch die Knechte werden um diese Zeit für das kommende Jahr gefragt. Die Bauersleute fragen die Dirnen und Knechte für das nächste Jahr und geben ihnen die Hoar. Diese beträgt 5–10 Schilling. Nach altem Gelde betrug sie 5–10 Gulden.

Bleibt ein Dienstbote nicht mehr, dann nimmt er die Hoar nicht an; will ihn der Bauer nicht mehr, so frägt er ihn nicht.

Die Wetterregel vom Lichtmeßtag lautet: „Ist's am Lichtmeßtag hoata (heiter), aft (dann) steigt der Futtera mit d' Uris'n[3] über die Loata." Diese Regel will sagen, daß, wenn es am Lichtmeßtag schön Wetter ist, der Winter noch lange dauert und der Futterer mit dem Heu, welches die Kühe im Barn lassen, über die Leiter in die Rem steigen muß, um es für später aufzubewahren.

---

[1] Dieser Mann war ein Taglöhner aus Going. Er dichtete viele lustige Sprüche und Lieder. Sogar am Sterbebett soll er ein lustiges Liedl gesungen haben. Er starb Ende der achtziger Jahre des vorigen Jahrhunderts im Spital zu St. Johann. – [2] Einige Zeit nach Jakobi wird der Hanf gesammelt. Es werden die dürren Hanfstengel ausgezogen. Es ist dies die männliche Pflanze, von der auch das „hanifa" Tuch gemacht wird. Die grünen Pflanzen läßt man, denn davon gibt es einen Samen ab. Dies ist die weibliche Pflanze. – [3] Ist das Heu, welches die Kühe nicht mehr fressen. Vom Stall geht eine Leiter in die Rem, und zwar durch das Futterloch, durch welches das Heu von der Rem herabgeschüttet wird.

Bauernsonntag, Bauernfasnacht und Truhentag

Nach Dreikönig beginnt das lustige Leben der Fasnacht. Da geht es oft hoch und lustig her im Wirtshaus und in den Bauernhäusern. Fasnachtzeit ist eine laute Zeit. Sie ist lauter als alle anderen lustigen und fröhlichen Zeiten des Jahres, denn vor ihr ist die stille, zur Einkehr mahnende Advent- und Weihnachtszeit und nach ihr kommt die stumme Fastenzeit. Ist die Zeit der Fasnacht kurz, so ist möglich, daß es alle Tage was Närrisches gibt. Jawohl, Narren macht jene Zeit; der gesündeste Mensch wird närrisch, will er oder will er nicht, ob er mittut oder abseits steht. Ist er bei den Narren dabei, dann ist er schon einer; bleibt er schön zu Hause, so wird er durch den Lärm der Fasnachtumzügler einer. Aber es ist nicht so arg, wie es klingen mag. Eine lustige Zeit, in der es lustiger hergeht als zu anderen lustigen Zeiten, muß es auch geben. Wäre eine solche Zeit nicht, so wüßten die Leut wohl nicht, wie es ihnen im Frühjahr und im Sommer erginge, wenn sie ihre Narrheit nicht in der Fasnachtzeit ausgeschüttet hätten. Es hat ein jedes Ding seine guten Seiten.

„Wenn d' Fasnacht nit war, kunnt der Kirchtag nit sein" und „Mannder nützt d' Fasnacht aus, dann kommt enk nichts aus", lauten zwei Redensarten des Oberländer Bauern.

Lustig geht es am Bauernsonntag zu, dem zweiten Sonntag vor dem Aschermittwoch. Bekannte und gutspielende Musiker werden von den Wirten gedungen. Heut' ist der Sonntag der Bauern! Was nicht in die Wirtshäuser geht, unterhält sich daheim. Da wird getanzt, gesungen und Narrenstücke aufgeführt. Zu diesen Unterhaltungen ladet man bekannte Dorfdichter und Reimemacher ein, die ein neues Gsangl, welches von den Ereignissen des letzten Jahres handeln muß, vortragen müssen. Lang bis nach Mitternacht dauern die Unterhaltungen. Wenn die Leute heim gehen, so sollen sie recht lärmen. Je lauter, desto besser. Man sagt: Wie der Lärm am Bauernsonntag, so laut hört der Bauer das Gras wachsen, und so weit man den Lärm hört, so weit hört man von der Alm die Glocken der Kühe im Sommer und den Gesang der Älpler.

Geht es am Bauernsonntag schon lustig und laut her, so geht es in der Bauernfasnacht noch viel lauter und lustiger her. Die Bauernfasnacht, die am Montag nach dem Faschingsonntag ist, wird zu Umzügen und lustigen Unterhaltungen benützt. Alle jungen Leut', die halbwegs lachen und gehen können, beteiligen sich an den Umzügen der Bauernfasnacht. Die Umzüge beginnen abends und dauern bis nach Mitternacht. Es muß besonders darauf geachtet werden, daß die Umzügler nicht zuviel auf den Wegen gehen, sondern mehr über die Felder springen. Der Bauer erhofft sich davon eine gute Fruchtbarkeit. Tanzen bei den Kirschbäumen die Bauernfasnachtumzügler recht lange und jauchzen sie laut, dann trägt der Baum schwer und jedermann bekommt Kirschen von diesem Baume.

Je lauter der Fasnachtlärm, desto länger das Gras, desto schwerer die Ähren, lautet ein Bauernsprichwort.

Ist die Bauernfasnacht vorüber, dann kommt noch die Narren-Fasnacht, bei der es noch ärger zugehen soll, doch die bäuerliche Bevölkerung hält sich an die Bauernfasnacht und sie hält an diesem Tage nur Hausunterhaltungen ab.

Ein wichtiger Tag in der Fasnacht ist der Truhentag (6. Februar). An diesem Tage haftet sehr viel Brauchtum und Volksglaube.

Im Pitztal sagt man: „Wie man am Truhentag schindet, so arbeitet man im Sommer." – „Truhentag-Schweiß glänzt wie Gold und es ist zu hoffen guter Sold." – „Ist's am Truhentag Morgenrot, dann ist der ganze Monat ein Nichtsnutz." – Wie an diesem Tage die Spinnräder surren, so gedeiht der Flachs.

Die Morgenmilch dieses Tages soll man den Tieren zu trinken geben, denn dann rinnt das ganze Jahr Milch im Überfluß, sagt man in Feuchten.

Im Zwielicht seht die junge Dirne, wenn sie siebenmal um einen Kirschbaum springt, ihren Zukünftigen auf dem Baume sitzen. Sie darf jedoch keine Schuhe angezogen haben und muß mit der rechten Hand auf das Kopftüchl greifen.

An diesem Tage gibt es auch bessere Kost. 's Truhentagessen ist dreimal so gut, als es andere Tage ist.

Früher war der Truhentag auch Schlenggltag. Man sagt heute noch manchmal: „Wer am Truhentag schlengglt, der vergeht sich nicht", das heißt, er kommt zu einem guten Bauern.

Abends ist Tanz. Den Truhentanz muß der Bauer und die Bäuerin eröffnen, dann müssen die Söhne und Töchter beginnen und als letzte die Knechte und Dirnen.

> Truh'n hab'n ma in d'r Kamma,
> Truh'n hab'n ma in d'r Stub'n,
> drum auf zum Tanz
> und drein in den Narrenschanz.

Obiges Liedl wird zu Beginn des Truhentanzes gesungen. „Was man dertanzt und verschwitzt, tragt Geld und Glück", heißt es von diesem Abend. Der Lärm soll die Stube füllen, doch nicht in die Nacht (ins Freie) dringen und „Truhentag nit laut, ist gut vorgebaut", lauten weitere Redensarten von diesem Tage.

Betrachtet man die geschilderten Bräuche, so ersieht man ganz deutlich, daß nicht das närrische Treiben die Hauptsache ist, sondern in diesen Bräuchen steckt ein tiefer Sinn: die Leute wollen lustig sein, denn bald beginnt die Natur sich zu ändern und neues, frisches Leben sprießt aus der Erde. Die Fasnachtnarren müssen die bösen Dämonen des Winters verjagen, damit aus der Erde Fruchtbarkeit hervorkommen kann. Aus alter Germanenzeit mögen sich noch Überreste in diesem Brauchtum befinden.

Bauernlitaneien aus Hopfgarten

Die Lieblingsrede bzw. die am öftesten gesprochene Rede eines Mitmenschen wurde von aufmerksamen Beobachtern zur Bauernlitanei verwendet. Hatte man von einer Kreuztracht etliche solche Reden beisammen, dann war die Bauernlitanei fertig. Unter dem Namen der Kreuztracht, aus der sie stammte, wurde sie Allgemeingut eines Ortes und oft eines ganzen Tales.

So wurden früher bei den bäuerlichen Unterhaltungen diese Litaneien mit Musikbegleitung vorgetragen. Hatte einer Hochzeit, dessen Rede in der Litanei war, dann wurde ihm auf den Dorfplatz ein Stück gespielt, dessen Inhalt die Litaneirede war.

Im Laufe der Jahrzehnte kam hie und da ein neues Gesetzlein hinzu. Der aufmerksame Beobachter trug bei den Fasnachtunterhaltungen die Bauernlitanei vor und fügte am Ende das neue Gesetzlein an.

Penningberger Litanei

„Geht schon", sagt der Stegner.
„Weascht geahn", sagt der Blaikner.
„Allwei nit", sagt der Schlafhamer.
„I sag's ja", sagt der Liem.
„Nix is nix", sagt der Höck.
„Grad das geht", sagt der Rechaber.
„Is gleich", sagt der Hackl.
„Lang is nit", sagt der Gastl.
„Jöggas, geht das guat", sagt der Pechl.
„Allwei besser", sagt der Rauch.
„Luader, verdammts", sagt der Schroll.
„Hin is hin", sagt der Glemmer.
„Was machts Wetter?" sagt der Manzl.

Grafenweger Litanei

„'s bleibt, wia's is", sagt der Osl.
„Daß grad migla is", sagt der Seisl.
„Kunst nix machn", sagt der Rotenauer.
„Ehre, wem Ehre gehört", sagt der Ebenthanner.
„Hat koan Sinn", sagt der Streichner.
„Bleib'n ma bei dem", sagt der Gepp.
„Schusterisch gehts leicht", sagt der Blasl.
„Nix z'mach'n", sagt der Bröckl.
„Aftn is' a Glachter", sagt der Aschermooser.
„Guat is' ganga", sagt der Ittenbichler.
„'s Wetter is nit arg", sagt der Weichsöllner.
„Der Weg geht zur Tür", sagt der Moosner.

Salvenberger Litanei

„Vorn dran muaßt sein", sagt der Drittl.
„Stets bei der Sach sein", sagt der Gugg.
„Gehts, wias geht", sagt der Lindaber.
„Henna seids, hu i g'sagt", sagt der Tenna.
„Wiast moanst", sagt der Stoana.
„Hör ma auf!" sagt der Hintinger.
„Wenns war", sagt der Haas.

Gruberberger Litanei

„Was woaßt du", sagt der Grüabl.
„Mehr a nit", sagt der Auer.
„Na, geht das schean", sagt der Grindaber.
„Außa mit der Kraft!" sagt der Pechl.
„Was ist das?" sagt der Staller.
„Verdraht is die ganz' G'schicht", sagt der Sieberer.

Glantersberger Litanei

„Der Anfang is gut", sagt der Formegger.
„Alls grecht", sagt der Kainrater.
„Muaß i zahl'n", sagt der Fixaber.
„Es geit koa Muaß", sagt der Peterer.
„Der Toifl is ja drin", sagt der Ruaper.
„Wia weascht's Wetter", sagt der Glanterer.
„Wias eppa dös mach'n", sagt der Balz.
„Weascht scho gschechn", sagt der Toiff.

Katzenberger Litanei

„Stickl geht der Weg", sagt der Raischerer.
„Is allwei g'führig", sagt der Blitzenbichler.
„Kam ma schon vor", sagt der Legerer.
„A Berg is a Berg", sagt der Langseitler.
„Hoaßt 's halt anpack'n", sagt der Treichlwald.
„Was hoaßat das?", sagt der Berg-Iggl.

Achener Litanei

„Mags g'schechn", sagt der Hörbündl.
„Wia gangs", sagt der Malsner.
„Langsam muaß geahn", sagt der Steinhäusler.
„Wo hinaus heut?" sagt der Mamooser.
„Schöns Wetter hamb ma", sagt der Seisl.
„Lebfrisch is alls", sagt der Pfarra.

Der „Palm" im Sölland

Wie überall, so gilt der Palmsonntag auch im Sölland bei den Kindern als ein großer Tag. Tage zuvor werden die Äste vom Baume gehackt. Im Sölland trägt man nicht Stangen, wie im Brixental, sondern man nimmt große Äste. Besonders gerne hackt man den Wipfel von der veredelten Weide, dem Palmbaum, ab; dadurch wird der Baum arg verstümmelt.

Kindern, welche noch nicht die Schule besuchen und einen Palm tragen, wird der Palm mit Bändern, Brezeln und Palmäpfeln geschmückt. Natürlich müssen solche Kinder mit Vater und Mutter gehen, denn sonst – es ist dies eine Ungezogenheit – werden ihnen die Sachen vom Aste gerissen. Schüler tragen den Palm ohne Zierat. Mädchen tragen statt eines Palmastes ein kleines „Treibei". Würde ein Mädchen einen Ast tragen, so würde sie ausgelacht. Erwachsene und auch größere Buben tragen „unta da (der) Jax'n" (Achsel) einen Palmbuschen.

Auch vom „Palmesel" weiß man im Sölland. Da wird am Palmsonntag oft viel grert, weil die größeren Buben mit ihren Ästen die kleineren stürzen.

> Der Palmesel von Söll,
> der rert und jammert.
> Der Palmesel von der Scheffau,
> der schreit: „Wau, wau."

Dieses Sprüchlein will sagen, daß die Scheffauer, wenn einer von ihnen Palmesel wird, zornig sind; die Palmesel von Söll dagegen gutmütiger.

Nach der Weihe trägt man den „g'weihten" Palm nach Hause. Nachmittags spielen die kleineren Kinder oft damit. Bevor es Abend wird, wird der Ast oder Buschen auf „d'Hüialab'n" (Dachbodenlaben) getragen und dort aufbewahrt.

Über die Kraft des geweihten Palms hörte ich verschiedenes. Der Palm, wenn er auf der „Hüialab" steckt, vertreibt Diebe, böse Geister, alle „schiach'n" Hexen, die Leute von der wilden Innschiffahrt, dem Menschen schlechtgesinnte Tiere und das Unglück.

Eine Sage erzählt folgendes: Auf einem Hofe am Bromberg (bei Söll) lebte eine Bäuerin, die die Kraft des Palms nicht hoch schätzte, da ihr der Habicht etliche Hennen geraubt hatte. Sie sagte: „Der Palm vertreibt eh nix, i tuan gea (jetzt) in Stall außi."

Ein paar Wochen verstrichen. Die Bäuerin kam in den Stall, um die Kühe zu füttern. Sie sah den Palm und konnte die Augen nicht mehr davon abwenden. Da nahm sie den Buschen und trug ihn auf den Dachboden. Auf dem Dachboden wimmelte es von „schiach'n" Hexen. Die Bäuerin bekreuzigte sich. Es half nicht. Sie holte Weihwasser; doch ohne Wirkung. Nun warf sie den Palmbuschen in die Hexenschar. Da flohen die Hexen auf die Labn. Weiter brachte sie die Bäuerin nicht. Als der Bauer heim kam, erzählte sie ihm vom Geschehenen. Er ging auf den Dachboden, nahm den Palm und schlug damit die Hexen. Im Nu verschwanden sie. – Man sagt, Weiber haben mit dem Palm weniger Kraft, darum tragen auch Mädchen keinen Palmast.

Kommt im Sommer ein Gewitter, so holt man von der „Hüialabn" ein paar Palmzweige und ein wenig vom Weihbusch'n. Dies wird in das Feuer geworfen, um dadurch das „Wetta" zu vertreiben.

Der Palm

Der Palmsonntag gilt bei der Landjugend als ein großer Tag. Denn das „Palm"-Tragen ist eine besondere Freude. Jeder Bub und jedes Mädel trägt stolz seinen Palm. In unserer Heimat wird statt den Palmen, wie es in südlichen Ländern der Brauch ist, die veredelte Weide verwendet, auch Palmkatzei oder Palmkatzln genannt.

Am Samstag vor dem Palmsonntag wird der Palm hergerichtet. Palmzweige werden vom Baum gebrockt, Bandln und Palmäpfel werden aus ihrem Versteck in der Kammer hervorgeholt. Ist alles beisammen, so wird der Palm gebunden. In manchen Orten werden dem Palm auch Haselruten beigegeben. Diese Ruten werden nach der Weihe je ein Stück in die Wohnräume, in Ställe, Keller, Städel, Böden und auf die Äcker gesteckt.

Am Palmsonntag wird es schon in aller Frühe lebendig. Die Kinder können es kaum erwarten, bis sie zur Kirche gehen dürfen. Die Buben wetteifern miteinander. Jeder möchte den noch größeren „Palm" besitzen. 6–8 Meter lange Stangen werden dazu oft verwendet. Sie werden für diesen Zweck eigens aufbehalten und sind oft auch grün und mit Blumen bemalt. Dazu werden sie häufig von oben ein Stück weiter herunter mit Efeulaub umwunden, oder gar, was am nobelsten gilt, mit Waxlab, dem stechenden Efeulaub. Die kleineren Kinder dagegen tragen nur Ruten. Fällt nun einer mit seinem Palm auf den Boden, was natürlich sehr leicht passieren kann, so ist dieser der „Palmesel". Dieser „Esel" will nun keiner sein, denn er wird dabei noch verspottet und verhöhnt von den anderen Kindern. Darum ist ein jeder Palmträger vorsichtig.

Nach der Weihe wird der „geweihte" Palm nach Hause getragen. Zu Hause wird er dann von der Mutter oder sonst jemandem in den Garten oder auf einen Baum gesteckt. Dort bleibt der Palm bis zum Ostersonntag. Am Ostersonntag wird der Palm vor Sonnenaufgang hereingeholt und aufbewahrt. Wer es vergißt und den Palm erst hereinholt, wenn die Sonne schon scheint, dessen Palm hat die Weihe verloren. „Die Hexn habn d' Weih g'stohln", hört man oft sagen.

Kommt nun im Sommer ein Gewitter, dann holt man drei Palmzweige und drei Brennesseln. Diese sechs Stück werden in den Herd geworfen, damit sie dort verbrennen. Ist kein Feuer, so wird in aller Eile eines gemacht. Der Rauch der Palmzweige soll vor allem das Wetter vertreiben und die Felder vor Hagel beschützen, der Rauch der Brennessel aber das Haus vor Blitzeinschlag bewahren.

Nachsatz der Schriftleitung: In dieser Weise – an der Spitze einer hohen Stange zusammengebundene Weiden und andere Ruten, die mit Bändern, kleinen Äpfeln und Bretzeln und sonstigem geschmückt sind, wird der Palm auch im unteren Inntal getragen. Im Sölland aber und um St. Johann benützt man nur größere oder kleinere Weidebäumchen, oder abgebrochene Äste davon, die ohne jeden weiteren Zierat in die Kirche getragen werden (Tiroler Heimatblätter).

Das „Palmholz"

Eine Frauensperson, die längere Zeit in Reith bei Kitzbühel lebte, erzählte mir über die Kraft des „Palmholzes", wie es in der dortigen Gegend im Volke geschätzt wird. Sie behauptete, das Tragen von Ästen sei schöner, da man so auch ein „Palmholz" erhält, was beim Stangenpalm nicht möglich ist.

Den geweihten „Palmast" steckt man auf die Hüialab'n. Hier vertreibt er alle bösen Geister des Hauses. Kommt ein Gewitter, so holt man etliche Zweiglein und wirft sie in das Herdfeuer. Wenn das Gewitter besonders „schiach einchaschaut", dann hackt man ein kurzes Stück vom Aste und wirft es mit den Palmzweigen in den Herd. Das Holz hat mehr Kraft und verhütet, daß ein „schiaches" Wetter große Schäden anrichtet.

Mit dem „Palmholz" wird gespart. Es soll das ganze Jahr nicht ausgehen, denn man braucht nur allzuoft solches Holz. Im Sommer wie im Winter ist es „g'fiarig", fast unentbehrlich. Alle Jahre soll man ein neues Stück „Palmholz" im Stall vergraben; dies fördert das Glück beim Vieh. Auch auf dem Traidacker vergräbt man ein „Palmholz", denn dann ist den bösen Geistern die Macht genommen, dem Getreide Schaden zufügen zu können. Ist jemand im Hause oder in der Verwandtschaft krank, dann ist es ein gutes Mittel, siebenjähriges „Palmholz" in den Strohsack zu legen, welches aber in der Nacht vom Faschingsdienstag auf den Aschermittwoch geschnitten worden ist und siebenmal geweiht sein muß.

Wenn ein neuer Herd aufgesetzt wurde, so tat man ein Stück „Palmholz" in die Erde, auf die der Herd zu stehen kam. Dies deutete man als ein Zeichen, daß in solchen Häusern, wo man dies tat, der Hausfriede und der Friede mit der Nachbarschaft und den Verwandten erhalten bleibt und durch nichts zerstört werden kann.

Besonders wertgeschätzt ist die Glut vom „Palmholz" an den Rauchabenden. Wer mit einer reinen „Palmholzglut" an allen drei Rauchabenden die Räume beräuchert, dessen Haus meiden die bösen Geister ein ganzes Geschlecht hindurch. Auch hat dieses Geschlecht mehr Glück, doch eine große Sorge umgibt es; es droht im männlichen Stamme auszusterben. Es kann aber selten vorkommen, daß man vom „Palmholz" für alle drei Rauchabende genügend Glut bekommt, da nicht mehr Palmäste getragen werden dürfen, als üblich ist. Wo viele Buben sind und jeder einen Ast trägt, wäre es am ehesten möglich.

Antlaßei und Antlaßreis

Die Eier des Gründonnerstages gelten als geweiht. Man nennt sie „Weihenpfinztageier" oder „Antlaßeier". Diese Eier werden sorgfältigst aufbewahrt, damit man das ganze Jahr hindurch solche Eier im Hause hat. Ihre Verwendung dient zur Bannung des Bösen und Verhütung von Unglück und Unsegen.

Wer ein Antlaßei im nüchternen Zustande ißt, der ist gegen alle Krankheiten gefeit. Auch gräbt man Antlaßeier in jene Stellen ein, wo man einen Erdrutsch befürchtet, denn dadurch wird der Erdrutsch verhindert.

In der Windau vergräbt man jedes Jahr drei Antlaßeier. Das erste vor der Türschwelle, das zweite vor der Stalltür und das dritte in die siebte Furche des Ackerlandes. Auch soll man zwei Antlaßeier aufbewahren und in das Sonnwendfeuer werfen. Früher, als man noch Feuerscheiben schlug, warf man den brennenden Scheiben ein Antlaßei nach.

Wenn auf der Alpe Scheibenschlag in der Windau Scheiben geschlagen wurden, so mußte jeder der beiden Bauern, die das Vieh auf diese Alm trieben, je drei Antlaßeier hergeben, welche den brennenden Scheiben nachgeworfen wurden. Zwischen dem Werfen der zweiten – den ersten drei Scheiben wurden die Eier nachgeworfen – und dritten Scheibe durften die zwei Bauern einen Wunsch haben, der ihnen in Erfüllung ging. Der Scheibenschlager sprach dabei das Sprüchl: „Scheib'n fahr' über' Roan, jag' das Schlecht' und das Bös' vom Berg und laß des Bauern Gedank'n leb'n."

Auch auf anderen Almen des Windautales wurden in früheren Jahren Scheiben geschlagen, doch Scheibenschlag hatte in diesem Brauche ein besonderes Vorrecht. So durften die anderen nicht eher anfangen, bis nicht auf Scheibenschlag die erste Scheibe über den Berg sauste.

Die beiden Bauern, denen die Alm gehört, gruben stets Jahr für Jahr drei Antlaßeier auf der Alm ein. Eines vor der Hüttentür, eines vor der Kühhagtür (Stalltür) und das dritte am Ende der Alm.

Im Brixental werden die Antlaßeier verschiedentlich verwendet. Geht ein arges Gewitter über die Gegend, dann wirft man ein Antlaßei in das Traidland, damit das Unwetter den Traid nicht vernichten kann oder man wirft ein Palmkätzchen und ein Antlaßei auf einen Kirschbaum. Auch kann man bei einem Unwetter ein Antlaßei über einen Kirschbaum werfen, dann kann das Gewitter keinen Schaden anrichten.

Manchmal füttert man den Kühen in der Zeit des Frauendreißigers ein Antlaßei. Das soll für eine gute Kälbergeburt und für viel Milch Gewähr bieten.

Wird im Stall ein Antlaßei vergraben, so kann keine Hexe dem Vieh Schaden zufügen. Auch Krankheiten werden damit aus dem Stall gebannt.

Holzknechte und Taxenstümmler sollen bei einer Haselnußstaude ein Antlaßei begraben, dann sind sie gegen jedes Unglück ihres Berufes gefeit.

Sollen Eheleute nicht mehr das Auskommen finden, so sollen sie ein Antlaßei in ihren Strohsack legen und der Friede kehrt wieder ein.

Antlaßeier faulen auch nicht. Je älter ein Antlaßei ist, desto höher soll es geschätzt werden. Ein Bauer in Westendorf besaß einmal ein Antlaßei, welches er in jungen Jahren im Stalle vergraben hatte, später wieder hervorholte und im Strohsack aufbewahrte. Bevor er starb, gab er das Ei seinem ältesten Sohne. Dieser vergrub es wieder im Stalle und hatte Zeit seines Lebens beim Vieh keinen Unreim.

Im Spertentale werden die Antlaßeier in der Zeit des Frauendreißigers vergraben. Man soll zu keiner anderen Zeit ein Antlaßei vergraben, sagen die Bauern. In der Zeit des Frauendreißigers tritt Unsere Frau auf die Stellen, wo ein Antlaßei vergraben ist. Diese Stelle ist daher besonders geweiht und geschützt.

Auch sagt man im Spertentale, wer ein Antlaßei in ein Sonnwendfeuer wirft und dann auf einem Eichbaum steigt oder sich in eine Haselnußstaude legt, sieht in die Zukunft. Antlaßeier werden im Spertentale, Brixen- und Windautale auch in die erste bzw. siebte Furche des Ackerlandes gelegt. Mit dem Ei legt man ein Palmkätzchen und Weihwasser in die Furche. Im Spertentale gibt man zu dieser Gabe auch ein geweihtes Osterholz (Holz vom Karsamstagfeuer) dazu. – Wer in der Sonnwendnacht unter einem Farn oder Kirschbaum ein Weihenpfinztagei mit sieben Palmkätzchen vergräbt, sieht im nächsten Jahre seine zukünftige Ehehälfte. – Je höher man das Antlaßei werfen kann, desto länger lebt man, und wo das Antlaßei hinfällt, wächst eine Haselnußstaude.

In der Gegend von Reith bei Kitzbühel gelten die Antlaßeier, die von schwarzen Hennen gelegt werden, bedeutend mehr als die von anderen Hennen. – Kälberkühen werden vor dem Kalben oft Antlaßeier gegeben. – Füttert man Hennen am Ostersonntag ein Antlaßei, dann wechseln sie innerhalb sieben Jahren dreimal die Farbe ihres Gefieders. Die Farbe des ersten Wechsels ist schwarz.

Wenn ein arges Unwetter kommt, so wirft man in der Reither Gegend ein Antlaßei in einen Graben.

In der Gegend von Jochberg und Aurach werden am Ostersonntag die Antlaßeier zur Weihe getragen. Gegessen darf kein Antlaßei werden. Am Abend des Ostersonntags werden drei Antlaßeier vergraben. Das erste im Stall, das zweite vor dem Hause und das dritte im Walde.

Gibt man Siechenkranken ein Antlaßei zum Essen, dann werden sie gesund, wenn dies im zunehmenden Mond geschieht.

Ähnliche Bedeutung wie das Antlaßei hat auch das Antlaßreis. Am Fronleichnamstag werden zu beiden Seiten des Weges, wo die Fronleichnamsprozession vorbeizieht, Haselnußstauden aufgesteckt. Dieselben gelten nach der Prozession als geweiht und es knüpft sich allerlei Volksbrauch und Glaube daran. Haselnußstauden, die am Fronleichnamssonntag, das ist der erste Sonntag nach dem Fronleichnamstag, eingesteckt werden, gelten nicht als Antlaßreiser. Der Fronleichnamstag wird bei der Landbevölkerung als Antlaßtag bezeichnet.

Nach einer Legende soll einst Unsere Frau während eines Gewitters unter einer Haselnußstaude Schutz gesucht und ihn auch gefunden haben.

Nach der Prozession bricht man sich etliche Zweige ab, trägt sie nach Hause und steckt sie in den Stall, in das Wohnhaus, vor allem in den Herrgottswinkel, und auf das Feld. Ein paar Zweige bewahrt man sich auf, um bei einem Gewitter eines dem Herdfeuer übergeben zu können.

Wer ein Antlaßreis am Sonnwendabend im Herd verbrennt und sich dann unter eine Haselnußstaude legt, sieht im Traume seine Zukunft, sagt man im Spertental.

Bringt man ein Antlaßreis zum Wachsen, das heißt, wenn man es einsetzt, pflegt und es fortwächst, so kann man im siebten Jahre danach am Fronleichnamstage seine Zukünftige sehen, und zwar an der Stelle, wo man das Antlaßreis pflanzte.

Auf der Alpe darf man das Antlaßreis in keinem Stalle vermissen. Meistens soll man es eingraben.

In der Gegend von Reith steckt man einen Zweig vom Antlaßreis auf den Dachboden, um dadurch die bösen Geister von der Wohnung fern zu halten.

Mancherorts werden die Antlaßreiser in der Rauchnachtzeit verbrannt, um dadurch für das kommende Jahr Glück und Segen zu erbitten.

Wenn eine werdende Mutter vor der Geburt ein Antlaßreis berührt und ihr dasselbe in das Bett – in den Strohsack – gelegt wird, dann wird sie die Geburt gut überstehen.

Ein Antlaßei und ein Antlaßreis bringen dem Menschen ein glückliches Leben, wenn er sie unter einem Kirschbaume vergräbt und nie einem Menschen etwas davon sagt, erzählen die Bauern von Jochberg.

Ein Jochberger Bauer hatte dies einmal getan und hatte wirklich Glück im Leben. Kein Unternehmen schlug ihm fehl, alles gelang ihm. Doch eines Tages erzählte er seiner Frau von seinem vergrabenen Talisman, und jäh wandte sich das Glück zu seinem Unglücke. Beim Vieh hatte er kein Glück mehr, in der Familie kehrte Krankheit und Not ein. Da riet ihm ein Nachbar, dem er dann auch noch davon erzählte, er solle alles ausgraben und verbrennen. Er tat es und es kehrte wieder ein normales Leben in die Familie des Bauern.

Ohne Antlaßei kein Haus, ohne Antlaßreis kein Feld, sagen die Bauern des Windautales.

Der Maibaum

Das Aufstellen von Maibäumen ist ein alter, gerne geübter Brauch. Der Maibaum ist das Symbol des siegreichen Frühlings. Der ganze Brauch um den Maibaum ist heidnischen Ursprungs und hängt in keiner Weise mit der christlichen Religion zusammen. Die alten Germanen waren Heiden mit Verehrung vieler Gottheiten. Die Elemente der Natur sowie der Himmelserscheinungen machten auf unsere Vorfahren ungeheuren Eindruck. Darum weihte man der Natur besondere Feste, z. B. der Sonne: Sommersonnenwende, Julfeier (Wintersonnenwende). Und auch dem Frühling feierte man ein Fest. Man war immer wieder froh, daß der kalte Winter vom Frühling besiegt wurde. Man stellte einen Fichtenbaum, der glatt abgeschält war, auf. Wer hinaufzuklettern vermochte, war – bildlich dargestellt – der Besieger des Winters.

Die Aufstellung des Maibaumes erfolgt am 1. Mai. Viele fleißige Hände müssen helfen zur Aufstellung eines Maibaumes. Hat man einen Fichtenbaum glatt abgeschält, so wird der Wipfel zum Anschiften an den Baum zurechtgehackt. Wenn der Wipfel angeschifft ist, wird er mit bunten Papierbändern geschmückt. Eine Flasche gefüllt mit Schnaps wird noch daran gebunden. Vom Wipfel weg wird der Maibaum ein Stück herab mit einem Schneck verziert. Der Schneck ist ein langes Tannenreisiggewinde, welches mit Blumen durchwirkt ist. Statt dem Schneck wird oft ein Kranz, manchmal auch mehrere, an den Maibaum gehängt. Dies sieht sehr eindrucksvoll aus. Ist der Maibaum schön aufgeputzt und das Loch, wo der Stamm hineinkommt, gegraben, so wird der Stamm aufgestellt.

Kräftige Arme müssen hierzu helfen. Ja, man nimmt sogar oft einen Kran. Zum Schluß wird der Maibaum sorgsam und fest im Grunde verankert.

Ein Böller ertönt! Das Zeichen, daß nun der Maibaum fertig ist und daß mit dem Emporklettern begonnen werden kann.

Um den Maibaum herum stellen sich die „Maibaumhüter". Ihre Aufgabe besteht darin, daß niemand zu nahe an den Maibaum herankommt, um diesen zu stehlen. Es finden sich oft Burschen von anderen Orten ein. Diese versuchen dem Maibaum einen Schaden zuzufügen, damit er nicht mehr beklettert werden kann. Ist dem Maibaum ein größerer Schaden zugefügt worden, so heißt es: „Der Maibaum is g'stohlen worn." Dabei kommt es aber oft zu Raufereien.

Viele werden ihr Glück versuchen, wenigen wird es gelingen. Es ist nicht gar so leicht, auf einen 50 bis 80 Meter hohen Maibaum zu klettern. Und in schwindelnder Höhe die Schnapsflasche hinabzuwerfen. Ein großes Wagnis!

Der Sieger wird von den Veranstaltern – meistens ist ein Wirt an der Spitze – in ein Wirtshaus geladen und dort wird der noch übrige Tag verbracht. Voller Lust wird getanzt und mancher bringt ein Räuscherl nach Hause.

Brauchtum der Brixentaler am Medarditag

Medard (8. Juni) ist Bauernlostag, denn, wie das Wetter an diesem Tage, so wird die Ernte sein. – Schon in aller Frühe knallt die Peitsche. Wenn frühmorgens der Knecht auf das Feld geht, muß er eine Peitsche mitnehmen und dabei laut und heftig knallen.

> Laß' d' Goaßl knall'n z' Medard
> laß d' Sunna schein',
> 's bringt an guat'n Wein
> und a süaßes Almheu.

Kommt der Knecht vom Peitschenknallen zurück, reicht ihm die Bäuerin ein Gläschen Schnaps.

> Trink' z' Medardi,
> 's Wetter is hell,
> es geratet Heu und Traid.
> Sei ein froher G'sell
> und denk an dein Weib.
> Trink' z' Medardi!

Der Knecht trinkt schnell den dargereichten Schnaps und bringt die Peitsche an ihren Platz. Derweil fallen schon die ersten Sonnenstrahlen auf das Tal.

> D' Sunn steigt übern Berg,
> guat wird's, Medardi.
> In Feld und Garten all's gedeiht;
> der Sommer wird a guate Zeit.

Beim Morgenkoch (Milchmus) muß die Butter daumendick darüberhin fließen. Das ist ein richtiges Medardikoch. Der Bauknecht muß den ersten Bissen tun. Kein bißchen Koch darf übrig bleiben. Nach dem Essen spült die Bäuerin die Pfanne beim Brunnen sauber aus und schüttet eine Pfanne voll Wasser in den Garten, damit alles gut gedeihe, was im Garten gepflanzt ist.

> Medardisunn bringt Fruchtbarkeit
> für die ganze Sommerzeit.
> Auf dem Acker der Traid
> und auf dem Feld das Heu gedeiht.
> Medardi auch den Garten nicht vergißt
> und er all's, was drein ist, g'segnet.
> Schick' koan Reg'n,
> denn der frißt den ganz'n Seg'n!

Nimmt der Mond zu Medardi ab, so soll der Hausvater am Medarditag „deck'n" (die schadhaften Schindeln auf den Dächern austauschen), da Medardi eine gute Ernte verheißt, falls das Wetter schön ist, und da soll auch das Dach an diesem Tage ausgebessert werden. Nach diesem Tage soll man am Dach nichts mehr rühren; wer nach Medardi am Dach ausbessert, leitet das Regenwasser in die Städel. – Die Bäuerin richtet am Medarditag den Garten auf das beste her; sauber wird alles „Jät" (Unkraut) entfernt, denn wie am Medardustag es mit dem Garten bestellt ist, so findet man ihn den ganzen Sommer. Um das Haus muß ebenfalls sauber zusammengeräumt werden. Wird um ein Bauernhaus in der Zeit von Medardi bis St. Veit (15. Juni) nicht zusammengeräumt, fließt der Segen aus dem Haus.

> Medardi bringt Arbeit und Plag,
> bringt auch Fruchtbarkeit und Seg'n.
> Schenkt uns viele harte Sommerstag
> und zur rechten Zeit einen Reg'n.

Ein weiterer Bauernreim von der Arbeit des Medarditages sagt:

> Schindeln legt Medardi schön,
> denn Medardusseg'n kann nicht vergeh'n.
> Er will auch den Garten gepflegt seh'n
> und das Haus muß von unnütz Ding befreit sein.

Abends gibt es zum üblichen Abendessen statt des Brotes einen „Ofenschlögl" (feineres Brot). Auch darf abends vom Essen nichts übrig bleiben, denn so viel übrig bleibt, mit so viel Arbeit bleibt man im Sommer im Rückstand.

Regnet es am Medardustag, bleibt das Wetter vierzig Tage unbeständig. Auch für den Feldanbau ist ein regnerischer Medardustag nicht von Vorteil.

> Vergeht Medard mit Abendrot,
> wiegen sich die Traidfelder wie Gold,
> hat die Schnitterin einen guten Schnitt
> und die reiche Ernte geht mit,
> denn es heißt: Medardiabendrot
> bringt uns das täglich' Brot.

Der Veitstag

In die Mitte des Mittsommermonats fällt der Veitstag (15. Juni), der Tag der Kupferschmiedgesellen. St. Veit ist einer von den großen vierzehn Nothelfern und hilft besonders dann, wenn die Handwerker in Not sind. Mütter rufen ihn als Patron und Helfer gegen die Fraisen (epileptische Anfälle) an.

Im Bergbauerntum gilt der Veitstag als ein Vorfest zum Sonnwendtag. Veitsfeuer und Veitstanz ist uraltes Brauchtum unseres Volkes. Die Sage gab den wilden Veitstanz dazu, der von den wilden „Freil" getanzt wird und während dieses Tanzes spinnen die Göttinnen des Menschenschicksals jenes Menschen Glück und Unglück, der von der Wiege herausgehoben wird und dem Veitsfeuer mit offenen Augen zublicken kann. Sieht das Kind das Feuer, so wird Glück gesponnen, sieht es das Feuer nicht, verknotet sich der Schicksalsfaden und Unglück steht diesem Kinde zu.

Es ist daher in allen Berggemeinden üblich, daß am Veitstag ein „besseres" Amt gehalten wird in der Kirche. Auch die Wettersegen müssen an diesem Tage gelesen werden.

Zu Mittag gibt es Veitskrapfen. Jeder Dienstbote muß drei Krapfen zum „Aufg'hoit'n" bekommen, von denen der erste in der Abenddämmerung, der zweite vor dem Schlafengehen und der dritte morgens, derweil man noch im Bett liegt, gegessen werden soll.

Wenn die Dämmerung über das Land hereingebrochen ist, dann flammen die Veitsfeuer gen Himmel. Leider ist in der Nachkriegszeit die Übung des Abbrennens von Veitsfeuern fast ganz vernachlässigt worden. Das Feuer des Veitsabends soll drei Stunden brennen. – „Veit zünd' und segne Feld und Frucht, damit koa Hagl schlagt und koa Trükn schadt", lautet das Sprüchl, mit dem das Feuer angezündet wird. Brennt es eine Weile und ist es windstill, so darf man mit dem Tanz beginnen. – „Fröhlich und lustig g'hört zu der Arbeit dazua." Mit diesem Sprüchl beginnt der Tanz. Ist es nicht windstill, dann darf man mit dem Tanz nicht beginnen, denn man täte nur die Kraft des Feuers aus der Kreuztracht (Gemeinde) jagen.

Hat das Feuer seine drei Stunden gebrannt, dann ziehen alle weg. Bevor man zum Haus geht, beten alle miteinander das nachstehende Gebet:

> Heiliger Veit, segne unsern Acker, unser Feld
> und unser Geld,
> unser Leb'n, unsre Arbeit,
> während der ganzen Lebenszeit.
> Schütz uns Hof und Stall
> und unser Ganzes all.
> Seg'ne den Wald und d'Alm,
> segne die Kuah und d'Kalm,
> damits alls wachst und g'sund bleibt
> und Gott auch den Leut'n an G'sund geit,
> um das bitten wir, heiliger Veit.

Nach dem Sprechen dieses Gebetes gehen die Feuerabbrenner nach Hause. Sie dürfen nicht umschauen; erst wenn sie mit der rechten Hand eine Türe fassen können, ist es ihnen erlaubt, nach dem Feuer zu schauen. Schaut einer in seinem Fürwitz früher zurück, erblickt er ein schönes Feuer, doch während des Umschauens spinnen die Nornen Unglück in sein Leben. Ein baldiges, jedoch nicht immer schweres Unglück trifft einen solchen.

Ist das Veitsfeuer von den Menschen verlassen, dann eilen die holden Gestalten der wilden „Freil" von den Bergen und sie tanzen um das Feuer. Wunderlich schön und reizvoll ist der Reigen dieser Frauen um das Veitsfeuer.

Im Tanze um das Feuer singen die wilden „Freil" das nachstehende Lied, welches wie ein Windesrauschen von der Ferne gehört wird. Das Lied lautet:

> Feuer brenn, Feuer bring Glück,
> Feuer brenn, bring ein Lebensstück.
> Feuer brenn, Feuer bring Kraft,
> Feuer brenn, bring Lebenssaft.
> Feuer bleib da, schenk allen ihr Glück,

> Feuer bleib da, spinne ein Schicksalsstück.
> Feuer bleib da, schenk allen die Kraft,
> Feuer bleib da, spinne zufriedene Macht.

Lang bis nach Mitternacht dauert der wilde Veitstanz. Wer wilde „Freil" beim Veitstanz sieht, der nehme drei Palmzweige, grabe vor einer Haselnußstaude ein Loch, lege die Zweige hinein, tue Hasenußlaub darauf und mache das Loch zu. Dies ist ein Mittel gegen die bösen Geister.

Am Veitstag lassen die Bayern die Bremsen (Oestrus ovis) in das Land Tirol. Von diesem Tage an gibt es in Tirol diese lästigen Fliegen. Den ganzen Sommer hindurch gibt es Arbeit mit den Bremsen; den Pferden müssen sie „ogwehrt" werden, die Kühe leiden darunter und auch die Leute werden von diesen Plagegeistern nicht verschont.

Altgermanische Anschauungsweise, christliche Art und sinniger berglerischer „Aberglaube" ist im Brauchtum dieses Tages vermengt. Gerade vor der Heumahd trifft der Veitstag ein. Ein Brauch des Vorsommers mag er genannt werden.

Almleben und Almbrauchtum im Brixental*

An einem Sonntag Ende April oder im Mai wird für jede größere Alpe ein Alpamt abgehalten. Für kleinere Almen wird an einem Werktag ein Alpamt abgehalten. Beim Alpamt einer Interessenschaftsalpe war früher auch ein Opfergang üblich. Der Almmeister, auch Zuseher genannt, ging voraus; ihm folgten die Bauern, dann der Send (Senner), d' Hiata (Hüter), der Goaßa (Geißbub) und der Putza (Pflanzer). Nach dem Gottesdienst war früher bei einem Wirt ein gemeinsames Mittagessen, das Alpmahl[1]. Es wurden folgende Speisen aufgetragen: Brot und Käse, Würstel mit Suppe, Schweins- und Kalbsbraten, Küchel in Weinsoß, Kaffee und Tuschtn (Torte). Auch ein guter Tropfen fehlte nicht.

Den Abschluß dieses Mahles bildete der „Hans'nbrauch". Die Kellnerin mußte jeden, der das erstemal bei diesem Mahl war, mit einem Handtuch am Hals anhängen und ihn solange hängen lassen, bis er versprach, Wein zu zahlen. Die Bauern mußten zwei, die Älpler einen Liter zahlen.

Was man nicht mehr essen und trinken konnte, packte man in ein Tüchl. Das „Bschoadess'n" nannte man es und wurde an arme Leute verschenkt, damit sie um Glück und Segen für die Alm beteten.

Schon Wochen vor der Almfahrt beginnt man sich darauf zu rüsten. Die Kopfkraxe[2] wird vom Dachboden geholt, um sie zu prüfen, ob alles in Ordnung ist. Die Krax' ist eines der wichtigsten Dinge des Älplers. Auf der Alm ist sehr viel zu tragen; selbst das Brennholz muß auf den Hochlegern stundenweit getragen werden. Die Kopfkraxe ist so gemacht, daß man die Hälfte der Last auf dem Kopf und die andere Hälfte auf den Schultern tragen kann. Ein starker Mann kann mit einer solchen Kraxe hundert Kilogramm und mehr tragen. Meistens ist auch eine Kraxe das erste Eigentum eines Älplers. Zur Kraxe gehört auch ein starker, selbstgewachsener Stecken mit Handgriff. Die Länge des Steckens muß genau stimmen, denn man muß die Kraxe aufsetzen können, um rasten zu können. Der Melkstuhl – oft besteht er aus Zirmholz und ist mit allerhand Schnitzereien versehen – kommt als nächstes vom Dachboden. Sind diese Sachen in Ordnung, so kommt das Melchertrücherl dran. Es ist eine kleine, buntbemalte Truhe mit einem Geheimfach. In dieses Trücherl kommen: Schnitzholz, Tabakpfeife, Rauchtabak[3], Zündhölzer, Hammer, Zange, Ahle, Schuhnägel, Schuhriemen, Schusterdraht, Nadeln, Zwirn und Knöpfe.

Der Älpler muß sich die Schuhe selber herrichten und das Gewand flicken. Die Sennerin, die im Liede so besungen wird, ist auf den Brixentaler Almen nicht zu finden.

Neben dem Genannten kommt noch in das Melchertrücherl: ein Hausmeßbuch, Rosenkranz, geweihte Kerzen, geweihte Palmkätzchen und ein Flascherl Weihwasser.

In das Geheimfach kommen die Geldtasche mit etwas Geld für unvorhergesehene Fälle (sonst braucht der Älpler im Sommer kein Geld), Liebesbriefe und ähnliches.

Die Kleider werden in einen Sack gestopft und auf die Krax' gebunden oder in ein separates Trücherl gelegt.

Der Send muß sich auch das Ölwerktrücherl einrichten. Das enthält alle möglichen Eingüß und Schmirb'n. Auf der Alm muß der Send auch die Stelle eines Nottierarztes vertreten. Schon als Goaßa muß ein Älpler unter der Anleitung des Senners die kranken Ziegen behandeln. Dadurch erwirbt sich jeder viele praktische Kenntnisse.

Am Vortage der Alpfahrt wird das Vieh auf einen freien Platz getrieben zum Stechen. Da werden die Kräfte gemessen. Die stärkste Kuh, die Hagmoarin, ist meistens im Sommer auf der Alm die Leitkuh.

Um 2 Uhr früh wird es am Alpfahrtstag im Bauernhaus lebendig. Die Fütterer müssen beim Schein der Laternen melken. Die Bäuerin kocht wegen der Wichtigkeit des Tages ein Rahmmus. Der Bauer muß verschiedene Kleinigkeiten bereitstellen. Knechte und Dirnen (oft auch der Bauer selber) müssen das Almwagerl aufpacken.

Um 3 Uhr wird gegessen. Nach dem Essen werden den Kühen die Glocken umg'hängt.[4] Sodann erhalten sie geweihtes Salz und geweihte Kräuter, werden mit Weihwasser besprengt und der Bauer gibt den Almsegen. Nun wird das Vieh aus dem Stall getrieben. Langsam – zuerst auch in Unordnung – kommt die Alpfahrt in Bewegung; voraus der Goaßa mit den Ziegen, dann der Senner mit der Kopfkrax', anschließend die Hagmoarin und die übrigen Kühe. Nach den Kühen kommt das Jungvieh. Nachtreiber ist der Bauer mit seinem Hofhund oder die Hiata. Als letztes folgt das Almwagerl mit den Schweinen und den verschiedensten Geräten und Trücherln.

Die Bäuerin und die Dienstboten begleiten den Zug ein kleines Stück. Mit einem Glückwunsch nehmen sie von den Älplern Abschied. Nach dem Abschied knien Bäuerin und Dienstboten nieder und beten dem Vieh einige Vaterunser nach. Sind die Kühe aus ihrer Sehweite entschwunden, so macht die Bäuerin drei große Kreuze. (Dieser Brauch wird heutzutage wohl kaum mehr geachtet.)

Die Alpfahrt dauert stundenlang. Beim Almgattern wird eine längere Rast gehalten. Die Älpler und der Bauer knien sich auf einen Stein und beten als Dank für die glückliche Alpfahrt ein andächtiges Vaterunser. Das letzte Stück Weg ist bald überwältigt und man ist froh, wenn man bei der Almhütte ist.

Kommt man zur Almhütte, so ladet der Senner die Kopfkraxe sofort ab. Den Kühen werden die Glocken und die „Goita" abgenommen. Der Senner sucht im Melchertrücherl die Palmkätzchen und das Weihwasser. Die Palmkätzchen werden in den Winkeln der Ställe aufgesteckt; mit dem Weihwasser sprengt der Bauer die Ställe aus, um die bösen Geister, die im Winter hier gewohnt haben, zu verbannen. Nun werden die Kühe in die Ställe getrieben. Die älteren Kühe, die schon früher auf der Alm waren, wissen ihren Platz ganz genau. Die anderen erhalten einen neuen, ihnen fremden Platz.

Hernach muß der Senner eine große Pfanne voll „Muas" kochen, denn die Nachtreiber haben einen großen Hunger. Nach dem Essen nehmen die Hoaminger[5] von den Älplern mit einem Glück- und Segenswunsch Abschied.

Nun kommt für die Älpler das tägliche Einerlei und doch so abwechselnde Leben. Auf der Alm ist es Brauch, um drei Uhr früh aufzustehen. Wenn der Wecker des Senners abgeht, so springt er aus dem Bett, welches als Unterlage Heu hat und ein grobes Bauernleintuch, ein Hanpfleintuch[6], dient als Überdecke; der Polster ist ein rupfana[7] Sack, mit Almkräutern gefüllt. Nun werden die übrigen mit dem Spruch geweckt: „Buam, auf in Gottsnam'!" Alles kommt in Bewegung; ein jeder will der Erste sein beim Heruntersteigen über die Leiter von der Schlen – so wird die Älplerkammer genannt. Will einer nicht aus dem Bett, so erhält er einen kalten Dusch. Die Wirkung bleibt nie aus! In der Hütte wird sofort der Melkstuhl umgeschnallt, der Melchhuat aufg'setzt und der Melchrock, aus grobem Bauernleintuch verfertigt, angezogen. Sodann nimmt ein jeder sein Melchgeschirr, den Sechter, und geht in den Haag (Stall) zu seinem Vieh. Während des Melkens verrichtet jeder seine Morgenandacht, bestehend aus ein paar Vaterunser. Das Melken dauert meistens zweieinhalb Stunden. Ist die Milch in den Kess'l g'schütt', so wird beim Trog (Brunnen) der Melchsechter gewaschen. Bürste darf man keine nehmen; jeder hat seinen Wollappen, Sechterhose genannt, und mit diesem muß er – natürlich verwendet er auch Sand – das Melkgeschirr in- und auswendig abreiben. Jeder hat einen Stolz, wenn er den schönsten Sechter hat. Der, welcher als Letzter vom Melken fertig wird, muß die Milchseiche waschen. Das ist die niedrigste Beschäftigung in den Augen der Älpler, so, wie die Hühnerdirn daheim. Als Milchseiche dient ein Holzrohr, oben weit, nach unten wird es enger. Geflochtene Schwanzhaare der Kühe dienen als Seich' (Seihe), der Seichenrill genannt. Beim Waschen wird er auf einem Sechter ausg'schlag'n, und zwar so laut, daß man das Seich'nrilltusch'n auf der anderen Talseite hört. Nach dem Sechterwaschen ist's zum Frühstücken. „A huizana (hölzerner) Empa voi hoaßi Goaßmüch und an tüchtigen Keil Schmoizbrot" (Butterbrot) ist das Frühstück. Mit Brot muß man sparen, dafür streicht man zwei bis drei Zentimeter dick Butter auf. Brot müssen die Bauern bringen, Butter aber erzeugt man selbst.

Nach dem Frühstück sagt der Senner: Laß (lassen) ma (wir) aus in Gott'snam." Dabei gibt er auch an, auf welche Weide die Kühe getrieben werden müssen. Auf der Alm hat man für jeden größeren Grasfleck einen Namen[8], z. B. Achen, Grub, Rauchschlag, Hul, Achfeld, Tanzboden, Bachgrub, Tisch, Zopfhaag, Stallerin, Doama, Bräu, Bauschaba, Inswoad, Abendwoadrinna und Samstaga. Zwei Hiata müssen mit dem Vieh fahren und einer und der Goaßa haben Hitt'ntag. Diese müssen die Ställe reinigen und dem Schweizer Käsegeschirr waschen helfen. – Der Schweizer ist eine Person für sich. Die Milch wird an den Milchkäufer verkauft und dieser muß den Schweizer bestellen. Er muß die Milch messen und den Käse bereiten. Der Schweizer muß dann, wenn man mit dem Vieh auf dem Hochleger ist, jeden zweiten Tag zur Niederalpe gehen, den Käsen nachschauen und dieselben salzen. Auf diesem Weg hat er oft ein Gewicht von 100 kg auf der Kopfkraxe zu tragen. Er erhält dafür auch um zwei Zehner mehr Lohn und bessere Kost. Selchfleisch, Weinbeeren, weißes Brot, Teezeug hat er zur Verfügung.

Er kann sich selber kochen was er sich wünscht. Ist der Schweizer nicht tüchtig, so macht der Schaden des Milchkäufers hunderte von Schillingen aus. – Sobald der Schweizer den Käs und den Fettstoff, Reatzl genannt, aus dem Kessel geschöpft hat, beginnt die Arbeit des Senners. Die Molke (Käsewasser) gehört dem Bauern. Der Senner macht daraus den Schott'n (Topfen); man heißt den Senner daher auch Absieda. Ist der Schott'n abgesotten, so müssen die Hittenga im Juten[9] das Geschirr waschen, in der Hütte aufräumen und einholzen[10]. Die Hiata müssen zwei Tage hüten und einen Tag als Hitt'ntag verwenden. Bei schlechtem Wetter und wenn der Schweizer ein bißchen flink ist, kann eine Ruhepause von einer Stunde herausfallen.

Unterdessen kommen die Kühe von der Weide zurück und müssen in den Stall getrieben werden. Da es schon Mittagszeit ist, kocht der Senner ein Muas mit wenig Mehl, weil die Bauern recht wenig bringen. Dafür verwendet man halt mehr Butter. Es bleibt dann noch eine hübsche Lack (Lache) Butter in der Pfann' und das ist der Mondschein. Kommt von der Nachbaralpe Besuch, so schaut der Besucher zuerst in die Muspfanne, ob ein Mondschein drinnen ist. Wenn nicht, dann werden sie beim Almkirchtag besungen.

Nach dem Mittagessen ist ein bis zwei Stunden keine Arbeit, da geht's dann über die Leiter hinauf zur Schlen, um ein Schläfchen zu machen, den Richtzeitschlaf. Sind Hoaminger da, so hat dies gar nichts zu Sache, entweder kann der Betreffende auch ein Schläfchen machen oder er kann sich die Alm anschauen, denn den Richtzeitschlaf läßt sich der Älpler nicht nehmen. Nur wenn es recht heiß ist und das Ungeziefer einem keine Ruhe läßt, so opfern sie dann und wann den Schlaf. Von mehreren Alpen gehen sie dann auf eine Anhöhe, nehmen die Melchsechter und die eiserne Goaßmilchpfanne, sowie einige Holzscheitel mit und machen einen Höllenlärm. Das Sechtaklock'n ist das. Stundenweit hört man dies. Man sagt, wenn die Älpler Sechtaklock'n, trifft schlechtes Wetter ein.

Um zwei Uhr nachmittags heißt es wieder: „Buam, auf, in Gott'snam!" Die Kühe werden gemolken und ausgetrieben. Arbeit ist die gleiche wie in der Frühe. Nach Richtzeit werden sie nicht mehr auf eine bestimmte Weide getrieben, sondern die Kühe können um das Trett herum weiden und auch auf dem gedüngten Boden, Feuja genannt.

Werden die Kühe ausgetrieben, so kniet jeder Älpler auf den Betstein oder Betrasen, einem dazu bestimmten Stein oder Rasen, und betet ein Vaterunser und macht mit der Hand drei Kreuzzeichen nach der Richtung, in die Kühe ziehen.

Nach den üblichen Arbeiten werden noch verschiedene kleine Pfockarbeiten verrichtet. Sind dieselben geschehen, so beginnt der Senner zu kochen und der älteste Hiata muß den Rosenkranz vorbeten. Auch einige Krax'ntraga[11] fügt man bei.

Das Nachtmahl besteht aus Kasknödel oder Preßknödel, Kasnocken oder Kasnudeln, Goaßmilchnocken oder Türkenkoch. Als Zuspeise steht immer Schottsauf auf dem Tisch. Sie besteht aus gesottener Goaßmilch und frischem Schotten drin.

Wenn es zu dunkeln anfängt, sagt der Senner: „Buam zuatreib'n geahn!" Die Kühe werden zugetrieben und in den Haag geleitet. Dann wird noch geschaut, ob alle an der Kette hängen. Wehe, wenn man eine übersieht! Es würde dann in der Nacht eine Rauferei abgeben.

Ist alles in Ordnung so schleich'n[12] die Älpler wie Gespenster über die Leiter hinauf zu ihrer Schlafstätte. Licht darf man keines verwenden, denn der Älpler müßte sich das Petroleum vom eigenen Gelde kaufen.

Das ist ein Tag im Älplerleben. So wird an Werktagen gearbeitet. An Sonntagen ist es ein bißchen anders. In der Früh, bevor das Vieh ausgetrieben wird, richtet der Senner eine Gatz (Schöpfgerät) voll Wasser her, schüttet ein wenig Weihwasser drein und der Goaßa muß in alle Ställe gehen das Vieh damit besprengen. Vormittag lesen die Hittenga aus einem Hausmeßbuch; mittags wird der Englische Rosenkranz gebetet und abends der gewöhnliche.

Wenn man über das Almleben erzählt, dann darf man auch das Bettlerwesen nicht übersehen. Man sagt, daß die armen Leute Segen auf die Alm bringen. Jeder, der auf eine Alm kommt, erhält ein Butterbrot und eine Schüssel voll Schottsauf.[13] Würde ein Send diese Gabe nicht an die Besucher verabreichen, so gilt er als Geizkragen. Bettler erhalten auf einer Alm oft ein Viertel Kilo Butter und genug zu essen.

Nun einige Bettlertypen[14] aus der Vorkriegszeit:

Der Meßner Lud hieß einer. Er kam in die Almhütte und sagte: „Melcha, gascha[15] bitt'n! An schean Gruaß vom Bauern und du sollst mir recht guat geb'n." Wenn er einen hübschen Keil Butter erhalten hatte, sagte er: „Gelt's Gott tausendmal, i wünsch da (dir) recht viel Glück und Seg'n. Pfiate[16] Gott! Melcha, nach Jakobi kim i schon wieda."

Ein zweiter war der Bartl Toni. Wenn er abends kam, begann er: „Grüaß di Gott, Melcha! Gascha bitt'n tat (tät) i." Er erhielt zuerst einen Butter, für welchen er ordentlich dankte; dann bettelte er nochmals. „Derfat (dürfte) i nit a hiabe[17] Sauf essen", lautete die zweite Bitte. Gerne gab man ihm das Gewünschte, doch gegessen hat er einen Emper voll. Schließlich kam die dritte Bitte. Diese war, ob er nicht übernachten könnte. Gerne erlaubte man es ihm mit der Bedingung, er müsse etwas aus seinen jungen Tagen erzählen. In der Jugend war er ein bekannte Raufer.

Hatte er die Schilderung seiner Jugendzeit beendet, so bettelte er wieder. Diesmal benötigte er eine Pfanne, ein wenig Goaßmilch, Mehl und Butter, damit er sich Goaßmilch-Nocken kochen konnte. Gekocht hat er dann so viel, daß leicht vier Männer genug gehabt hätten; doch er „derpackte" es leicht.

In der Früh stand er beizeiten auf und hatte es eilig.

Ein anderer bekannter Bettler[18] kam aus dem Pinzgau. Er war klein von Gestalt und trug einen langen Stecken bei sich. Dieser hatte es immer eilig. Wenn man ihn kommen sah, begannen die Hiata zu raufen und der Send trieb den Rührküb'l (Butterküb'l) um. Da rief der Bettler den Hirten zu: „Tauscht'n (tauscht ihn) ab, damit er mir geb'n kann, denn i muaß mi schlein (eilen)." – Fragte man ihn, was es neues gibt, so sagte er: „Der Huhn (Hahn) kräht bis Tag weascht und d' Leut' reden bis wahr weascht." – Den langen Stecken brauchte er zum Überspringen der Almbäche.

Während des Sommers kamen natürlich auch andere, diese waren aber nicht besonders auffällig.

Der zweite Mann, der auf der Alm eine Person für sich ist, das ist der Putza. Der Putza muß auf der Alm die Wege, Viehtriebe und die Almbäche instandhalten und die Alm von Sträuchern befreien. Bei schönem Wetter arbeitet er 12 bis 14 Stunden; dafür kann er bei schlechtem Wetter einige Stunden in der Hütte bleiben. „Der Putza- und der Maurerschwitz (Maurerschweiß) ist das kostbarste auf der Welt", so lautet ein Volksspruch. – Der Putza hat Sonntagsruhe und kann daher auch in die Kirche gehen.

Den übrigen Älplern ist es nicht erlaubt, vor Jakobi (25. Juli) zu den Häusern zu gehen und mit den Hoamingern in Verkehr zu treten. Daher der Spruch: „Wer vor Jakobi zu den Häusern geht und nach Jakobi einen P...z tut, ist ein Loderhut (Männerhut) auf der Alm."

Zwischen Jakobi und Lorenzi (10. August) ist man meistens auf der Niederalpe und da kommen auch die meisten Besuche. Bauer und Bäuerin, Verwandte und Bekannte und die Dirndln. Jeder bringt ein Geschenk. Die Bauersleut bringen Kloberbrot, die anderen bringen Lebzelten, Tabak, Schnaps usw.

Auf den Haag[19], in dem die Hagmoarin ist, wird ein Taxboschen (Fichtenbäumchen) aufg'steckt. Der Besitzer der Hagmoarin muß dafür einen Liter Schnaps spendieren Dies wird vor Jakobi dem Putza bekannt gegeben.

Wenn der Bauer den Schnaps auf die Alm geschickt hat, dann geht es abends lustig her. Es wird getanzt und gesungen. Mancher Älpler derwischt zuviel, denn er ist dieses Zeug nicht mehr gewohnt. Von diesem singt man:

> Lustig is g'wes'n an Joggestag z' Alm,
> da is dös kloan Melchal in Rührkübl g'falln.

Ein anderes Liedl heißt:

> Von der Niederalm auf d'Hochalm,
> von der Hochalm auf's Trett,
> wo koan Vog'l mehr singt –
> und koan Taxbam (Fichte) mehr steht.

Um Lorenzi fährt man auf's Trett, auf die höchste Alm. Da ist nur eine steinerne Hütte, um Käse und Butter bereiten zu können. Die Kühe werden über Nacht im Freien gelassen. Auch gemolken wird im Freien. Jeder Melker hat eine Tasche oder eine kleine hölzerne Kiste mit Salz umgehängt, um damit die Kühe zu fangen. Erfahrene Kühe sind schlau und lassen sich drei- bis viermal Salz geben.

Auf dem Trett gibt es auch eine andere Kost. In der Früh Rahmmus, mittags Goaßmilch und Butterbrot und abends Muas.

Die Zeit, die man auf dem Trett verbringen muß, ist die schönste im ganzen Sommer, wenn das Wetter schön ist. Sie dauert drei Wochen.

Nun fährt man zur Mittelalpe und dann zur Niederalpe. Mit dem Sommer geht es abwärts, die Milch wird Tag für Tag weniger und auch die Arbeit.

Kommt Matthäus (21. September), dann hat das Vieh Sehnsucht nach Hause. Von diesem Tage an muß ein Hiata den ganzen Tag beim Almgattern hüten, weil sonst das Vieh davon geht. Diesen Gatternhüter heißt man den Gatternhiata.

Von einem solchen Gatternhiata erzählt man folgendes:

Da war einmal ein Gatternhiata, der die Leber auf der Sonnenseite hatte. Eine Stunde vom Gattern, bei dem er hüten mußte, entfernt war ein Wirtshaus. Der Hiata nahm frühmorgens den Gattern auf den Buckel und trug ihn zu jenem Wirtshaus. Dort stellt er ihn hin und meinte, er könne hier den Gattern genau so gut hüten, wie auf der Alm. Nebenbei trank er einige Glasei Schnaps.

Wie er in bester Laune war, kamen die Kühe dahergetrottet. Die Kühe übersahen den Gattern vor dem Wirtshaus. Die Hoaminger mußten die Kühe, den Almgattern samt den Hiata auf die Alm zurückbringen.

In der letzten Septemberwoche geht es auf der Alm geschäftig her. Für das nächste Jahr muß das Brennholz hergerichtet werden und auch die Wassergräben. Für diese Arbeit erhält jeder Älpler 3 kg Butter. Die Hoaminger müssen Käse, Butter und Ziga[20] wegliefern.

Zwei Tage vor der Abfahrt kommt ein guter Rechner die Almrechnung[21] machen. 50.000 bis 70.00 Liter Milch sind zu verrechnen.

In der letzten Nacht, wenn die Bauern auf der Alm sind, wird die Almrechnung abgeschlossen. Es dauert oft bis Mitternacht. Man heißt diese Nacht auch Grunnacht. Nach Mitternacht bis zum Grauen des Tages wird gesungen und getanzt. Für Schnaps muß der Alpmeister sorgen. Der Schnaps wird dann verrechnet. Auch Dirndln sind bei dieser Grunnacht anwesend. Gegen Morgen wird zwischen den Älplern und den Hoamingern Kraft gemessen.

Auch den Lohn erhalten die Älpler in dieser Nacht. Vom Milchkäufer erhält der Bauer einen kleinen Vorschuß.[22] Den übrigen Teil erhält er am Stefanitag.

Nachstehend bringe ich den Lohn, wie er vor dem Weltkrieg war: Ein Senner hatte für je eine Kuh 50 Kronen Melkgeld; 50 Pfund Käse und 40 Pfund Butter erhielt er für die Medikamente, die er während des Sommers brauchte. Auch durfte er zwei Kühe und vier Ziegen auf die Alm treiben.

Der Melcher[23] erhielt 50 Kronen Melkgeld. Der Lohn mußte zuerst vereinbart werden und war verschieden. Die Hälfte des Lohnes galt für die Schoaroas, für die Stallreinigung. Eine Kuh und zwei Ziegen durfte ein Melcher auf der Alm haben. Wenn einer Glück mit dem Vieh hatte, kam er durch den Erlös der Milch von der Kuh und den beiden Ziegen auf einen Lohn von 300 bis 400 Kronen.

Der Goaßa durfte zwei Ziegen halten. An Geld erhielt er 40 Kronen.

Ein Putza hatte 120 bis 200 Kronen Lohn. Als Trinkgeld erhielten die Älpler von den Bauern einige Sechsal (10 Kreuzer).

Sang- und klanglos fährt man vormittags zur Ast' (Almwiese). Dort bleibt man einige Wochen. Die Älpler müssen die Häg' reinigen, die Hütte spreizen, damit im Winter der Schnee keinen Schaden anrichten kann, und in der Hütte aufräumen. Hat der Bauer keine Ast', so ist er gezwungen, von der Alm weg heimzufahren.

In der Ast'zeit fällt auch der Almkirchtag. Am Matthoistag (21. September) oder Michaelssonntag wird bei einem Almwirtshaus Kirchtag g'halten. Nachmittags wird begonnen. Kuhstechen, Sackrennen und Ranggeln ist das Programm des Nachmittags. Abends wird dann getanzt, gesungen und manchmal auch gerauft. Die Ursachen der Raufereien sind meistens die Foppereien[24] der Älpler über ihre Leistungen.

Kommt der Tag, an dem heimg'fahrn wird, dann werden die Glocken zu dem Wirtshaus[25] geführt, wo man die Kühe aufbischt, zum Beispiel für die Windauer Almen in das Jägerhäusl. Auch auf der Ast' wird es munter; Bosch'n[26] werden gesucht, die Sautreiberinnen kommen. Man rüstet sich zum Hoamfahr'n.

Jeder, der bei der Hoamfahrt ist, muß auch einen Schnaps haben, um den Leuten, welche am Wege stehen, trink'n z'geb'n zu können.

Ist während des Sommers der Bauer oder die Bäuerin gestorben, so hat bei der Hoamfahrt die Leitkuh einen schwarzen Flor über den Kopf. Auch das Geläut wird den Kühen nicht umgehängt.

Am Wege stehen die Leute und beurteilen, ob das Vieh schön oder hager ist, wer das schönste G'läut hat – dies haben die „Auslända"[27] und noch vieles anderes. Den Hoamfahrtsabend verbringen die Älpler in einem Wirtshaus. Wehe dem Älpler, der keinen Bart hat –, dieser wird „aussigeigt".

Im Winter gibt es noch einen schönen Tag für die Älpler. Am Stefans- oder Johannistag wird die Milch bezahlt. Da ist der Milchherr verpflichtet, jedem etwas zum Essen und Trinken zu zahlen.

* Diese Schilderung wurde nach einer Aufzeichnung von Josef Laiminger, vulgo Miadegg Seppei, Westendorf, verfaßt.

[1] Heute wird selten noch ein Alpmahl gehalten, denn es käme zu teuer.– [2] Eine Kopfkraxe kostete vor dem Weltkrieg 6 Gulden. – [3] Zum Tabak tut man auf der Alm noch wohlriechende Speikblumen dazu. „A so a Pfeifl voll is für'n Älpler in der frei'n Zeit ein Hochgenuß, denn da Kaisa in Wean kann a nix bessas (besseres) rach'n", sagten die alten Älpler. – [4] Den Kühen werden auch die „Goita" (Bettdecken) um den Hals gehängt, damit man auf dem Almwagerl geringer hat. – [5] „Hoaminger" werden diejenigen geheißen, die im Sommer daheim sind. – [6] Hanfleintuch. – [7] Ein „rupfana" Sack ist ein Mehlsack. – [8] Es sind dies die Namen für die „Tagweisen". Jeden Tag erhalten die Kühe eine neue Weide. – [9] Juten ist das Wasser, welches beim Bereiten des Schottens übrig bleibt. – [10] Holz herrichten für den nächsten Tag. – [11] Ein Vaterunser mit der Bitte zu einem Heiligen, z. B. Hl. Leonhard, Florian, Schutzengel usw. ist ein Kraxentraga. – [12] Schleich'n = stad (ruhig) gehen. – [13] Während des Weltkrieges wurde dieser Brauch durch einen Erlaß der Bezirkshauptmannschaft Kitzbühel aufgehoben. Nach dem Kriege führte er sich selbständig wieder ein. – [14] Dies sind solche, von denen das „Sagen" war. – [15] Gascha = gar schön. – [16] Behüt dich. – [17] „Hiabe" = ein Löffel voll. – [18] Der Name von diesem Bettler ist mir nicht bekannt. – [19] Auf einer Alm gibt es mehrere Häge. Die ganzen Gebäulichkeiten, also Ställe und Hütte, heißt man auch Trett. – [20] Der Ziga wird vom Schotten gemacht. Man verwendet ihn beim Kochen von Krapfen, Brenn- und Wassersuppe u. ä. – [21] Vor dem Weltkriege erhielt einer für's Almrechnung machen 5 fl. – [22] Der Vorschuß betrug vom alten Gelde 3 fl. – [23] Um Irrtümern vorzubeugen sei hier gesagt, daß ein Melcher (Melker) oder ein Hiata das gleiche ist. – [24] Aufschneiderei. – [25] Die Kühe werden nicht schon auf der Alm geschmückt, sondern bei einem Wirtshaus. – [26] Kleines Bäumchen. Dasselbe wird mit Bändern geschmückt. – [27] Ausländer. Gemeint sind die Wörgler und Kirchbichler Bauern. (Anton Schipflinger)

Bergfeuer

Viel halten die Bergbauern auf die einzelnen Bergfeuer. Es gehört zu altem Brauchtum und sie sind mit viel Volksglauben behaftet. Wer einmal Gelegenheit hatte, solche Bergfeuer – wenn sie an den richtigen Orten abgebrannt wurden – zu sehen, der wird dann auch den Volksglauben besser verstehen und deuten können. In Tirol werden an drei Tagen Bergfeuer abgebrannt, und zwar am Vorabend des Herz-Jesu-Sonntages, am Sonnwendtag und am Peter und Paulstag.

Wunderbar wirken solche Bergfeuer auf dem Kaisergebirge. Es ist eine wahre Pracht, wenn an allen Ecken und Enden des Wilden Kaisers Feuer brennen. Selbst die Geister, die im Innern dieses Berges wohnen, können an solchen Tagen nicht ruhen, sie kommen heraus und wenn die Feuerabbrenner wieder zu Tal ziehen, tanzen sie um das Feuer, bis es erlischt. Wie von einem bösen Menschen verfolgt, fliehen sie dann in das Innere.

Das Herz-Jesu-Feuer hat in Tirol einen tiefen Sinn. Da Tirol an das heiligste Herz Jesu seit altersher ein Gelöbnis hat, so ist der Herz-Jesu-Sonntag das Landes-Hauptfest.

In den kleinen Berggemeinden wird dieser Tag oft feierlicher gehalten als der Fronleichnamstag, der wohl einer der schönsten und feierlichsten Festtage ist.

Am Vorabend des Herz-Jesu-Sonntages werden überall, wo es Gelegenheit gibt und es passend ist, Herz-Jesu-Feuer abgebrannt. Von diesem Feuer hat man keinen Volksglauben, da es ja mehr ein Festtagsfeuer ist. Nur sagt man, es sollen viele brennen, dann brennt die Tiroler Liab'.

Der Vorabend des Sonnwendtags (24. Juni) bringt uns das zweite Bergfeuer. Am Sonnwendtag gilt der Rauch mehr und man wird an diesem Tage weniger Feuer sehen. Auf das Feuer wirft man Tax'n, damit es nur raucht. Reich ist dieser Tag an altem Volksglauben.

Zu Mittag müssen neunerlei Kiachl auf den Tisch kommen, und zwar: Germ-, Holler-, Brennessel-, Brot-, Proves'n-, Kas-, Foiss'n-, Äpfl- und Eibischkiachl.

Wenn es dann anfängt zu dämmern, geht der Bauer um sein Feld und schaut nach „Sunnwendrach". Am Rauch mißt er sein Glück. Der Rauch muß, wenn er Glück bringen soll, recht „dick", d. h. wolkenweise aufsteigen.

Steckt man sich am Sonnwendtag Farnblüten in alle Taschen, dann findet man viel Geld oder einen Goldklumpen. Manche sollen schon einen solchen Goldklumpen gefunden haben, erzählt man oft.

Am Ort, wo das Sonnwendfeuer abgebrannt wird, geht es lustig her. Die „Buam" springen darüber. Dies ist gut und verleiht einem jeden besondere Kraft. Und gar, wer dreimal über den Haufen springt: Dieser hat auch viel Glück im kommenden Sommer und Winter.

Holt man sich Feuer vom Sonnwendfeuer und legt es in den Herd, so kann man viel Geheimnisvolles sehen, wenn man, während das Feuer brennt, in den Herd schaut.

Das nächste Bergfeuer wird am Vorabend des 29. Juni, des „Petaschttags", abgebrannt. Das „Petaschtfeuer" entspricht dem Johannisfeuer, d. h. es wird nach kirchlicher Auslegung dem hl. Apostel Petrus zu Ehren abgebrannt. Gehört doch dieser Himmelsfürst zu den populärsten Heiligen; viele Geschichtlein weiß das Volk über ihn, denn er wanderte gar oft auf dieser Welt und da hat sich manches Lustiges zugetragen. Auch gehören St. Peter und Paul zu den häufigsten Kirchenpatrozinien, woraus zu schließen ist, daß auch deshalb viele Feuer abgebrannt werden. Aber noch ein anderer Grund ist da, Petrus ist auch Himmelspförtner und Wettermacher.

Vom „Petaschtfeuer" sagt man, daß es besonders hell brenne. Die Asche und die Kohle, welche von den Reisern übrigbleibt, ist für verschiedene Krankheiten gut. Man braucht nur ein wenig Asche oder Kohle unter das Bett des Kranken legen.

Wer über das „Petaschtfeuer" springt, sieht in die Zukunft. Fällt der Springer hinein, so muß er einen Toten tragen.

Um Peter und Paul beginnt auch die Heumahd in den Bergen. Eine harte Zeit beginnt nun für den Bauern, da ist das „Petaschtfeuer" eine richtige Einleitung. „Wie's Feuer zu St. Peter, so 's Heu", sagt ein Bauernsprichwort.

Alle genannten Bergfeuer finden im Juni, im Brachmond statt und sind ursprünglich Sommersonnwendfeuer.

Ein viertes Bergfeuer ist uns in der Sage überliefert; es ist das Wintersonnwend- oder Julfeuer. Es werden um diese Zeit keine Feuer abgebrannt, doch es kann einmal gewesen sein. Die Germanen, die das Julfest oder die Wintersonnenwende festlich feierten, brannten auch an diesem Tage ein Feuer ab und holten sich von diesem Julfeuer das Feuer für ihren Herd für das kommende Jahr.

Alle Sagen, die mit dem Rauhnachtfeuer und dergleichen im Zusammenhang stehen, stammen aus dieser Zeit. Aus dem Brandenbergtal ist mir die Sage von der Draputz bekannt. Diese ritt am hl. Abend mit einem weißen Pferd über ein Feuer.

Dieses Feuer wird, da es in die Zeit der Rauchnächte fällt, in der es nicht geheuer hergeht, in der Sage mit dieser Zeit stark verwoben. Es kann dieses Feuer auch der Anfang dieser geheimnisvollen Zeit gewesen sein.

Der Weihbusch'n

Am Tage Mariä-Geburt oder am Maria-Namen-Sonntag findet in Tirol die Weihbusch'n-Weih' statt. Es ist ein sehr würdiger Brauch. Der Weihbusch'n wird aus den verschiedensten Kräutern und Blumen hergestellt.

Den größten Teil bildet der gutriechende „Woimat" (Wohlgemut). Dieser wird eine Woche vor der Weihe von den steinigen, sonnigen Plätzen geholt. Der Wohlmut muß gerade wegen seiner Blütezeit – welche er anfangs September hat – früher, als man ihn benötigt, gepflückt werden. Er wird natürlich eingewässert und bleibt so frisch erhalten. Die nächsten Kräuter, „Weamat" (Wermut), Frauhaar, Eichenlaub, Brennesseln und Haselnußlaub, werden in geringeren Mengen dazugefügt. Natürlich werden noch viele andere Kräuter, wie Arnika usf. beigemengt. Da aber diese Kräuter im Herbst weniger leicht zu bekommen sind, sieht man sehr selten solche Kräuter im Weihbuschen.

Den Hauptteil bilden „Die Bisch" (Blumen). Georginen (Dahlien), Fraustern, Astern, Aschnkraut und viele andere Gartenblumen werden für den Weihbuschen aus dem Garten geholt.

Ist alles beisammen, so sieht der Weihbusch'n einem herrlichen Kräuter-Blumenstrauß gleich. Und er ist auch etwas Schönes – einfach, aber heimatlich. Wenn der Busch'n g'weiht ist, so wird er aufbewahrt bis zum hl. Abend.

Am hl. Abend holt die Bäuerin den Weihbusch'n hervor, legt ihn in eine große Schüssel und stellt sie auf den Herd oder auf den Ofen; damit der Busch'n dürr wird.

Am hl. Abend werden drei Rosenkränze gebetet. Der Erste mittags, der Zweite „z' Untanzeit" und der Letzte am Abend. Die Bauern heißen die Marendzeit nämlich Untanzeit. Während des Mittags- oder Unter-Zeit-Rosenkranzes am hl. Abend zerreibt nun die Bäuerin den Busch'n. Das gröbere „Stup" – so wird das zerriebene Zeug vom Weihbusch'n genannt – wird für das „Rachn" (Rauchen) in den drei Rauchnächten verwendet, in dem man es mit dem Weihrauch vermischt. Das Feinere wird dem Vieh gegeben, an jedem Rauchabend etwas.

Wenn ein bißchen übrig bleibt, wird es aufbewahrt, und wenn z. B. eine neue Kuh in den Stall kommt, so bekommt diese auch ein Weihbuschnstup.

Hat man kein Weihbuschnstup im Haus, dann erhält das neu hinzugekommene Vieh ein Palmmaundl. Das ist ein Palmkatzerl.

Anmerkung der Schriftleitung: Man kann aus diesem und ähnlichen Volksbräuchen immer wieder sehen, wie die Kirche uraltes Volkstum übernahm, in christliches Gewand hüllte und dadurch vor dem Untergang rettete. Neben dem „Woimat" und „Weamat", deren volkskundliche Bedeutung mir nicht klar ist, finden wir im Weihbusch'n auch das Frauhaar, das wohl seines Namens wegen an „Unsere Frau" erinnert und daher zu dieser Ehre kam. Vielleicht dachte man in altgermanischer Zeit aber auch an die Göttin Fraya. Dann nimmt man also noch Eichenlaub, Brennesseln und Haselnußlaub, die einst alle als dem Donar geheiligt galten. Vielleicht haben demnach die deutschen Bauern schon vor der Bekehrung zum Christentum ihrem Vieh in diesem Sinne Weihbuschn bereitet und verfüttert (Sonntagsblatt Unterland).

Alte Bauernfeiertage im Brixental

Die Maria-Heimsuchung-Kräuterweihe

Vor 54 Jahren (1886) fand das letztemal eine Maria-Heimsuchung-Kräuterweihe im Brixental statt. Alte Leute erinnern sich noch an diesen Brauch.

Am Maria-Heimsuchungsfeste (2. Juli) wurden bei gerne besuchten Wallfahrtsorten des Brixentales gewöhnliche Haselnußstauden und Kirschenzweige geweiht. Die Hopfgartner, Kelchsauer und Westendorfer gingen nach Elsbethen, die Brixener und Kirchberger wanderten zum Harlaßanger-Kirchlein. In Elsbethen nahm die Weihe der jeweilige Pfarrer von Hopfgarten vor; am Harlaßanger nahm die Weihe der Kirchberger Pfarrer vor.

Nun der Sinn der Kräuterweihe:

Die geweihten Haselnußstauden und Kirschzweige wurden nach der Weihe sofort nach Hause getragen; derjenige, der Zweige nach Hause trug, durfte aber in keinem Wirtshause einkehren. Daheim legte man die Zweige in der Eheleutkammer unter die Bettstatt des Mannes. Dort mußten sie bis zum Annatag (26. Juli) verbleiben. An diesem Tage wurden sie von der Bäuerin in die Kirche getragen und beim Milchtrinken in der Frühe verschenkt. Jeder erhielt ein Zweigl. Die Männer eine Haselnußstaude, die Frauen ein Kirschzweigl. Mit diesem Geschenk mußten die Beschenkten dreimal ums Haus herumlaufen. Das drittemal tauchte man die Zweige in den Brunnen und jeder trug sie in seine Kammer. Dort legte man das Zweigl in den Strohsack. Als Beschützer vor bösen Geistern hielt man diese Zweige hoch in Ehren.

Warum man diesen Brauch nicht mehr ehrte, wird folgendermaßen begründet:

„Bei der Kräuterweihe am Maria-Heimsuchungstage 1886 benahmen sich mehrere Burschen sehr unanständig. Sie trieben mit den geweihten Zweigen ‚gottlose Handlungen'."

Der Pfarrer von Hopfgarten beschloß daher, im nächsten Jahre keine Weihe mehr zu veranstalten. Alte Leute sagten mir, daß schon zehn Jahre früher dieser Brauch völlig abgekommen war. Auch bestriten einige, daß sich Burschen „gottlos" benommen haben. Dies sei nur eine aufgetischte Lüge. Der Grund, warum dieser Brauch verschwunden ist, liege vielmehr darin, daß die Manharter (eine Glaubenssekte im Brixental) bei einer Weihe die geweihten Zweige zertreten haben.[1]

[1] Über diesen Brauch erzählten Elise Loinger, vulgo „Schlögl Lisei", und Simon Tiefenthaler. (Anton Schipflinger)

Ägiditag

Die Grummetmahd geht ihrem Ende zu. Von der Alm zieht das Vieh schon mehr nach dem Tale; die Viehaustriebe bei den Bergbauern werden vom Jungvieh benützt. Des Morgens hängen manchmal die Nebel lang über dem Tal. „Es herbstelt", sagt der Bauer, denn mit Ägid beginnt im Bauernjahr der Herbst.

> Wie sich Ägidi verhält,
> So ist der ganze Herbst bestellt.

Lostag ist der Ägiditag (1. September), und der Bauer achtet darauf. An diesem Lostag tritt der Hirsch in die Brunst, und er bleibt vier Wochen darin; wie das Wetter beim Eintritt ist, muß es während der ganzen Brunstzeit bleiben.

Um den Tag des Herbstbeginns im Bauernjahr rankt sich ein altes Brauchtum und alter Volksglaube. Das Jahr steht an einer Wende, die Arbeit ändert sich. Die Herbstarbeiten beginnen. Der Pflug fährt über das Land, der Herbsttraid wird gesät.

Zu Mittag gibt es zweierlei Krapfen: Broata- (Topfen-) und Kaskrapfen; als Vorricht kommt eine Hosbohnsuppe auf den Tisch. Leer soll die Krapfenschüssel werden, dann gibt es einen guten, erträglichen Winter, urteilt die Bäuerin.

Abends wenn die Dämmerung über das Land schleicht, kann man Lebensorakel ausführen. Ein unfruchtbares Weib geht an diesem Tage unter einen Kirschbaum und sagt siebenmal das Sprüchlein: „Gib Leb'n, gib Leb'n, laß meine Sipp' nit sterb'n; gib Erb'n, gib Erb'n, laß unsere Gfroindschaft nit verderb'n." Während des Sprechens dieses Sprüchleins muß die Betreffende etwas Geweihtes in der rechten Hand halten. Auch darf sie drei Tage vorher und neun Tage danach niemandem zürnen und soll bestehende Feindschaften nach Möglichkeit aufgeben. Fällt dem Weib ein Kirschzweig auf den Körper, so wird sie fruchtbar werden, andernfalls kann sie das Orakel im nächsten Jahr wiederholen.

Wer zum Spotte dieses Orakel versucht, hat einen frühen Tod zu erwarten, dem ein langes Leiden vorausgeht.

Ist die Dunkelheit über Land gezogen, dann singen die Burschen auf einer Anhöhe oder auf der Lab'n die Verslein vom Ägiditag in die Nacht hinaus:

> Ägid, Ägid, bring' uns koa Plag,
> Bring' uns an guat'n Wintertag!
> Farb' d' Blattlan schean,
> Laß das Gras auf der Woad nit vergeah'n,
> Bis ma d' Küah im Stall lass'n steah'n.
>
> Ägid, fang' den Herbst an,
> Laß ihn halten lang an.
> Bis Martini sollt' er dauern,
> dann mags Schnee schauern.

Nach dem Singen dieser Verslein blasen die Sänger mit den Waldhörnern in die Nacht. Sie künden einen guten Herbst an.

Daheim sitzt man in der Küche um den Tisch; man ruht von der Tagesarbeit aus. Jemand erzählt die Sage vom Ägidibläser der Jagglfeldalm:

Es war an einem Ägiditag vor langer, langer Zeit. Auf der Jagglfeldalm schaffte ein Hirte, der gar leichtsinnig und fürwitzig war. Frohen Mutes ging er in der Abendstunde auf einen Bühel und blies mit seinem Waldhorn.

„Heut' will i d' Herbstpercht seh'n. I hör' nit auf z' blas'n, bis daß sie kimt", sprach er zu einem anderen Hirten, der mit ihm gegangen war.

„Spott' nit. Widerruf d' Red!" warnte der Kamerad.

„D' Herbstpercht soll kemmen im jetzigen Augenblick und auf dieser Stelle da!" rief er erzürnt.

Im Nu zog ein undurchsichtiger Nebel über den Bühel. Wassertropfen fielen den beiden auf die Hände.

„Es regnet; i geh in d' Hütt'n", sagte der Kamerad und ging.

„Und i will d' Herbstpercht seh'n, und sollt's schaffelweise regnen", rief der Waldhornbläser ihm spöttisch nach.

Es dauerte nicht lange, da erschien dem leichtsinnigen Hirten ein langer, vollbärtiger Mann.

„Siehst mi, siehst mi?!" rief er stets.

Der Hirte beantwortete die Worte des Mannes mit einem mehrfachen, etwas ängstlichen „Ja".

„Gehst mit, gehst mit?" darauf der Mann.

„Wohin geht der Weg?" der Hirte.

„Dem Winter zua", sprach der Mann, nahm den Hirten bei der Hand und ging mit ihm ein Stück über die Alm. „Wer mi seh'n will, muaß mit mir geah'n, muß mit mir leid'n und muß mit mir schweig'n", sagte auf den Boden blickend der Mann, zeigte dem Hirten die Almen und die Berge und fügte hinzu: „Siehst das letztemal die Berg' und die Almen."

Dann ging es bergaufwärts – – –

Nie mehr hörte man von diesem Hirten noch etwas.

Diese Sage wird immer wieder erzählt. Sie dient als Warnung für den Fürwitz, der gar nicht gut ist.

Die Herbstpercht – die ein Mann ist – darf mit der Percht der Rauchnachtzeit nicht verwechselt werden. Ägidilota, Herbstlota oder Evengeist wird dieser Mann auch geheißen. Der Name Percht dafür ist nicht der ursprüngliche Name, sondern dürfte später in Verwendung gekommen sein.

> Es geht der Evengeist über d' Alm
> Und suacht nach an g'weicht'n Palm.

Der Evengeist geht in der Ägidinacht über die Almen und prüft in den Almhütten, ob ein geweihter Palm vorhanden ist. Wenn keiner vorhanden ist, kommt Unsegen über die Alm.[1]

---

[1] Herrn Simon Tiefenthaler, vulgo Kerscher Sima, verdanke ich die Sage vom Ägidibläser auf der Jagdfeldalm. Die Reime teilte mir meine Mutter mit. (Anton Schipflinger)

Tuschgeißelfreitag

Der Freitag vor dem Kirchtag wird beim Landvolke „Tuschgeißelfreitag" oder „Goaßlfreitag" benannt. Der Name erinnert an einen alten, nunmehr vergessenen Kirchtagsbrauch.

In früheren Jahrzehnten, vor allem vor dem Weltkriege, dauerte der Kirchtag bisweilen etliche Tage. Da gab es einen Alm-, Vor-, Haus- und Nachkirchtag. Nach den harten, arbeitsreichen Sommermonaten tummelte man sich ein wenig aus.

Der Vorkirchtag ging meistens mit dem Tuschgeißelfreitag an und dauerte bis zum Betleuten des Kirchtagsamstages. Wenn es Ave läutete, durfte nicht mehr getanzt werden. Man ging nach Hause und bereitete sich auf den recht'n Kirchtag, dem Kirchweihsonntag, vor. Auch der Hauskirchtag war am Tuschgeißelfreitag.

Am Tuschgeißelfreitag mußte der Bauer vor dem ersten Hahnenschrei aufstehen und dabei recht „tusch'n" (laut gehen). Durch die Rem ging er dann ins Freie und über das Feld. Als er zurückkam, verlangte er durch lautes Anrumpeln bei der Haustüre Einlaß. Nun stand die Baudirn auf und öffnete den Bauern.

„Wie steht's auf'n Feld? Wie steht's in der Tenn? Wie steht's im Stall?" fragte die Baudirn.

„Guat steht's", erwiderte der Bauer.

Schnell eilte die Baudirn zu den anderen Ehehalten und teilte ihnen mit, daß der Bauer zufrieden ist. Polternd standen die übrigen Dienstboten auf und „tuscht'n" den Tag ein. Der Bauer ging unterdessen in die Stube und richtete den „Kirchtag" zurecht.

Weil der Bauer zufrieden war, weil es überall, in Feld, Tenne und Stall gut stand, so erhielt jeder Dienstbote ein kleines Geschenk in der Form eines Kleidungsstückes. Die Ehehalten nahmen das Geschenk dankend entgegen und freuten sich über die Anerkennung. Dieses Geschenk nannte man den „Kirchtag".

Nachdem jeder Ehehalte seinen „Kirchtag" erhalten hatte, sammelte man sich und zog auf das Feld, den Goaßltanz zu tanzen. Zu diesem Tanze kamen die Ehehalten von mehreren Höfen zusammen. Zwei Knechte mußten auf dem Wege zum Tanze und beim Tanze selbst mit Peitschen, dessen Stock aus Haselnußholz sein mußte, schnalzen. Der Tanz dauerte, bis man den ersten Sonnenstrahl sah. Dann ging es still nach Hause. Vor der Haustür wartete die Bäuerin, verlangte von den zwei Knechten die Peitschenstöcke und machte damit das Feuer zum Frühstück für die Goaßltanzer. Das Frühstück war ein Mus; wenn die Bäuerin besonders rar tat, kochte sie ein Rahmmus.

Nach dem „Schmorgenst" – so nennt man das Frühstück – ging jeder Ehehalte seiner Arbeit nach.

Wenn an diesem Tage jemand in die Rem, Tenne, Traidkammer oder in den Stall mußte, so war es seine Pflicht, laut zu gehen, tusch'n, damit man am Widerhall des Schrittes erkennen konnte, wie die Ernte war.

> Hohler Klang,
> wenig Jahressang.
> Klingt es dumpf und schwer,
> kann das Haus nicht werden leer.

Nach der Tagesarbeit ruhte man in der Stube aus; lud die Nachbarsleute und Nachbarsehehalten ein. Der Hauskirchtag nahm seinen Anfang und dauerte bis zu der Stunde des Samstagsmorgen, in der der Bauer am Tuschgeißelfreitag aufstand.

Bevor man mit dem Tanz anfing, gingen alle Ehehalten schweigend auf das Feld und begannen zum zweiten Male den Goaßltanz – diesmal mußten die Peitschenstöcke aus Eichenholz sein – und tanzten eine Weile. Dann eilte man mit Peitschenknall und viel Lärm in die Stube. Nach dem ersten Tanze in der Stube reichte die Bäuerin jedem ein Schnapsl, nahm von den Knechten die Peitschenstöcke und trug sie in die Traidkammer. Dort steckte sie sie in die Traidtruhe.

„Wie's Eichholz verfault, so soll der Traid ausgiebig sein", sagte sie und ging wieder in die Stube.

Im Spertentale und im Sölland war es früher Brauch, daß man am Tuschgeißelfreitag sieben Ähren von jeder Traidsorte, sowie sieben Egarten-, Grummet- und Schmelchengräser weihen ließ. Diesen geweihten Erntebüschel tat man in die Traidkammer. Beim ersten Gewitter im nächsten Sommer warf man ihn in das Feuer. Überreste an diesen Erntebuschen haben sich dort und da noch erhalten, indem man dem Weihbuschen des Frauendreißigers Ähren beifügt.

So wurde der Tuschgeißelfreitag in alter Zeit im Unterinntal gehalten. Uralte germanische Anschauungsweise war darin enthalten. Froh und mit tiefem Sinn feierte man das Erntefest. Ein Erntejahr war vorüber.[1]

[1] Simon Tiefenthaler berichtete mir Genaueres über diesen Brauch. Tiefenthaler erzählte, daß auch er oft „Goaßltanzt" hat. (Anton Schipflinger)

Kirchtag

Kirchtag. Welch gern gehörtes Wort! Ist alles unter Dach und Fach, dann muß Kirchtag sein. Lustig muß es sein, und die Hauptsache ist, am Essen darf es nicht fehlen. Der Bauer ladet die Mannsleut und die Bäuerin die Weibsleut ein, die im Sommer bei der Heuarbeit und bei der Traidarbeit geholfen haben, d' Summamahda und d' Hagarena, wie man sie heißt, und auch die Älpler dürfen nicht fehlen. Keines bleibt fern. Das Fernbleiben wäre eine Beleidigung. Kirchtag ist nur einmal im Jahr. Einmal – aber ordentlich.

Der dritte Sonntag im Oktober ist Kirchtag. Daß Kirchtag ist, wird man schon vormittags gewahr. Die Kühe haben alle Glocken umgehängt. Weithin hört man das Läuten und es paßt so recht in die Herbstlandschaft.

In der St. Johanner Gegend – Niederland sagen die Brixentaler – werden am Kirchsamstag Kiachl und Bladl für die armen Leute gebacken, welche dann am Sonntag um die Speise kommen.

Am Kirchtag gibt es im Brixental zu Mittag zuerst Käse und Brot, dann drei bis vier Gänge Fleischspeisen und zwar: Voressen, Suppe mit Blutwurst, Speck, Leberknödel mit Braten[1], dann kommen Profesenkiachl in der Lack (Kiachl in Weinsoß) und zum Abschluß ein Hafen[2] voll rahmige Milch.

In St. Johann in Tirol werden am Kirchtag folgende Speisen aufgetragen: Knödel, Braten, Profesenkiachl in Kirschbrei (von gedörrten Kirschen), hinkige (honige) Äpfelkiachl, Semmelnidei mit Honig und extra große Germkiachl (Nudeln).

Am Nachmittag gibt es verschiedene Belustigungen: Rennen, Sacklaufen, Ranggeln und Kuhstechen.

Zwei junge Leute – ein Bua und ein Diandl – laufen von einem bestimmten Platze weg zum Ziel, wo die Zuschauer stehen. Die besten drei bis vier Paare erhalten Preise. Als Preise werden Seiden- und Schneuztüchl, Tabakspfeifen und -beutel verteilt. Das beste Paar erhält einen Juxpreis: ein Schweinsschwanzl und einen halben Liter Schnaps.

Eine andere Belustigung ist das Sackrennen von Männern. Bei diesem Rennen müssen je zwei Männer oder Burschen miteinander rennen. Der eine muß mit dem rechten, der andere mit dem linken Fuß in den Sack steigen. In der Mitte des Rennplatzes ist als Hindernis ein Wassergraben ausgeschöpft. Fallen zwei in den Graben, dann gibt es ein Gejohle und ein Gelächter. Aber es macht nichts, denn es gehört zum Kirchtag. Auch beim Sackrennen gibt es Preise wie beim gewöhnlichen Rennen.

Natürlich gehört auch das Ranggeln zu den Belustigungen des Kirchtages. Zwei Buam müssen in der Zeit von 10 bis 12 Minuten durch kunstvolle Griffe einer den anderen rücklings auf den Boden bringen; „werfen" sagt man. Da gibt es Kreuz- und Stierra- und Hüferwurf. Vor dem Weltkriege waren die Preise von 10 bis 100 Gulden beim Wettranggeln ein Teil der Wette. Wurde in der Zeit von 10 bis 12 Minuten das Spiel nicht entschieden, so daß keiner zu Fall gebracht werden konnte, so wurde der Preis oder die Wette geteilt. Beim Ranggeln muß auch ein Eintritt entrichtet werden, welcher vor dem Weltkrieg 1 bis 2 Sechserln (10 bis 20 Kreuzer) betrug.

Obige Spiele sind Belustigungen für das junge Blut. Für die Bauern und Bäuerinnen ist's das Kuhstechen. Werden zwei „Hagmoarinnen" zum Stechen „zugelassen", dann kratzen sie zuerst auf dem Boden und brüllen ein wenig, um die Schneid zu zeigen. Ganz langsam gehen sie mit den Köpfen zusammen, einen Ruck gibt es, und sie stechen darauf los. Lange Zeit schieben sie sich hin und her. Diejenige, die nachgeben muß, ist die Verspielte. Die Siegerin bleibt im Kreis stehen und läßt sich beloben. (Hagmoarin wird gewöhnlich die, welche viel Kraftfutter bekommt und wenig Milch zu geben braucht.[3]) Selbstverständlich sind solche Kuhstechen auch mit Wetten verbunden. Vor dem Kriege wurden Wetten von einem Liter Schnaps oder Wein bis zu 100 Gulden geschlossen.

Eine gute Hagmoarrasse sind die Tuxer Kühe. Oft geht ein Bauer in das Zillertal und kauft sich dort eine Hagmoarin. Manchmal wird er auch betrogen. Man muß gute Kenntnisse haben, wenn man die gewünschte Kuh haben will. Besser noch ist eine Kreuzung der Pinzgauer und Tuxer Rasse. Die Kälber von Hagmoarinnen sind immer teurer und werden gerne gekauft.

Ein Westendorfer Bauer hatte einmal eine Kuh, die zehnmal hintereinander Hagmoarin wurde. Er kaufte ihr dafür ein silbernes Glöckl an einem schönen Riemen.

Diese Belustigungen dauern, bis es „betleutet". Nun müssen die jungen Leute unter zwanzig Jahren nach Hause. Die anderen gehen zu den Spielleuten. Wenn sich jemand unter zwanzig Jahren bei den Spielleuten sehen läßt, muß er unter dem Gelächter aller ein Kindskoch essen.

Bei den Spielleuten ist auch das Absingen im Schwung. Nach jedem Tanz geht einer mit seiner Tänzerin (und manchmal auch allein) zur Spielbank[4] und singt gegen einen anderen ein Spottliedl, welches er selbst gedichtet hat. Nach dem nächsten Tanz muß der Betroffene zurücksingen, kann er es nicht, so stellt er sich einen guten Sänger an. Singen sich zwei wegen einem Diandl ab, so kommt es nicht selten zu einer Rauferei.

Das gehört zum Kirchtag wie das „Amen" zum Gebet. Verschiedene Ereignisse, die sich im Sommer in der Gemeinde ereignet hatten, werden bei den Spielleuten abgesungen.

Vor dem Weltkriege brauchte man keinen Eintritt zu zahlen wie heute. Nach dem zweiten oder dritten Tanz trat von den Musikanten einer vor die Spielbank und sagte: „An Spielleuten an (einen) Sechsa geb'n, an Zuschauern zwea, damit's a eppas hamb für um d' Wänd umasteah'." Jeder wußte, was er zu tun hatte: den Musikanten 10 Kreuzer geben. (Weniger wurde nicht angenommen.)

Wenn einer absingt, so zahlt er der Musik etwas für die Begleitung. Vor dem Weltkriege wurde meistens ein Gulden bezahlt. Hat einer einen Guldenzettel spendiert und auf den Zettel einen Silbergulden gelegt, so sang er:

> „Etz hab i auf d' Spielbank an Zettl aufig'legt
> und a Stoanplatt drauf, damit's der Wind nit vertragt."

Solches konnten sich nur die Reichen und die Protzigen leisten, waren doch zwei Gulden eine Schicht von zwei Tagen.

Die Bräuche, wie sie hier geschildert sind, standen vor dem Weltkrieg in schönster Blüte. In der Nachkriegszeit mit ihren städtischen Einflüssen und der schlechten wirtschaftlichen Lage mußte vieles aufgegeben werden.

[1] Vor dem Kirchtag wird bei den meisten Bauern „a Hapl" (ein Stück) geschlachtet, damit man am Kirchtag ein Fleisch hat. Ohne Fleisch ist's kein Kirchtag! – [2] Es sind das 5 bis 7 Liter Milch. – [3] Auch auf der Alm erhält eine Hagmoarkuh den besten Platz. Fütterer und Älpler haben ihre helle Freude daran. – [4] Das ist der Platz, wo sich die Musikanten aufhalten. – Herrn Josef Laiminger, Westendorf, danke ich bestens für die Überlassung der Aufzeichnungen über die Brixentaler Kirchtagsbräuche. (Anton Schipflinger)

Burschenbrauchtum um Martini

Um Martini (11. November) sind die Älpler schon einige Zeit daheim und man will nun wissen, wer „Hagmoar" ist. Den Martinitag, mancherorts den Kirchtag und den Nachkirchtag, hat man ausersehen zum Austragen der Hagmoarschaft. Tage davor werden Kraftproben abgehalten. Jeder Berg, jede Gemeinde führt auf einem geeigneten Platz die Kraftspiele aus. Die Besten von einer Gemeinde kommen am Martinitag in einem dazu ausersehenen Ort zusammen, z. B. die Brixentaler kamen früher in Brixen zusammen, denn dort war Viehmarkt; das war die günstigste Gelegenheit für die Zuschauer.

Einiges über die Kraftspiele. Es kann jeder ledige Bursche mittun. Ob er fähig ist an den Hagmoarschaften mitzutun, wird nun erprobt. Man hat einen eigenen Stein, den „Maschtini"- oder „Hagmoarstoan". Wer über den Stein springt, kann zu den Austragungen der Hagmoarschaften gehen, wer nicht „schea" darüber kommt, ist ein „g'heba (gehobener) Hagmoar". Verschieden sind die Regeln, die zu diesem Springen angewendet werden. Doch wird es meistens nicht so genau genommen. Mancherorts gilt das Springen über Zäune, das „Zaunhupf'n", als Kraftprobe. Von Steinen oder Zäunen springen gilt beim Volke wenig.

Wer die Kraftprobe gut überstanden hat, kann sich einkaufen. Einen Gulden nach altem Gelde mußte jeder in Geldeswert leisten. Das Geld muß auf einen Tisch gelegt werden und der Erleger muß dem Spielleiter versprechen, nach alter Spielregel zu spielen, d. i. ohne Waffe, mit wirchenem (Bauernleinen) Hemd und Hose sowie ohne Schuhe.

Ist das Spiel zu Ende und weiß man den Hagmoar, so wird dieser von den Leuten, besonders von den Zuschauern aus seiner Gemeinde, umjubelt.

Abends wird beim Wirt – ein solcher stellt meistens den Platz zur Verfügung – ein lustiger Tanz veranstaltet zu Ehren des Hagmoars. Auch gibt es Raufereien unter den Teilnehmern.

Auch das „Almafahr'n" trifft abends. Es gesellen sich mehrere Burschen zusammen und besingen die Mißgeschicke, welche ihre Mitmenschen im vergangenem Sommer hatten. Natürlich endet das „Almafahr'n" sehr oft mit blutigen Raufereien, besonders, wenn zwei Gruppen zusammenkommen.

Das „Almafahr'n"

In meinem Artikel „Burschenbrauchtum um Martini" habe ich das „Almafahr'n" nur kurz erwähnt. Ich habe nun genaueres über diesen Brauch erfahren.

Das „Almafahr'n" trifft auf den Martinivorabend – nur selten, meistens d' Nachzügler oder d' Verlorengegangenen, fahren am Martinitag noch. – Beim „Almafahr'n" nehmen auch ältere Leute, Fütterer usf. teil. Tage zuvor wird von den Leitern der einzelnen Gruppen – eigentlich Monate zuvor, denn man schmiedet im Sommer schon Pläne für das „Almafahr'n" – das genaue Programm besprochen und einprobiert.

Im Brixental ist das Absingen weniger in Schwung, mehr in der Gegend von St. Johann in Tirol. Aber auch hier singt man nicht viel, sondern man redet und spielt die Mißgeschicke der Mitmenschen. „Küahwassern" heißt man es in der St. Johanner Gegend. Der Name kommt wohl von ihrer Handlung. Die „Almera" tauchen die Glocken in den Brunnen, was ein heilloses Getöse und Geplätscher gibt, und dann wird begonnen.

Es wurde mir erzählt, daß man in St. Johann auch einmal eine „alt' Weibermühl" beim Almafahr'n mitnahm. Damit spielte man eine lustige Szene vom „Bod'n-Ergl" (Georg), der eine dicke Frau hatte, die auch nicht schön war.

Voran geht der „Krax'ntraga". Als solcher wird ein „Geldiger" genommen, denn dieser hat die Aufgabe, die Kraxe mit den aufgeladenen Sachen – meistens sind es Gegenstände, die ein Älpler braucht – zu tragen und die ganze Schar in den Wirtshäusern frei zu halten. Manche Wirte verlangen nichts für das, was die „Almera" trinken, denn sie sagen, gibt man den „Almerarn" genug zu trinken, dann hat man das ganze Jahr d' Stub voll Gäst'.

Natürlich trinken die „Almera" stark über den Durst und die Alkoholgeister treiben mit ihnen ein lustiges Spiel. Es kommt zu Raufereien in den eigenen Reihen, und wenn sie mit einer anderen Gruppe zusammentreffen erst recht.

Manchmal nehmen sie einen Ruckkorb statt der Kraxe mit.

Hinter dem „Krax'ntraga" kommt die Schar der „Almera". Jeder hat eine Tusch- oder Speisglocke um den Hals, Peitschen werden geschnalzt und nebenzu viel gelärmt.

Der Bauer sieht das „Almafahr'n" gerne. Er hofft sich, wenn viele „Almera" gehen, gute Fruchtbarkeit.

Den Sinn des alten Brauches deutet man folgendermaßen: So vor Martini wird „zuag'stellt", man treibt das Vieh nicht mehr auf die Weide. (Es muß der Herbst sehr schön sein, daß das Vieh solange „gras'n" kann.) Das trauliche und stimmungsvolle Glockengeläute der Kühe verstummt. Als feierlichen Abschluß holt man die Glocken noch einmal hervor beim „Almafahr'n", um sie ganz verstummen zu lassen, bis der Langs (Frühling) kommt, wo die Glocken bei der Auffahrt zur Alm wieder erschallen.

Hat das „Almafahr'n" nicht auch noch einen anderen Sinn? Der Winter kommt und zur Winterszeit kommen viele böse Geister; diese will man durch das „Almafahr'n", „ausgrauseng".

Mag man diesen Brauch deuten, wie man will. Er bleibt ein feierlicher Abschluß des sommerlichen Lebens.[1] Bald kommt Kathreini – diese stellt den Tanz ein – und die stille Adventzeit. Im Bauernhaus beginnt das winterliche Leben, welches gewiß nicht immer still ist, aber man muß in der Stube bleiben und da ist es eng. Die jungen Leute warten auf den Fasching, wo es wieder Mummenschanz und Faschingsnarreteien gibt.

[1] Anmerkung der Schriftleitung: Mögen die Pfleger unseres Volkstums sich das gesagt sein lassen! Ein feierlicher!! (Wiener Zeitung für Volkskunde)

Das Almererfahren am Martinitag

Wenn der dritte Herbst, so heißt man den November oft, seinen Einzug in das Land gehalten hat, wenn man das Vieh nicht mehr auf die „Hoamweid" lassen kann, denn das Gras ist gar und das wenige, das noch ist, „frißt" der Reif, dann sagt der Bauer „'s ist zum Zuastelln". Auf den Almen wird es an Schlechtwettertagen schon weiß, und auch die Sonne vermag die Schneekappen nicht mehr von den Bergen zu bringen. Es kommt der Martinitag (11. November), der Tag des Almererfahrens. Am Martinitag halten auf den Almen der Almerer (der böse Geist) und der Teufel seinen Einzug. Sie kommen mit schwarzen Kühen und Ziegen unter einem grausigen Geschrei, das man nicht selten sogar in das Tal hört, zur Almhütte, nehmen dort Wohnung und führen ihr Vieh in Almställe.

An diesem Tag erhält der Fütterer vom Bauern und der Bäuerin den Auftrag, alles Vieh und alle Ställe zu besprengen und recht andächtige Kreuze (Kreuzzeichen) zu machen, damit der Almerer kein Vieh mitnehmen und in den Ställen keinen Schaden anrichten kann.

Wenn es anfängt zu dunkeln, richten sich die Buam von 17 Jahren aufwärts zusammen und gehen „almeran". Ganz ruhig, fast geisterhaft, wird hin- und herg'schlich'n, bis jeder ein paar größere und kleinere Kuh- und Ziegenglocken sowie etliche Schellen hat. Ein paar Peitschenschnaller müssen auch dabei sein. Wenn der Anführer das Zeichen zum Gang gibt, setzt sich der ganze Haufen in Bewegung. Voraus der „Kraxntraga"; dieser muß ein Geldiger sein, denn er hat die Kraxe mit den aufgeladenen Sachen – es sind Gegenstände, die der Älpler braucht – zu tragen und muß die ganze

Schar in den Wirtshäusern freihalten. Meistens verlangen die Wirte nichts für das, was die Almerer trinken, denn sie sagen, gibt man den Almerern genug zu trinken, dann hat man das ganze Jahr die Stub' voll Gäst. Um den Zug geisterhaft zu machen, wird an der Spitze und am Ende eine brennende Fackel getragen als Sinnbild für die brennenden Reisigbesen, die die Hexen zum „an Koasa (Kaiser) aufifahr'n" hatten. Das ist nun ein Lärm und ein Gebrüll, fast zum Angst bekommen, ja selbst der Almerer und der Teufel fühlen sich auf der Alm nicht wohl und zittern manchmal vor Furcht.

Der Zug der Almerer führt zum Dorf und zu den größeren Weilern. Kommen die Almerer mit den Almerern einer anderen Gemeinde zusammen, so wird gerauft und es gibt blutige Köpfe und blaue Augen.

Die Jungen unter 17 Jahren machen ihren Almererumzug vor dem Sonnenuntergang. Sobald es dunkel ist, bleiben sie lieber in der Stube in der Nähe des Weihwasserkrügels.

Es werden von den älteren Leuten allerhand grausige Geschichten erzählt. So erzählt man, daß auch der Teufel einmal mit den Almerern mitgegangen ist. Einige, die ihm auf die Füße schauten, grauste so, daß sie in ihrem ganzen Leben nicht mehr lachen konnten.

In Sölland und in der Gegend von St. Johann i.T. ist auch das „Küahwassern" in Schwung. Man singt die Mißgeschicke mancher Mitmenschen in spöttischer Weise ab.

Der Bauer sieht das Almererfahr'n gern. Er erhofft sich, wenn viele Almerer gehen, gute Fruchtbarkeit für das kommende Jahr.

Vom Andreastag

Das Jahr neigt sich schon dem Winter zu. Auf den Bergen kann die Sonne den Herbstschnee nicht mehr wegschmelzen. In diese Zeit fällt der Andreastag (30. November), der im Volksleben eine große Rolle spielt, da er doch als Tag gilt, an dem man durch verschiedene Orakel genaueres über die Zukunft erfahren kann. Er ist ähnlich wie der Thomastag und wird als Bauernfeiertag gehalten.

In der Dämmerstunde kann man mit dem Befragen des Schicksals beginnen. Die ganze Nacht gilt als „unruhig' wilde" Nacht, und wer am Andreastage nicht den Rosenkranz betet, der wird bis zum nächsten Andreastage ein Unglück haben, welches ihm von den bösen Geistern des Winters angewunschen und angezaubert wird.

Auch wird am Andreastag im Herd ein Andreasfeuer gemacht. Man nimmt verschiedene dürre Kräuter, die man im Sommer zu diesem Zwecke sammelt, Buchenholz und neun „Schnoatling" Haselnußholz. Dies legt man in den Herd, zündet mit Feuersteinen eine geweihte Kerze und überträgt das Feuer mit einem Eichenspan. Während das Feuer brennt, soll der Rosenkranz gebetet werden. Am Schlusse des Rosenkranzes wird das Andreasgebetlein gebetet, welches nur am Andreastag gebetet werden darf. Es lautet:

> „Heiliger Andreas, Märtyrer des Kreuzes, wir bitten um deinen Segen,
> wir bitten dich um Glück bei Vieh und Leut, für heut' und alle,
> die über die Schwelle des Hauses gehen."

Zum Andreasfeuer werden folgende Kräuter verwendet: Johanniskraut (Hypericum perforatum), Rapunzl (Oenothera biennis), Arnika (Arnica montana), Frauenflachs (Linaria officinalis), Kerzenkraut (Verbascum thapsiforme), Brennkraut (Ranunculus acer), Unsegenkraut (Solidago virga aurea), Rehkraut (Sarothamnus scoparius). Auffallend ist, daß alle verwendeten Kräuter gelbe Blüten tragen. Die Kräuter müssen, wenn sie für das Andreasfeuer verwendet werden, in der Blüte gesammelt werden.

Vor allem das Liebesorakel wird in der Andreasnacht ausgeführt. Die junge Dirne wie der junge Mann können Ausschau halten nach ihrem zukünftigen Partner.

1. Kehrt eine Dirne die Stube rücklings aus und schaut sie zum Fenster hinaus, dann sieht sie das Gesicht des Zukünftigen, wenn sie bei der Stubentür anstößt.

2. Wirft man drei Schuhe von einem Kirschbaume zu einem anderen und treffen die Schuhe den Baum, so heiratet der Betreffende im nächsten Jahre; trifft er mit keinem Schuh, dann stirbt er im nächsten Jahre. Auch kann man drei Schuhe in eine Haselnußstaude werfen; liegen die Schuhe so in der Staude, daß die Sohle obenauf ist, dann gelangt man zu großem Reichtum.

3. Stellt man ein Schaff Wasser unter einen Apfelbaum und tut ein wenig Salz hinein, so sieht man in der Mitternachtsstunde die Hexen der Gemeinde aus dem Wasser schauen, wenn man das Sprüchl spricht: „Wasser dreh' dich, Wasser dreh' dich, Wasser werd' sauer und zeig' uns den Hexenzauber."

(Natürlich muß man etwas Geweihtes in der Tasche haben, falls man nicht von den Hexen zerrissen werden will.)

Es hat aber auch schon manche fürwitzige Dirne und mancher Bursche in der Andreasnacht sein Leben geopfert oder ist mit Schreck und Krankheit davon gekommen.

4. In Ellmau wollte eine Bauerntochter wissen, welcher Bursche sie zur Frau nehmen wird. Sie versuchte, auf Anraten einer alten Base, ein Liebesorakel in der Andreasnacht. Zu ihrem Schreck sah sie den Teufel. Etliche Jahre hernach – durch das Sehen des Teufels erschrak sie derartig, daß sie immer kränkelte – war sie einmal allein zu Hause. Kam da ein junger Bursche zu ihr und sagte, sie möge mit ihm gehen. Ohne lang zu überlegen, ging sie mit. Sie kam jedoch nicht mehr zurück. – Im Munde der Leute ging die Rede, daß der Teufel sie zur Braut genommen habe. Die Sage erzählt weiter, daß man in einer Andreasnacht eine Weibsperson auf dem Wilden Kaiser weinen hörte. Ein Wilderer ging dem Halle nach und kam zu der Bauerntochter, die vor etlichen Jahren verschwunden war. Der Wilderer fragte sie: „Warum rerst?" – „Weil Tod und Teufel um mich raufen", erwiderte sie. – „Dann nehm' ich dich zur Braut und morgen soll Hochzeit sein", sagte der Wilderer.

Freudig stimmte sie ein.

„Etz is der Streit aus", sagte sie noch und ging mit dem Wilderer in das Tal.

„Die Andreasnacht hat mich betrogen", sprach sie einmal zu ihrem Manne.

„Weilst z'stolz warst", gab dieser zurück.

5. Ein junger Bauer stand vor der Hochzeit. In der Andreasnacht wollte er durch ein Orakel erfahren, ob ihm auch seine Braut bis zum Tod und darüber hinaus treu bleibe. Die Antwort des Orakels war, daß nach dem Tode die Treue bricht. Dies zürnte den Bauern; er ging in selber Nacht noch zum Fenster seiner Zukünftigen und sagt zu ihr: „Untreu ist dir lieber, als Treue bis zu deinem Tode." – Die Braut verstand die Rede nicht und forschte weiter, doch der Bauer wich jeder ausführlichen Antwort aus.

Auf dem Heimwege trat der Bauer auf eine Irrwurz und kam zu einem Einsiedler. Halb verfallen war die Hütte, die Kost war spär (trocken) und gnau (knapp) beim Einsiedler, der den Bauern freudig aufnahm und bewirtete. Bald fühlte er sich ganz heimisch und vergaß alles, was vorher war.

In der Christnacht sagte der Einsiedler zum Bauern: „Wenn du willst, so zeige ich dir eine Pracht, wie du noch nie gesehen und nie mehr sehen wirst."

Der Bauer stimmte zu. Vom Einsiedler wurde ihm befohlen, sich auf den Ziegenbock im Stalle zu setzen und die Augen schließen, bis sie selbst aufgehen. Er tat wie befohlen. Nach einer Weile stand er in einem schönen, goldenen Saal. Der Einsiedler kam auf ihn zu und sagte: „Du bist im Untersberg. Schau dir alles gut an, denn diese Pracht siehst du nie mehr."

Der Bauer bestaunte alles und nach einer Weile hieß es zurückreiten.

Als die Rauchnächte vorbei waren, kam der Bauer wieder heim und erzählte, was er gesehen.

Zu Lichtmeß war Hochzeit. Die Ehe war eine gute; es starb aber die Frau vor dem Manne. Nun glaubte der Bauer, er sei vom Orakel der Andreasnacht betrogen worden. Ein Kräutersammler sagte ihm, als er ihm dies erzählte, er sei nicht betrogen worden, doch habe er mit bösem Willen das Orakel angewandt. Zu wenig in der Sprache des Andreasorakels habe er sich ausgekannt.

6. Ein anderer Bauer – er war aus Scheffau – wollte durch das Andreasorakel erfahren, ob er Glück habe beim Vieh, ob der Traid gerate, ob er das Heu gut einbringe und wer aus seiner Verwandtschaft im kommenden Jahr sterbe. Um dies zu erfahren, trug er zwölf Buchscheiter in seine Kammer und warf je drei in eine Ecke. Zu dieser Zeit weilte ein Bettler in seinem Hause und dieser deutete ihm die Lage der Buchscheiter aus. Viel Unerfreuliches erzählte der Bettler und am Schlusse fügte er hinzu: „So wird es beim Vieh, Traid, Heu und in der Verwandtschaft. Mache dir kein schweres Herz, denn du brauchst dies nicht mehr zu erleben. Dein Tod steht in der heutigen Andreasnacht."

Bei diesen Worten wurde der Bauer ganz bleich. „Ist's wahr? Sag'ns die Buchscheiten oder sagst's du?" fragte er heiser und erschrocken.

„Ich sag's dir und die Buchscheiter sag'ns mir," erwiderte kühl und trocken der Bettler.

Der Bauer starb in dieser Andreasnacht an einem Schlaganfall. Bevor ihn der Schlag traf, sagte er: „Andreasnacht brachte mir Unglück, obwohl ich Glück erfahren wollte."

7. Eine eitle Bauerndirne wollte ihren Zukünftigen sehen, sah aber den Teufel und erschrak so, daß sie etliche Stunden darauf starb. Die Dirne stand im „Brautstand"; daher war ihr Andreasorakel ein Frevel.

8. Aus unbegründeter Neugier versuchte eine Bäuerin in Brixen die Orakel der Andreasnacht, um die Liebschaften ihrer Kinder auszukundschaften. Die Braut des ältesten Sohnes sah sie beim Fenster herein schauen, dann bekam sie schwere Anfälle und starb bald.

9. Mit anderer Menschen Schicksalen soll man sich nicht sorgen, heißt es im Volksmund, denn jeder habe am Seinigen zu tragen.

10. Am Andreasabend soll man ein Glas mit frischen Wasser anfüllen und auf den Tisch stellen; wenn nun am folgenden Morgen das Wasser übergelaufen ist, so folgt ein gutes Jahr, wenn es nicht übergelaufen ist, darf man das Gegenteil vermuten.

Alter Volksglaube und Barbarazweige

Wenn man Kirschzweige am Barbaratage, das ist der 4. Dezember, pflückt und ins Wasser steckt, so sollen die Zweige am heiligen Abend oder in der heiligen Nacht blühen. Dies bedeutet Glück, Segen und Gesundheit für das kommende Jahr, sagt ein alter Volksbrauch.

Nicht nur dieser Glaube hängt an diesen Kirschzweigen, sondern noch viel mehr. Heutzutage kennt man fast keinen solchen Brauch mehr. Alt sind sie, daher würdig, daß man ihrer gedenkt. Das beweist auch, wie viele Jahrhunderte schon am heiligen Abend ein solcher Strauß blühender Kirschzweige Beschauer erfreut haben mag. Starb in der Zeit vom Barbaratag bis zum Thomastag der Bauer oder die Bäuerin des Hofes und es waren Barbarazweige im Hause, so wurden dem Betreffenden drei Zweige in den Sarg gelegt. Diese drei Zweige sollten ihm helfen, in den Himmel zu kommen. Einem Bäcker aber durften keine Zweige in den Sarg gelegt werden, da die Bäcker vielfach für Schwindler gehalten wurden. Man sagte ihnen nach, daß sie meistens zu kleine Brote backten. Man kann also annehmen, daß dieser Brauch aus sehr alter Zeit stammt.

Anders war es bei Hochzeiten. Da durften auch Bäcker einen Strauß blühender Barbarazweige tragen. Wer also nach Weihnachten heiratete, nahm einige Zweige und steckte sie auf den Hut, die Frau in die Bluse. Hatte das Brautpaar die Kirche verlassen, dann wurden die Sträuße gewechselt. Der Bräutigam gab seine Zweige der Braut, die Braut die ihrigen dem Bräutigam. Die Bedeutung ist: Das neue Brautpaar soll in Glück und Segen leben.

Bei Bauern war es üblich (heute sehr selten noch, oder überhaupt nicht mehr) am Morgen des Neujahrstages, wenn man die Kühe fütterte, den Kühen, Ziegen, Schafen und anderen grasfressenden Tieren einige Blätter und Blüten solch blühender Kirschzweige zu geben, damit auch die Haustiere Glück – natürlich in „tierischer Hinsicht" – hätten wie die Menschen.

Wer am letzten Tag des Jahres, am 31. Dezember, sieben Barbarazweigl dem Feuer opfert, der dankt für alles Gute für das verflossene Jahr. Der Rauch steigt zum Himmel und bringt den Dank vor den Herrgott.

Zu Kriegszeiten, besonders während des Dreißigjährigen Krieges (1618 bis 1648), war es Sitte, am Thomastag morgens, mittags und abends je sieben Zweige auf Feld, Äcker und Wälder zu stecken. Bei jedem Zweige wurden sieben Vaterunser gebetet. Man wollte dadurch die Hilfe Gottes herabflehen. Um Mitternacht stand der Bauer auf, nahm sieben Barbarazweige und legte sie in Küche, Stube, Wohnräume, Ställe, Keller und Tenne. Dabei betete er sieben Vaterunser und fügte jedesmal am Schluß hinzu: „Gott beschütze mich in meinem Glauben, bewahre meine Familie vor allem Bösen. Herr bewahre mich auch vor dem schrecklichen Krieg. Amen." Gerade vor Weihnachten betete der Bauer um den Frieden, denn Weihnachten war immer etwas Weihevolles.

Der Schmied nahm am ersten Arbeitstag nach Weihnachten einige Barbarazweigl mit in die Schmiede. Dort warf er eines in die Esse, ein anders auf den Amboß und die anderen wurden in wichtige Winkel gelegt. Er wollte damit erreichen, daß der Segen Gottes herabkomme auf seine Werkstätte und daß Gott seine Arbeit segnen möge.

Dieser Brauch war fast bei allen Zünften üblich, aber bei jeder Zunft wieder etwas anders. War ja die Arbeit und die Arbeitstätte nicht die gleiche.

Alte Leute legten sich ein Zweig unter den Kopfpolster, um einen gesunden und gesegneten Schlaf zu finden.

Zum Schluß noch ein Wort über den Sinn dieses Volksglaubens. Manche werden sagen, man habe ja doch nicht mehr Segen und dabei über den Brauch spotten. Doch segnet Gott gewiß den Bauernbrauch, wenn er würdig vollführt wird. Würden die jetzigen Bauern (und die auch die anderen Berufe) alte Vaterbräuche mehr ehren, so würde mit Gottes Segen gewiß auch das beitragen, die Zeit zu bessern.

Die Anklöpfler

Im Unterland lebt noch der uralte Brauch des Anklöpfelns fort. In den Bauernhäusern sieht man die Anklöpfler nicht ungern. Uralt ist dieser Brauch; ein Erbe der Väter. Arme Leute und Kinder gehen in den ersten drei Donnerstagen im Monat Dezember, oft maskiert, zu den Bauern und beten, singen oder spielen ein kleines Krippenspiel. Dafür bekommen die Anklöpfler von den Bauern dann Lebensmittel. Kommen in einem Jahr wenig Anklöpfler, so deuten es die Bäuerinnen dahin, daß ein schlechtes Jahr komme. Schwer bepackt tragen die Anklöpfler die erhaltenen Sachen nach Hause. Viele können sich eine warme Suppe kochen und die Kinder jubeln, denn es gibt nun manchmal etwas, was es sonst nicht gibt. Den Bauern wird dies wohl Gottes Segen bringen; darum gibt der Bauer im allgemeinen den Anklöpflern gerne etwas von seinen spärlichen Sachen.

Über die Entstehung dieses schönes Brauches berichtet eine Legende folgendes:

In Tirol war einst eine sehr schlechte Zeit, überall herrschte Not, Armut, Krankheit. Die Leute verzweifelten schier vor lauter Elend. Man veranstaltete Gottesdienste, Rosenkränze und noch vieles andere. Doch nichts wollte helfen.

In der Nähe von Kufstein lebte damals ein Bauer mit vielen Feldern, Wäldern und unermeßlichen Vorräten an Lebensmitteln. Dieser Bauer war fast der einzige, dem es noch gut ging. Trotzdem war er sehr geizig, ein jedes Bröslein Brot reute ihn für die Armen. Da kam der zwölfte Monat des Jahres. Viel Schnee lag auf der Mutter Erde. Die Nächte wurden länger, die Tage kürzer. An einem Abend, es war der 1. Dezember, klopfte jemand an die Tür. Der Bauer öffnete selbst. Da humpelte eine Hexe herein, setzte sich neben den Tisch und begann unaufgefordert zu reden, von der großen Not, dem bevorstehenden Winter und den Folgen dieser Zeit. Des Bauern Herz wurde teils weich, teils zaghaft vor dem unheimlichen Weibe. Er beschloß: an drei Tagen des Monats Dezember dürften alle Armen zu ihm kommen und er werde sie beschenken. Dazu wählte er die ersten drei Donnerstage im Monat.

Die Armen kamen zu des Bauern Hause, und als sie gegen ihr Erwarten von dem einst als geizig bekannten Manne Gaben erhalten hatten, beteten oder sangen sie dafür zum Danke.

Anklöpfl-Lied aus der Wildschönau

Jetzt send halt schon wieda mia Anklöpfler da,
mia hamb a nois Liadl für's hoirige Jahr,
mia keman vom Ausland eina ins Tal,
bald d'Weihnachten keman fast gar allemal.

Es handelt vom Bauernstand und vieles mehr,
von Weibern, von Dirnan geh's a eppas her.
Die Buama, die sind jetzt a nit viel z'neid'n,
müssen z' fast umanand ans Zelten z' anschneid'n.

Die Bauern, die hab'n guate Zeiten jetzt wohl;
Banknoten, dös hab'ns ganze Brieftaschen voll.
Es geht halt nit anders, als reich müssen's wer'n,
so mög'n für die Küah nimmer gnuag dabegehr'n.

Daß decht nit send z'fried'n, dös müss'n ma nu sag'n,
es send viel drunta, toan nix als was klag'n.
D' Steuern und d' Ehhalten send nit z'derleid'n
und ums Bauer sein war jetzt der Teufl nix z'neid'n.

Und d' Weiber, die hättn's sist fein, mecht ma moan,
sö sand decht allweil launig, wenn d' Nudln nit toan.
Öftersmal send a die Dirna voll Zern,
und am ärgsten dann, wenns an Scheaschz nit unwerd'n.

Jetzt hätt'n ma mit'n Knecht'n was z'reden,
daß a hie und da nit net dickisch gnuag send.
Nix als was ganze Packt Zeltenzeug trag'n
und z'letzt aft zum Scheazl die Gnad nimma hab'n.

Und a an Ikais'n müss'n ma was sag'n,
daß z' Weihnachten so ganz am Feinst'n hab'n;
weils Klotzenbrot krieg'n und sist a viel und mehr,
und aft hambs mit'n Koch koa egstras Gschear.

Und jetzt moanat i, hatt'n ma das mehra beinand,
alls genau zu beschreib'n, dös dauert uns z'lang.
Mia kunnt's a nit net akrat a so sag'n,
und es kunnts eppa an Unlust an uns Anklöpfler hab'n.

Weihnachtsbräuche im Brixental

Neben dem Anklöpfeln und Kloberbrotbacken[1] hat das Brixental noch eine Reihe von alten Weihnachtsbräuchen. Besonders bei den Bauern leben diese Bräuche noch und werden nach Väterart gehalten.

Mit dem Thomasmarkt[2] (in Hopfgarten) beginnt die Weihnachtszeit. Jeder Bauer geht zum Viehmarkt, um zu sehen, wie das Vieh gekauft und verkauft wird. Auch für den Weihnachtsbaum wird bei den „Kramastandeln" allerhand gekauft.

Der Heilige Abend gilt als halber Feiertag. Vormittag wird nur das Notwendigste getan; nach dem Mittagessen betet man einen Rosenkranz. Die Bäuerin reibt unterdessen den Weihbusch'n. Z'Untan (Marendzeit) wird wieder ein Rosenkranz gebetet. Bald darauf fängt die Bäuerin an, die Nudeln herzurichten, denn am Abend gibt es Nudeln. Vor dem Füttern der Tiere oder während des Fütterns geht der Bauer, manchmal auch die größeren Kinder, rachn (rauchen). Die Bäuerin muß mit dem Weihwasser mitgehen und alle Räume, Brunnen, Stall, Holzhütte und die Waschhitt (Waschhütte) werden geräuchert und besprengt. Hängt ein Schlamp'n (Huder) auf der Labn (Balkon) oder sonstwo außerhalb des Hauses, so wird im kommenden Jahr eine Kuh hin. Die bösen Geister können sich in diesem Schlamp'n verbergen und kommen in dieser Weise in das Haus, wo sie Unheil stiften. Beim Rachn wird auch gebetet.

Eine Sage erzählt folgendes: Ein Bauer vergaß in der Eile die Hüller (Dachboden) zu beräuchern. Als er die übrigen Räume seines Hauses geräuchert hatte, erinnerte ihn seine Frau, die mit Weihwasser mit ihm ging, daß sie die Hüller „ausg'lassen" hatten. Da antwortete der Bauer: „D' Hüller is eh nix wert; is eh alles Stroh drob'n – böse Geister mögen nit Stroh."

Die Bäuerin konnte während der Nacht nicht schlafen. Bevor es zum Aufstehen war, um zur Mitternachtsmette zu gehen, nahm sie die Rauchpfanne, tat Glut, Weihrauch und Weihbusch'nstup hinein und eilte auf den Dachboden.

Eine Unmenge von kleinen Männlein und Weiblein fuchtelten mit einer Kerze im Stroh herum. Wäre die Bäuerin später gekommen, so wäre das Haus ein Opfer der Flammen geworden. So aber konnte die Bäuerin die bösen Geister vertreiben.

Bis der Fütterer gefüttert hat, wird es Abend. Nach dem Abendessen wird der dritte Rosenkranz gebetet.

Gerne bleibt man nach dem Beten noch ein „boißl" auf. Weihnachtserinnerungen werden ausgetauscht. Mittlerweile kommt dann das Christkind.[3] Kurze Zeit verweilt man noch in der Stube.

Um 11 Uhr nachts beginnen die Glocken zu läuten. Da heißt es: Zur Mette gehen. Die Bäuerin weckt die Haustiere und die Obstbäume mit den Worten: „Aufsteahn, zur Mett'n geah'n." Denn wenn sie die Obstbäume nicht weckt, so tragen sie im kommenden Jahre nicht. Das Wecken der Tiere geschieht, daß sie nicht krank werden.

Auf dem Wege zur Mitternachtsmette werden allerhand Begebenheiten, die sich in der Heiligen Nacht abgespielt haben, erzählt. So erzählt man auch, daß ein junger Bauer seinen Bruder mit einer Hacke, ohne auch nur die geringste Ahnung zu haben, daß es der Bruder war, ermordet hat. Der Bruder wollte den Bauern „ograusing" (erschrecken): Solche und ähnliche Begebenheiten bilden den Gesprächsstoff beim Mettengang.

Eine Person bleibt meistens daheim. Sie muß „Haus hiat'n" und den Besuchern der Mette ein warmes Essen herrichten. Eine Fleischsuppe oder eine warme Milch wird hergerichtet.

Groß ist auch die Zahl der Sagen, die mit der Heiligen Nacht zusammenhängen.

Am Heiligen Weihnachtsfest, dem Heiligen Tag, geht alles, was nur kann, im besten G'wand zur Kirche, An diesem Tag gibt's zu Mittag ein Schweinsbratl.

Der Stefanstag ist der Tag zum Kloberbrot anschneiden. Es werden d' „Scheaschz" hergeb'n.

Als nächster bedeutender Tag gilt der Neujahrsabend. Er ist ein Rauchabend. Im Brixental kennt man den großstädtischen Sylvesterbummel nicht. Abends gibt es Nudeln. Kleine Hausunterhaltungen werden gerne abgehalten, das alte Jahr wird „außitanzt".

Die Ereignisse des vergangenen Jahres werden in Erinnerung gebracht und man stellt sich die Frage, was wohl das neue Jahr bringen werde.

Am Neujahrstag wird das „noi Jahr ogwunsch'n". Die Buben sagen zueinander „Glücksei Hoisei".

Letzter Weihnachtsfesttag ist der Dreikönigstag. Der Vorabend ist der letzte Rauchabend. Es werden an diesem Tage auch die Kreuzlen und die „Dreikining auf d' Tür g'schrieben". Die Kreuzlen und die Anfangsbuchstaben der Namen der Hl. Dreikönige müssen immer „außerbei" sein, damit die Perchten nicht hereinkommen. Abends gibt es Nudeln.

Um Hl. Dreikönig beginnt auch das Sternsingen.

Langsam beginnt wieder der Langs (Frühling). Lichtmeß kommt, der Schlenggltag der Dienstboten und die Faschingszeit. Das weihnachtliche, friedliche Leben vergeht, es beginnt wieder der Tag länger zu werden und damit vermehrt sich wieder die Arbeit.

[1] Beide Bräuche werden in diesem Band beschrieben (Franz Traxler). – [2] Der Thomasmarkt gilt als der schlechteste Markt des ganzen Jahres. „Er is koa rara", sagen die Bauern. – [3] Meine Mutter erzählte mir – sie ist jetzt 64 Jahre alt – daß es zur Zeit, als sie noch ein Kind war, noch keinen Christbaum gab. Auch von Geschenken des Christkindes wußte man nichts. Nur dort und da hatte man einen Weihnachtsbaum. Dazumal war der hl. Nikolaus allein Gabenspender. – Auch Weihnachtskrippen gibt es im Brixental – außer den Kirchen – ganz wenige. (Anton Schipflinger)

Weihnachtszeit bei den Bauern im Brixental

Die Zeit der Rauchnächte ist eine der sagenumwobensten Zeiten des Jahres; Brauchtum und Volksg'sagat sind reichlich in dieser Zeit. Mit der Adventzeit beginnt auf dem Bauernhofe das winterliche Leben. Die Tage sind kurz und die Dämmerstunde dauert lang, wenigstens glaubt man es so, weil sie eine so ungewohnte Stunde ist und gerade im abendlichen Zwielicht sich manches Seltsame abspielt. In der Stube surren die Spinnräder, die Mannder bringen Heu, Streu und Brennholz zum Haus. Nach Weihnachten beginnt man mit dem „Fuhrwerken". Am Abend sitzen alle in der Stube, und es wird erzählt aus dahingeschwundenen Zeiten, über dieses und jenes Ereignis.

Der Klausenabend, 5. Dezember, gilt bei den Landkindern als ein froher Tag. Kommt doch abends der Nikolaus und bringt Gaben. Äpfel, Nüsse, Boxeln und Kastanien; neben diesen eßbaren Sachen spendet St. Nikolaus auch Gebrauchsgegenstände, so für die Schulkinder Griffel, Bleistifte, Federn, Griffelschachteln und ähnliches. Strümpfe, Kappen, Sacktücheln oder eine Weste kann man ebenfalls vom Nikolaus als Gabe erhalten.

Vor sechzig Jahren galt der Klausenabend als der einzige Gabentag des Jahres. Damals war der Christbaum auf dem Lande völlig unbekannt. Heute wird hier und dort der Klausenabend als größerer Gabentag gehalten als der Weihnachtstag. Natürlich drängt der Weihnachtstag immer mehr vor und wird bald auch jene seltenen Häuser, wo der Klausenabend den Vorrang im Gabenschenken hat, in seinen Kreis ziehen.

Der Nikolaus geht am Klausenabend von Haus zu Haus und stellt seine Gaben in die Betten oder auf bereitgestellte Hüte, Teller oder Schüsseln. In seiner Begleitung befindet sich der Krampus (auch Klaubauf genannt), der den schlimmen Kindern eine Rute bringt.

Die Bäuerin steckt am Klausenabend drei Palmzweige auf den dem Hause nächstliegenden Obstbaum. Der Nikolaus segnet im Vorbeigehen die Palmzweige. Solche geweihte Palmzweige werden sorgsam aufbewahrt und nach 77 Tagen – am 20. Feber – auf das Feld gesteckt, damit der Segen des Heiligen wirke.

Wo der Nikolaus am Klausenabend nicht hinkommt, kommt er am Klausentag.

> Morgen ist Klausentag
> bringt uns a Körbl Gab'.
> Heut' geht der Klaubauf um
> und suacht die schlimmen Kinder.
> Er geht mit Ruat und Kett'n
> und macht a Mords Mett'n.

So singen jene, zu denen der Nikolaus am Klausentag nicht kommt.

Am Nikolaustag darf nicht geflickt und gestrickt werden, denn, so wird erzählt, wer am Klausentag flickt und strickt, sticht dem Nikolaus die Augen aus und verjagt den Segen des Heiligen von den Feldern. Dagegen heißt es, soviel Spinnräder am Klausentag surren, soviel Flachsschöber stehen im nächsten Jahr auf dem Flachsacker.

> Heut' is Klausentag,
> es is a froher Tag.
> Er bringt viel Segen
> und nit ungern an Regen.

Man sagt, daß der Regen, welcher am Klausentag fällt, geweiht ist. Daher soll man drei Häfen voll auffangen und damit die Räume des Hauses besprengen. Schnee darf nicht geschmolzen werden.

Am 8. Dezember, dem Tage Maria Empfängnis, hält das Volk den „Kleibeltag".[1] An diesem Tage sollen werdende Mütter nach dem Festgottesdienst auf den Friedhof gehen und zu den armen Seelen beten, damit das Kind gesund, stark und rechtschaffen werde. Am Vortage bäckt man Brot, wovon der erste Laib am Kleibeltag angeschnitten wird. Eine Sage erzählt über diesen Tag folgendes:

Auf dem Weiler Hof in Brixen lebte eine Bäuerin, die auf die Weihnachtszeit einem Kinde entgegensah. Da die Bäuerin geizig war und schon manchesmal Arme vor die Tür gewiesen hatte, wünschte ihr eine abgewiesene Bettlerin einen sonderbaren Fluch:

„Beim nächsten Kind sollst kein Brot mehr brauchen, wenn du am Kleibeltag keines anschneidest und verschenkst."

Nun kam am Kleibeltag die gleiche Bettlerin und bat um ein Stück Brot. Die Bäuerin erinnerte sich des Fluches und gab ihr einen halben Laib. Da sagte die Bettlerin: „Alle Kinder werden vor dir sterben, nur das heurige nicht."

Diese Worte betrübten die Bäuerin sehr und sie war arg niedergeschlagen. Den Brotlaib tat die Bettlerin in ihre Tasche und sagte: „Am nächsten Kleibeltag wieder einen halben Laib und es wird dich wieder eines überleben."

Alljährlich verschenkte die Bäuerin am Kleibeltag einen halben Brotlaib und im Laufe der Jahre hatte sie so viele verschenkt, daß alle Kinder sie überleben konnten.

Es ist daher üblich, am Kleibeltag an arme Leute Brot zu verschenken. An diesem Tag erhält das Vieh etwas Brot, denn auch dieses soll nicht mit Unglück überschüttet werden. Man nennt diesen Tag daher manchmal auch „Brottag" oder „Lebenstag".

An drei Donnerstagen vor Weihnachten geht man anklöpfln. Bei Tag geht man allgemein von Haus zu Haus. Am Abend gehen die geladenen Anklöpfer zu den Bauern. Es sind meistens gute Sänger von alten Liedern. Als Gaben gibt man den Anklöpflern, die bei Tag gehen, Äpfeln, Birnen, Klobern und Lebensmittel, manchmal auch Geld. Wenn dann abends die sangeslustigen Anklöpfler kommen, so ist es in jeder Bauernstube, wo Anklöpfler hinkommen, voll von Zuhörern, denn jeder lauscht gerne den alten Weisen der urwüchsigen Anklöpflerlieder. Nach einigen Stunden frohen Beisammenseins gibt es eine Jause. Die Anklöpfler bekommen Schnaps, Kaffee und Butterbrot. Die Zuhörer erhalten Schnaps und Brot.

Bis Mitternacht dauert ein solcher Abend. Bei den Anklöpflern bedankt man sich herzlich für ihre Darbietung. Auf das nächste Jahr lädt man sie mit folgenden Worten ein: „Seid's so guat und kembt's auf's Jahr wieda."

Nachstehend folgen zwei Brixentaler Anklöpflerlieder:

> Bauer, etz send ma da,
> mia bringan a recht a guats Jahr.
> D' Henna, die leg'n schon ra,
> d' Gäns, dia trag'n Fedan schwa;
> s' lieg'n weascht aft lind
> und aufs Jahr a kloans Kind.
>
> Bauer, sei du nit verzagt,
> d' Schaf hamb a scho all' Gjoag.
> Bei oan send d' Lampl drein,
> d' Widda send ja allwei dabei.
> Der Fak, der tuat gleich,
> du weascht oanawegs reich.
>
> * * *
>
> Bauer, etz send ma da,
> mia keman alle Jahr.
> Mia send nit weg'ns Geb'n da.
> Weg'ns Kinderschaun send mia daher,
> sooft mia kemman, is um oans allwei mehr.

> Kinder habt's ös feini
> und wachs'n toans toi
> all' Jahr die größt'n Trümma.
> Am Gwandl kennt man woi;
> feascht send ean d'Kittel in d'
> Kniebög eichilangt
> und hoia tret'ns drein,
> sends g'wachs'n um an Spon.
>
> Wia habt's ös mit die Knecht;
> bleib'ns enk eppa da?
> Wenn die Diana schean tat'n,
> aft blieb'ns nu a Jahr.
> Auslass'n wuscht ös freila nit leicht.
> Wer gang denn nacha suach'n,
> wenn die Baudirn ausschleicht.

Kommen in einem Jahr wenig Anklöpfler, so deuten es die Bäuerinnen, daß ein schlechtes Erntejahr folgt. Am letzten Anklöpfeldonnerstag gehen die Bettler anklöpfeln; man nennt diesen Tag auch den „Bettleranklöpfeltag".

Im Bauernvolke lebt über die Entstehung des Anklöpfelns folgende Sage:

Ein reicher Bauer wies arme Leute vor die Tür. Daraufhin kam eine Perchte (nach einer anderen Darstellung war es eine Hexe) zu ihm und veranlaßte ihn, zu geben. Der Bauer befolgte den Rat der Perchte und sagte: „Alle Armen mögen kommen und sollen bringen neues Leben." Damit meinte er, die Leute, denen er von seinen Lebensmitteln gibt, sollen singen und lustig sein, neues Leben in die Winterszeit bringen.

Die Sage vom reichen Bauern spielt in der Kufsteiner Gegend; nach einer anderen Darstellung bei einem Sonnberger Bauern aus Brixen.

In die Zeit vor Weihnachten fällt auch das Schweineschlachten. Wenige Bauernhäuser gibt es, in denen kein Schwein geschlachtet wird. Der Großteil des Fleisches wird in den „Selchkucheln" geselcht, damit für das ganze Jahr Knödelfleisch vorhanden ist, denn die Fleischknödel sind eine gern begehrte Kost.

Eine weitere Arbeit der Vorweihnachtszeit ist das Häuserabwaschen. Von oben bis unten, von innen bis außen wird das Haus gereinigt. Es ist keine leichte Arbeit und dazu ist es noch gern kalt in dieser Zeit. Doch muß diese Arbeit im Winter geschehen, weil die Häuser viel „scheaner" werden.

Die heiklichste Weihnachtsarbeit der Bäuerin beginnt in der Thomaswoche. Es ist das Zeltenbacken. Bei dieser Arbeit sind die Bäuerinnen voller Sorge; gerät ein Zelten nicht, so gibt es vom Zeltenanschneider einen Stichelreim und darauf verzichtet jedermann gern. Schließlich ist es auch keine Kleinigkeit, zwanzig und mehr Zelten zu bakken. Wenn sie nicht gut geraten, hat man den Ärger in der Tasche. Daher redet man bei den Bauern von der großen Backschlacht. Bäckt man das Kloberbrot am Quatember-Mittwoch, so hat man um einen Brotwecken mehr, sagt der Volksmund.

Der Thomastag, 21. Dezember, dreht den Tag um. An diesem Tage werden verschiedene Spiele aufgeführt, durch die man Näheres über das kommende Jahr zu erfahren glaubt. Wer an diesem Tage eine Habergeiß schreien hört, stirbt im nächsten Jahr.

Am Heiligen Abend gibt es kein Frühstück. Jedes geht nüchtern zum Engelamt. Alle gehen gerne, denn man hört das schöne, uralte Herbergslied „Wer klopfet an". Auch wird bei den Bauern an diesem Tage die ganze Frühmilch verschenkt, so daß die „Ighaisleut" oft bis Dreikönig genug Milch haben.

Um neun Uhr vormittag gibt es eine halbe Schale warme Milch als Neuner. Nach dem Neuner müssen die Weiber noch die letzte Reinigung der Küche und Stube vornehmen und den Weihbuschen „vürchatoan". Die Mannder müssen die Messer schleifen, damit man zum Zeltenanschneiden eine gute Schneid hat.

Um halb zwölf Uhr ist Feierabend. Es ist zum Mittagessen. Auf dem Tisch kommt ein „Bacheikoch" (Milchmus), auf das man statt Butter Honig oder etwas Eingesottenes tut.

Wenn eine Baudirn das Koch in die Stube trägt und sie schaut beim offenen Kamin hinauf, dann sieht sie ihren Bräutigam. Schon vor vierzig Jahren wagte es keine mehr, in den Kamin zu schauen, weil früher einmal einer Baudirn der Sensenmann herabschaute und sie auch im kommenden Jahr sterben mußte.

Nach dem Mittagessen wird der erste Rosenkranz gebetet. Um drei Uhr nachmittags gibt es wieder eine halbe Schale Milch. Nach diesem Essen muß der Fütterer allem Vieh vom Weihbuschenstupp zu lecken geben. Der Bauknecht und die Baudirn (oft auch der Bauer und die Bäuerin) gehen nun mit der Rauchpfanne räuchern und besprengen die Räume mit Weihwasser. Während geräuchert wird, wird in der Stube der zweite Rosenkranz gebetet.

Abends um sechs Uhr beginnt das Abendessen, das sehr reichhaltig ist. Zuerst kommt Käse und Brot auf den Tisch, dann unzählbare „Vorrichten", wie Gerste, Fisolen, Kraut, Kerschmandl und Figgensuppe. Als Hauptgericht kommen die großen „Heiligen-Abend-Nudeln", die überaus groß sind und in reiner Butter gebacken werden. Gegessen werden nicht viele, da man schon von den Vorrichten satt ist. Als Abschluß kommt eine Schüssel voll rahmiger Milch. Dann erhält noch jedes drei Nudeln zum „Aufg'hoit'n" und jeder Dienstbote erhält darüberhin noch ein viertel bis ein halbes Pfund Butter: 's Rührmigei heißt man es.

Nach dem Abendessen wird der dritte Rosenkranz gebetet und das Evangelium von der Geburt Christi vorgelesen. Dann gehen alle, bis auf eines, schlafen. Derjenige, der aufbleibt, muß die übrigen zum Mettengang wecken.

Auf den hochgelegenen Höfen müssen die Leute schon um zehn Uhr geweckt werden. Auch wird da und dort ein Böller losgelassen, als Zeichen zum Aufbruch zum Mettengang. Eines bleibt daheim „Haus hiat'n". Meistens bleibt der stärkste Mann zu Hause, denn oft gab es in der geheimnisvollen Heiligen Nacht ungeahnte Geschehnisse.

Reich ist die Heilige Nacht an Sagen. Bevor man zur Mette geht, müssen die Obstbäume geweckt werden. Wird dieses nicht getan, so ist eine schlechte Obsternte im Herbst zu erwarten. Auch die Tiere müssen geweckt werden, denn man hat weniger Glück beim Vieh, wenn man es unterläßt. In der Heiligen Nacht können auch die Tiere sprechen. Lebte da ein fürwitziger Bauer im Brixental, der die Tiere seines Stalles gern reden gehört hätte. Er blieb zu diesem Zweck in der Heiligen Nacht daheim, ging in den Stall und setzte sich auf den Melkstuhl. Als die Dorfuhr zwölf schlug, begannen die Tiere zu reden. – „Heuer sterben der Bauer und sein Sohn. Der Hof kommt in fremde Hand." Dies hörte der Bauer. Er fiel ohnmächtig auf den Boden. Als man ihn fand, bettete man ihn in sein Bett. Schon in den nächsten Tagen war der Bauer todkrank. Bald starb er. Etliche Wochen nach dem Tod des Bauern starb der einzige Sohn, der Erbe des Hofes. Nicht die Hälfte des neuen Jahres war vergangen, da war der Hof in fremder Hand.

Ein anderer Bauer hörte auch einmal in der Heiligen Nacht die Stimme der Tiere. Als er hörte, daß sein Kind im nächsten Jahr sterben muß, wurde er schwermütig. Als sich die Prophezeiung erfüllte, da wurde er irre.

Viele Geister durcheilen in der Christnacht die Lüfte; „guate und böse, aber ohne Kraft", sagt ein Spruch.

Einmal sind bei einem Bauern drei aufgeblieben und haben Karten gespielt in der Heiligen Nacht. Um Mitternacht hatten sie auf einmal zwei Herz-As. Da packte sie ein Grausen, sie liefen sofort zur Mette und kamen erst während der Wandlung vom Schrecken. Einige Tage darauf wurden alle drei krank.

Zwei bastelten ein Hexenbankl; Stallerschneider hieß einer davon. Das Bankl wurde aus neun Gattungen Nadelholz gemacht. Man stellte es zu hinterst in die Kirche, und wer sich darauf setzte, sah während der Wandlung die Hexen der Gemeinde. Selten aber kamen solche Hexenbeschauer mit dem Leben davon, denn sie wurden meistens von unsichtbaren Händen zerrissen. Von den oben Erwähnten kam der Stallerschneider davon, doch er blieb zeitlebens immer krank, und erst am Sterbebette machte er über diese Begebenheit eine Aussage, so daß diese Begebenheit weiter erzählt wurde und bis zum heutigen Tage erhalten blieb.

Zur Mette nimmt man auch Äpfel mit; diese werden während der Mette von unsichtbarer Hand geweiht und man verwendet sie deswegen zu verschiedenen Zwecken.

Kommen die Mettengänger heim, dann wird der Heilige-Nacht-Zelten angeschnitten und warme Milch oder eine Fleischsuppe gegessen.

In der Früh des Christtages gehen alle, die aus können, zu den Hirtenengelämtern, welche um fünf Uhr früh beginnen.

Zu Mittag am Christtag gibt es bei jedem Bauern ein prächtiges Festessen. Zuerst gibt es Käse und Brot, Suppen, Blutwürste und Voressen. Der Schweinsbraten ist das Hauptgericht mit seinen fünf bis sechs Zuspeisen; dann gibt es noch Weinbrühkiachl und als Abschluß einen Hafen rahmige Milch.

Alle, die im Sommer bei der Heuarbeit mitgeholfen haben, werden zu diesem Essen geladen und bekommen den üblichen Weihnachtszelten, denn es ist Brauch, daß auch die Sommermahder einen Zelten vom Bauern bekommen. Die Ighaisleut erhalten darüberhin noch die übrigbleibenden Speisen.

Der Stephanustag ist der Tag, wo der Bua zum Diandl geht und umgekehrt; und der Göd zum Patenkind um den Scheaschz. Der Göd gibt seinem Patenkind für den Scheaschz ein kleines Geldgeschenk, welches in die Sparkasse der Kinder, in das „God'n(g)spatl", wandert. Auch ist es Sitte, daß bei den Wirtshäusern, wo eine Landwirtschaft dabei ist, am Vormittag des Stephanitages Schnaps auf dem Tisch steht. Von diesem Schnaps kann sich jeder nach Belieben einschenken und erhält dazu noch ein Stück Kloberbrot.

Am Johannistag wird in der Kirche der Johanniswein geweiht. Dieser geweihte Haussegen, wie man ihn nennt, ist für Mensch und Vieh oft notwendig. In den Bauernhäusern wird auch immer ein Haussegen aufbewahrt. An Stelle des Weihwassers wird er manchmal verwendet. Im Frühjahr wird das Saatgetreide mit Weihwasser und Haussegen genetzt.

Der Unschuldige-Kindl-Tag ist ebenfalls ein Bauernfeiertag. Dirnen und Knechte gehen an diesem Tage zu ihren Eltern und Verwandten auf Besuch.

Am Silvestertag fährt man mit dem Pendelschlitten nach Reith bei Kitzbühel. Um drei Uhr früh fährt man bereits ab. Der Mesner von Reith hat eine große Geschicklichkeit in der Herstellung von wächsernen Tierfiguren. Solche Tierfiguren kauft man, läßt sie weihen und opfert sie auf dem Silvesteraltar dem großen Viehpatron, dem hl. Silvester, um im kommenden Jahr beim Vieh viel Glück und Segen zu haben. Der Silvestertag ist auch Rauchabend und wird so gehalten wie der Heilige Abend.

Der Neujahrstag ist ein hochgehaltener Festtag wie der Christtag. Jedermann wünscht seinem Mitmenschen ein „glückliches neues Jahr". Zu Mittag kommt am Neujahrstag ein ähnliches Essen und in gleicher Reichhaltigkeit auf den Tisch wie am Christtag.

Der letzte Rauchabend, der Dreikönigsvorabend, ist von vielem Glauben umgeben. In dieser Nacht zieht die Percht, von der viele Sagen berichten, durch das Land und stiftet, je nach Gelegenheit, Gutes und Böses.

Am Dreikönigsvorabend gibt es keine Nudeln, wie an den anderen Rauchabenden, sondern man bringt „Perchtenkrapfen" auf den Tisch. Etliche Stücke Perchtkrapfen stellt man auf die Labn, damit die Percht sie mitnehme und dafür Glück auf den Hof bringen möge. Am Dreikönigstag, der früher sogar festlicher gefeiert wurde als der Weihnachtstag, gibt es ebenfalls bessere Kost und dazu auch unzählige Vor-, Zu- und Nachspeisen. Solche Tage sind wenige im Jahr. Zu einem Festtag gehört auch ein entsprechendes Essen. So halten es die Bauern; denn ein Festtag soll sich vom Werktag „auseinander kenna" lassen.

Um Dreikönig beginnt das Sternsingen, welches bis Lichtmeß dauert und gern geübt wird. Mehrere gute Sänger richten sich zusammen und gehen zu den Bauern, wo man sie eingeladen hat – es sind meistens Jahr für Jahr die gleichen – und verbringen dort einen Abend mit fröhlichem Gesang. Das Sternsingen von Haus zu Haus ist im Brixental wohl üblich, wird aber selten geübt. Wenn die Sternsinger zu einem Bauern kommen, so wartet die ganze Nachbarschaft schon in der Stube. So um acht Uhr kommt der Vorläufer mit einem Besen und macht für die Sänger Platz. Nach einer kurzen Weile kommt der Ölträger, welcher ein kleines Trücherl bei sich hat, in der allerhand verschiedene gut- und übelriechende Öle und Wässerlein enthalten sind.

Der Ölträger singt:

> Grüaß enk Mannda und Weiba,
> Öltrager Rüapei is da.
> Hiat allerhand Wuschzn und Kräuta;
> kafts ma an Melissengeist a.

Nach dem Gesang macht er einen lustigen Vortrag und probiert bei den jungen Weibsbildern seine medizinische Sachen aus.

Kaum ist der Ölträger mit seiner Sache fertig, da kommen schon zwei mit einer Kiste, in der zwei Löcher ausgeschnitten sind. Die Kiste stellen sie auf den Boden und beide gucken bei den „Guggaslöchern" in den Guckkasten. Und beginnen sie die Mißgeschicke, die sich im vergangenen Sommer ereignet haben, in humorvoller Weise zu erzählen. Alles Mögliche kommt hier an die Öffentlichkeit.

Nach dem Guckkasten kommen die Sternsinger; voraus einer mit einem schön beleuchteten Stern. Dem Sternträger folgen die vier bis sechs Sternsinger mit ihrer Gitarre, die sie als Begleitinstrument für den Gesang brauchen. Haben sie sich ein wenig ausgerastet, dann geht's los. Ein Lied nach dem anderen wird gesungen. Nach einiger Zeit gibt es eine Jause. Die Sternsinger werden in die Küche geladen; dort erhalten sie gut und viel zu essen und zu trinken. In der Stube reicht man Schnaps und Kloberbrot herum. Haben sich die Sänger gestärkt, dann geht es erst richtig los. Jetzt kommen alte und lustige G'sangln dran; oft ein neues, welches ein auffälliges Ereignis des letzten Jahres behandelt. Bis Mitternacht dauert es. Schwer und ungern trennt man sich. Miteinander geht man heim. Ein Sternsingerabend ist zu Ende. Wenn das Sternsingen aufhört, beginnt der Fasching, ein entfernter Bote des Frühlings. Das winterlich-weihnachtliche Leben wird durch den längeren Tag aus der Stube verdrängt. Neue Kraft für harte Arbeit pulst in den Adern des bäuerlichen Menschen. Weihnachten, die traute, anheimelnde Zeit des Winters, ist dahin.

[1] Geleibel = Leibwerdung. (Anton Schipflinger)

Um Geburt, Heirat und Tod

Wiegenreime aus dem Brixental

Zum Einschläfern der kleinen Kinder gebraucht man kleine zwei- und mehrzeilige Wiegenreime. Die Kindsdirn oder die Mutter singen die Reime halblaut. Jedes Kind, auch die größeren „miadln" (betteln) die Mutter oder die Kindsdirn, sie solle es noch einmal singen, vielleicht noch mehrmals. Da nimmt die Mutter ein „Gstrikat" (Zeug zum Stricken) oder ein „Flikat" (Zeug zum Flicken) und beginnt:

1. Butta-rian, Kasåbsiad'n,
   Empa wåsch'n, 's Dianei tåsch'n.

2. Heiapumpeia, es raspelt im Stroh,
   's Katzei is g'storb'n, 's Mäusei is froh.

3. Kibln und kas'n,
   koa Holz auf d' Ast'n;
   koa Wåsser im Haus
   und d' stinkfaul Dirn
   is beim Hennaloch aus.

4. Nudldicke Dirn,
   geahma ån Gåscht'n
   und schütteln d' Birn.
   Z'erst amål die Gröaßt'n,

nåcha die Kloan.
   Und båld ma 's Sackl voi håb'n,
   geahma wieda hoam.

5. Nudltoag, Nudltoag,
   werd'n ma nit pfroad (fertig).
   Då schneid'n ma åb,
   då schneid'n ma åb.

6. Peter Boascht,
   håst meine Goaß nit gwoascht?
   Oane hoaßt Riggei, oane Raggei,
   und oane håt hint a weiß Hagei.

7. Peter Boascht,
   håst meine Küah nir gwoascht?
   Oane hoaßt Riggl, oane Raggl
   und oane Weißosch.

8. Heiapumpeia, meiñ Kindl schlåf eiñ,
   sinst keman drei Neger und påck'n di eiñ.

9. Håbagoaß, Håbagoaß, låßt an Schoaß,
   dås måcht d' gånz Stub'n hoaß.

10. Gretl an der Staud
    håt a Häusl aufbaut;
    håts mit Lebzelt'n deckt
    und an Årsch åbag'reckt.

11. Gretl a der Staud
    håt a Häusl aufbaut;
    håts mit Hutt'n verschoppt
    und håt nu dazua gfoppt.

12. Insa Kåtz und d' Nåchbårkåtz
    geahn minånd an Ånga.
    Insa Kåtz håt an kuschzn Schwoaf,
    d' Nåchbårkåtz an långa.

13. Doscht ob'n auf der Höh'
    is a Zittabirch'n
    und a gschekate Koiwei
    tuat Bandl wirch'n.

14. Tiretet, der Schustabua bet',
    wås is denn dås, daß 's Pech nimma klebt?

15. Doscht ob'n auf da Höh'
    is a Giggal (Hut) voi Flöh.
    Bald a frischer Bua vigeht,
    aft hupf'n s' auf d' Höh.

Oft gesungen wird auch der folgende Reim, weshalb er hier angefügt sei, obwohl er seinen Ursprung nicht im Brixental hat.

16. Stumpfata Bes'n,
    wo bist denn heut' g'wes'n?
    Im Himmelreich ob'n.
    Woas toans s' doscht ob'n?

    Himmelmuatta tuat spinna,
    d' Engl toan singa,
    d' Hirt'n toan blås'n,
    d' Schaf toan grås'n
    auf dem himmlischen Rås'n.

Brixentaler Hochzeitsbrauchtum

Das Heiraten ist keine Kleinigkeit; werden doch alle Gründe, die für und wider die Heirat sprechen, sorgsam geprüft. Grad so mir nichts, dir nichts springt ein echter Bua nicht in den Ehestand. Wenn es einer tut, so muß er die hantige Suppe, die er sich eingebrockt hat, selber auslöffeln und kann dabei an seine Nachlässigkeit denken. Daher ist das Kennenlernen schon eine Sache für sich. Das „Fensterln geah'n" hat seinen notwendigen Zweck. Hier lernt er sein Diandl in allen Eigenschaften kennen, hier erfährt er ihr Urteil und ihren Stolz, wenn er „ogschlipft" ist. Jeden Tag in der Woche gehen die Bestimmten, je nach ihrer Eigenschaft, Fensterln. Folgende Reihenfolge ist im Brixental üblich:

Montag: d'Heiratfrager.
Dienstag: d'Krapfenbacher.
Mittwoch: d'Wurmig'n.
Donnerstag: d'Loadeg'n.
Freitag: d'Froateg'n.
Samstag: d'Lemstbettler.
Sonntag: geht alls.

Kommt der Bua zu seinem Diandl, dann gehts aufi auf d' Labn und er macht einen Klopfer an das Fenster seines Schatzes. Stundenlange Zwiegespräche werden am Fenster gehalten, bei denen alles mögliche besprochen wird. – Macht ein Mädchen einem Gaßler nicht auf, dann schallen statt Liebesworte Gaßlreime zum Fenster hinauf.

> A Sprung übas Gaßl,
> an Juchetza drauf,
> an Klopfa ans Fensterl,
> scheans Diandl, mach auf.
>
> Diandl, mach auf
> und tua mi einchilass'n.
> Laß mi nit lang wart'n
> auf der kalten Straß'n.
>
> Diandl, sei nit so stolz,
> dei Bettstatt is a grad aus Holz
> oder is mit Gold und Silber b'schlag'n;
> la mi a bißl zuichi frag'n.
> Tixbosch'n, Taxbosch'n,
> megst nit a bißl Schnapsl kost'n.

Ein anderer Gaßler macht es kürzer. Er singt dem Diandl einen Vierzeiler:

> Auffi übas Loatal,
> zuichi min Knia,
> an Klopfa ans Fensterl,
> geh, scheans Diandl, schau außa zu mia.

Wenn nun eine ihr Fenster nicht aufmacht und recht hochmütig tut, so kann sie es haben, daß ihr ein spöttisches Gaßllied gesungen wird, welches als Drohung das berühmte Sterzinger Moos anführt. Der Schluß eines von diesen Gaßlliedern lautet:

> … drum legt mans auf d' Eisenbahn,
> d' Schiach'n hintendran.
> Keman nit weita bloß,
> als ins Sterzinger Moos.

Nach dem Egartmahd, wenn die Kirschen zeitig werden, da ladet der Bua das Diandl ein, zu ihm um Kirschen zu kommen. Er singt:

> Heua geits decht a mal Kersch'n a,
> heua bleib'ns decht a mal drun.
> Kimst a mal Diandl,
> brock i dirs Fischtal voi un.

Oft entbrennen zwischen den Burschen Streitigkeiten, die durch ein Zwiderspiel des Diandls entstehen. Besonders dann geht es heiß her, wenn zwei Burschen das gleiche Diandl haben möchten. Derjenige, der zum Nachgeben kommt, denkt sich: „A andre Mutter hat a scheane Töchter." Er versucht sein Glück bei einer anderen. Solche Liebschaften dauern oft viele Jahre. Denn erst, wenn die realen Verhältnisse es gestatten, wird geheiratet.

Erscheint ein Bua mit der „Seinig'n" bei den Spielleuten, so hat er die Verpflichtung, seinem Diandl die Zeche zu zahlen, dabei darf er nicht „gnau" sein, im Gegenteil, mehr großzügig und etwas „aufgeah'n" lassen.

Auch ist es Sitte, dem Diandl zu gewissen Zeiten, Namenstag, Ostern und zu Weihnachten, ein kleines Geschenk zu geben. Die Gegengabe besteht meistens aus einem Tabakbeutel. Zu Weihnachten geben sie sich auch den „Scheaschz" gegenseitig.

Kann ein junger Mann zwanzig Traidhiefel, Sense, Rechen und Eisenstecken auf einmal tragen, dann darf er heiraten – er ist heiratsfähig; er besitzt die Kraft, für eine Familie das Brot zu verdienen. – Der Bua im Mahd, das Diandl im Bad; so soll der Altersunterschied zwischen dem Buam und dem Diandl sein. Dieser Altersunterschied wurde früher sehr of beobachtet.

Ist die Heirat vereinbart, so folgen gleich die ersten Vorbereitungen. Beim Tischler wird der Watsam angeschafft; die finanzielle Frage, das Erbteil, wird geregelt, falls dadurch dem Bräutigam Vorteile erstehen sollten.

Sind die Vorbereitungen entsprechend weit gediehen, so geht man zum Pfarrer „an Handschlag" (Brautexamen). In Söll wird geschossen, wenn das Brautpaar den Pfarrhof verläßt vom „Handschlag geah'n". Für das Schießen bekommen die Schützen beim Wirt ein Essen, welches das Brautpaar zahlt.

Wird das Brautpaar zum erstemal „verkindt", dann fahren sie an diesem Sonntag nach auswärts. Zwischen dem dreimaligen Verkünden – man nennt diese Zeit die „Breitschaft" – gehen die Brautleute zu den nächsten Verwandten, bringen ihnen ein kleines Geschenk, meistens von „an Gwand eppas", wofür sie wieder eine Gegengabe erhalten. Bei diesem Gang laden sie Leute zur Hochzeit ein.

Am letzten Verkündtag müssen die Brautleute in ihrer Gemeinde zur Kirche gehen.

Die Woche vor der Hochzeit ist die Woche der Grunacht und des Watsamführens. Die Grunacht findet am Donnerstag vor dem letzten Verkündsonntag im Hause der Braut statt und kann nur dann stattfinden, wenn die Braut keine „Hoamatkrax" (Besitzerin eines Hofes) ist. Den Watsam führt man am Samstag in der letzten Brautwoche in das Haus des Bräutigams.

Bekannte Musikanten und Sänger werden vom Brautvater gedungen. Der Schnaps darf nicht fehlen. Als Musikinstrument wird meistens eine Ziehharmonika und eine Harfe gebraucht, manchmal auch Zither und Gitarre. Ist die Musik im Gang, dann wird mit dem Tanz begonnen. Geladen werden zu der Grunacht die näheren und weiteren Nachbarn und Verwandte der Braut. Der Bräutigam kommt erst dann zur Grunacht, wenn man mittendrin ist.

Braut und Bräutigam müssen auch den „Brauttanz" tanzen. Wenn der Brauttanz getanzt wird, darf sonst niemand tanzen. Bei der Hochzeit muß dieser Tanz wiederholt werden. Er wird jedesmal dreimal getanzt.

Die Grunacht ist eine Abschiedsfeier der Braut. In wenigen Tagen verläßt sie das Elternhaus, zieht in ein neues Haus, in einen neuen Hausstand. Dieses Abschiednehmen wird von der ganzen Nachbarschaft mitempfunden und mitgefeiert. Dieser Abschied darf nicht ein trauriger sein, sondern man freut sich über das Glück der Braut. Mit tiefernster Freude verläßt die Braut ihr „Hoam" und zieht in das Haus des Bräutigams, um mit diesem gemeinsam eine neue „Hoam" zu gründen, mit ihm zu schaffen, zu sorgen und an den Freuden gemeinsamen Anteil zu nehmen.

Am Samstag wird Watsam g'führt. Einen Teil der Pferde und Männer dingt die Braut und einen Teil der Bräutigam. Nachbarn, die ein Pferd haben, werden zum Watsam führen gefragt. Als Mitfahrer gehen meistens ledige Burschen; wenn keine Burschen bei dem befragten Nachbarn sind, dann auch Ehemänner. Das, was die Braut als Watsam und in Geld bekommt, nennt man die „Außifeschtigung".

In aller Frühe dieses Tages wird es im Hause der Braut lebendig. Die Watsamführer sind da und beginnen die Einrichtung auf das Fuhrwerk zu schaffen (meistens auf den Schlitten, denn im Winter werden die meisten Hochzeiten abgehalten). Die Pferde sind schön geputzt, das Roßgeschirr glänzt, und ein Taxboschen mit vielen bunten Bändern wird auf den Kummet gesteckt. Wenn der Watsam auf dem Schlitten (im Sommer auf dem Wagen) ist, dann ladet die Brautmutter die Watsamführer zu einem Frühstück ein. Unterdessen trifft auch der Bräutigam ein.

Vor dem Abfahren wird noch Schnaps gefaßt, denn die Watsamführer müssen jedem, der ihnen begegnet, „z' Trink'n" geben. Dies bringt Glück für das Brautpaar. Es werden auch Stangen „vigmacht". Die Watsamführer müssen halten und erst, wenn alle von ihrem Schnaps „z' Trinkn" gegeben haben, wird die Stange entfernt.

Nach dem Watsam kommt die Brautkuh, die ein Verwandter der Braut führt.

Den Abschluß bildet das Brautpaar. Sie haben auch Schnaps bei sich und geben auch jedermann „z' Trink'n"; dafür wünschen ihnen die Leute viel Glück.

In Hopfgarten kam es vor etlichen Jahren zu einem alten Brauche, der wohl lange Zeit nicht mehr geübt und seither nicht mehr ausgeführt wurde. Es war das Spielen einer Begebenheit aus dem Leben der Brautleute bzw. des Brautvaters. Die Spieler dieser Begebenheit gingen in die Mitte der Watsamführer und sangen in gewissen Abständen ein „fudigs" Lied. Die beiden unerwünschten Mitgänger waren verkleidet und waren ein Mann und ein Weib. Der Mann trug eine Kraxe, das Weib einen Korb. Aus dem Korb der Frau schaute ein Kuhkummet und anderes altes Zeug heraus; auf der Kraxe befanden sich Melchsechter, ein Melkstuhl und andere älperische Gegenstände. Eine Tafel auf der Kraxe trug folgendes Verslein:

> Mia hamb koa Roß,
> mia hamb koan Wag'n.
> Mia müass'n insan Watsam
> selba trag'n.

Dieses Spiel bezog sich auf eine Durchfahrt durch das Feld des Brautvaters, die dieser nicht gestattete. Der Spott blieb nicht aus. Früher oder später kommt die Gelegenheit der Rückgabe.

Im Hause des Bräutigams erhalten die Watsamführer einen kräftigen Mittag, Muas und etwas „Bachnes" kommt auf den Tisch, und an Vor- und Zuspeisen darf kein Mangel sein.

„Rechte" Hochzeiten sind im Brixental fast ganz verschwunden. Nur hie und da findet noch eine statt. Durch die schlechten wirtschaftlichen Verhältnisse der Nachkriegszeit wurde das Abhalten einer „recht'n" Bauernhochzeit zu teuer. Mit dem Aufhören solcher Bauernhochzeiten sind viele Bräuche und Sitten ausgestorben. Es gibt keine Hochzeitlader, keine Ladreime und anderes mehr nicht mehr. In der benachbarten

Wildschönau werden noch öfters große Bauernhochzeiten abgehalten, wo die Teilnehmerzahl über 100 beträgt.

Der Tag der Hochzeit ist da. Am Montag nach dem letzten Verkündigungssonntag ist die Hochzeit. Fahren die Brautleute nach auswärts, zu einem Wallfahrtsort, so ist die Hochzeit in der Frühe oder beim Wallfahrtsort, sonst um 8 Uhr.

Die Brautleute kommen im Wirtshaus zusammen, wo sie den fröhlichen Teil der Hochzeit abhalten. Von dort gehen sie in die Kirche. Voraus geht die Hochzeitsmusik (heute wohl selten); es folgen die Hochzeitsbuam, die geladenen Männer, die Brautleute, Trauzeugen, Altmütter, die Hochzeitsdirndln und den Schluß bilden die geladenen Frauen.

Die Eltern der Brautleute nehmen an der Hochzeit nicht teil. Die Mutter nimmt nie teil, der Vater muß, wenn er teilnimmt, zuhinterst gehen.

Bei der Hochzeit sollen die Brautleute geweihtes Brot im Sacke haben. Dies soll für das Zusammenhalten in der Ehe förderlich sein.

Wie das Ringl „unchigeht", so ist es im Ehestand der Brautleute. Geht es „zoch" an den Finger, so werden viele trübe und unglückliche Stunden sein, geht es „leicht" an den Finger, dann wird es ein guter Ehestand sein.

Den Abschluß der kirchlichen Feier bildet das Hochzeitswein- oder Johannesweintrinken am Altare. Die Brautleute trinken dreimal, die übrigen einmal.

Verlassen die Brautleute die Kirche, warten vor der Kirchtüre zwei Burschen, die die Braut stehlen. Unter vielen „Juhui" gehen sie mit der Braut in ein Wirtshaus, essen und trinken nicht zu wenig, und wenn der Bräutigam seine Braut wieder haben will, so muß er die Zeche der Braut und der Brautstehler bezahlen.

Im Wirtshaus, wo die fröhliche Feier der Hochzeit stattfindet, gibt es nach der Trauung eine Morgensuppe und später, gegen Mittag, das Hochzeitsmahl.

Manchmal kommt es auch vor, daß nach der Hochzeit den Brautleuten auf der „Kirchgasse" etwas aus ihrem vergangenen Leben gespielt wird. Da kommen oft unbekannte Sachen an das Licht.

Die Hochzeitsbuam tragen den Hut mit Federn und Blumen geschmückt, die Hochzeitdirndln tragen den Kranz. Der Führer der Buam ist ein Bruder der Braut; er muß sorgen, daß jeder Bua ein Dirndl zum Tanzen bekommt.

Der Bua muß dem Dirndl so viel zahlen, daß sie das noch herausbringt, was sie der Braut weist. Der Hochzeitsbua muß dem Bräutigam weisen. Das kommt dem Hochzeitsbuam nicht billig, denn dazu kommt noch das „übers Gaßl geah'n", von einem Wirtshaus in das andere gehen, wo sein Dirndl mitgeht.

Die Männer und Frauen, die an der Hochzeit teilnehmen, tragen ein Myrthensträußlein am Rock. So auch der Bräutigam und die Braut, die auch das Kranzl trägt.

Wenn bei einer Hochzeit geschossen wird, deuten es viele als ein schlechtes Zeichen; sie sagen: „'s wird das Glück verschossen."

Kommen die Brautleute von der Hochzeit nach Hause, werden sie festlich empfangen. Die Braut wird „in das Haus g'führt".

Am ersten Tag nach der Hochzeit wird die Braut in den Hausstand ihres Bräutigams eingeführt. An diesem Tage gibt es zu Mittag die „Hausknödel" und am Abend ein Krautmus, welches die junge Bäuerin kochen muß und wo bei Tisch die Baudirn mit dem Essen beginnen muß.

Die beliebtesten Zeiten für Hochzeiten sind Lichtmeß, Fasching und Ostern.

Wenn zwei Eheleute nicht mehr „dergschaff'n" und sie tun „auseinander", so wird der Braut beim Wegführen des Watsams (sollte der Mann „zuichigeheiratet" haben, so diesem) eine Buchlmusik gemacht. Man nimmt Bockhörner, Deckel und Kübel und macht damit Lärm, man begleitet den Watsam. Manchmal passen die Buchlmusikanten an geeigneten Stellen und machen dort ihr Ständchen. Daß zwei Eheleute auseinander tun, kommt sehr selten vor, denn die gesunde Ansicht über die Ehe, die im bäuerlichen Kreise herrscht, übt schon bei der Wahl der Braut ihre Kraft aus. Auch wäre es eine nie tilgbare Schande, wenn der Watsam mit der Buchlmusik zurückgeführt würde.

Das „Anmelden"

Stirbt ein Mensch, so kommt es vor, daß sich der Verstorbene „anmeldet". Besonders in der Wildschönau war das „Unmeld'n", wie man im Volksmund sagt, vor dem Weltkriege stark im Schwung. Auch aus den letzen Jahren habe ich Fälle erfragt, wo sich Tote anmeldeten. So meldete sich mein Vater – er starb im Jahre 1936 – bei einer verwandten Frauensperson an.

Begebenheiten aus der Wildschönau:

Ein junger, bekannter und guter Musikant starb. In der Nacht nach seinem Tode hörten Freunde von ihm eine Bauernkapelle spielen, wobei sie das Instrument des Verstorbenen besonders gut hörten. Alle Freunde hörten die Musik um die gleiche Zeit, vor Mitternacht, obwohl nicht alle Freunde im gleichen Hause waren. Manche standen auf und schauten, doch sie sahen nichts. Hatten sie sich wieder niedergelegt, dann begann die Musik von neuem zu spielen. Andere Personen, die in den Häusern von Freunden des Toten wohnten, hörten nichts von dieser Musik. Am anderen Tage erfuhren die Freunde vom Tode ihres Kameraden.

Eine andere Begebenheit erzählt von einem Kartenspieler. Als dieser in der Nacht starb, meldete er sich sofort bei seinen Kartenfreunden, mit denen er ganze Nächte Karten spielte, an. Sie waren in verschiedenen Häusern, doch überall meldete er sich zur gleichen Zeit. Er klopfte an das Fenster – die Schlafenden wurden wach – und man hörte, wie etliche Männer beisammen waren und Karten spielten. Die Stimme des Verstorbenen hörte man am besten. Dies dauerte kurze Zeit, dann verschwand der Spuk.

Von zwei jungen Bauernburschen, die oft miteinander „Fensterln" gingen, starb einer. Der Verstorbene meldete sich bei seinem Kameraden, als dieser am Fenster seines Diandls stand, indem er dreimal an das Fenster klopfte und ihn beim Rockärmel zog.

Bei einem Bauern meldete sich ein Knecht an, der viel Jahre dort im Dienst war, später dann weg kam und bald darauf starb. Er hob das Kammerfenster der Eheleute aus und warf es über die Labn.

Aus dem Brixental sind mir folgende Begebenheiten bekannt:

Ein Bauer hatte mit einem Verwandten eine Feindschaft. Am Sterbebette verlangte er nach dem Verwandten; dieser wies sein Verlangen jedoch ab. Nach dem Tode des Bauern hörte der Verwandte auf dem Boden über seiner Kammer um die Mitternachtsstunde alle Tage einen Menschen mit einem schweren Sack, den er manchmal auf den

Boden warf, hin und her gehen. Dieser Spuk dauerte solange, solange der Bauer auf dem „Lad'n" (Totenbett) lag.

Im Winter starb einmal ein alter Bauer. Dieser meldete sich beim Nachbarn nach Mitternacht. Er tat die Zimmertüre etliche Male auf und zu.

Aus dem Sölland erfuhr ich folgenden Fall:

In Söll lebten auf einem Bauernhofe mehrere Geschwister; zwei Schwestern waren furchtbar „siachisch" und stritten sich um ein Federbettl, welches sehr warm war und der Mutter gehörte, wer es nach deren Abgang bekommen sollte. Als die Mutter starb, hatte es eine der beiden Schwestern bei ihrem Bette. In der Nacht riß die Mutter immer am Federbettl. Ein Kind schlief neben der Schwester und spürte nichts. Die Schwester hielt das Bettl und erst als sie anfing zu beten, hörte das Reißen auf. – Das Federbettl bekam dann ein Bruder.

Mein Vater starb im Juli 1936. Er meldete sich in der ersten Nacht nach dem Tode bei der Frau meines Großvaters an. Diese ging vor Mitternacht auf den Abort und und als sie in das Zimmer zurück ging, schloß sie die Türe ordentlich zu. Kaum lag sie im Bette, da ging langsam die Türe auf. Sie sagte dies ihrem Manne und fügte bei, daß sich jemand angemeldet habe. Am nächsten Tage kam der „Kirch'nsaga" und nun wußte sie gewiß, daß sich mein Vater angemeldet hatte.

Die Seelen der Verstorbenen melden sich bei Freunden, Bekannten oder Verwandten an, sie geben ein Zeichen, damit man für sie bete. Wenn sich jemand anmeldet, so soll man ihm gleich etwas beten, damit der Verstorbene zur Ruhe kommt. Klopfen ist das beliebteste Zeichen, welches von Verstorbenen beim Anmelden gegeben wird. Solange gibt der Anmelder keine Ruhe, wenn man ihm nicht etwas betet, bis er beerdigt ist.

Stirbt in einer Gemeinde jemand, so surrt die Friedhofgrille tagszuvor in einem eigenartigen Ton; sie singt das Klagelied, sagt man. Wenn ein Mann stirbt, setzt sie einmal ab. Bei Kindern surrt sie ganz leise. In manchen Orten heißt man die Friedhofgrille auch Dorfgrille. Nur in einer bestimmten Richtung wird die Friedhofgrille gehört.

Von Arbeit und Freizeit

Zeug und G'wand des Bergbauern im Brixental

Heller, klarer Lichtmeßtag
uns guten Flachs zu bringen vermag.

Wenn das Wetter am Lichtmeßtag schön ist, so soll der Flachs gut geraten. Ist das Wetter nicht schön, so wird er nicht lang.

Im März oder April wird beim Ackern des Getreideackers auch der Flachsacker umgeackert. Als Flachs- und Hanfacker suchen die Bäuerinnen jenes Flecklein im „Hoamatl", wo die wilden „Freil" einmal tanzten oder standen; auch jene Flecken werden gerne genommen, wo die Perchtenspringer im Winter recht „hoach" gesprungen sind, denn je höher der Perchtensprung, desto länger der Flachs.

Neben dem Flachs wird auch der Hanf angebaut, welcher ebenfalls zum Tuch verarbeitet wird.

Die Samen werden erst im Mai, wenn es nicht mehr „g'friert", gesät. Beim Säen geht die Bäuerin nach bestimmten Regeln; so sagt sie, sät man das Haar vormittags, dann sprießen die Pflänzlein vor Sonnenaufgang an die Oberfläche und sind widerstandsfähiger; sät man den Samen nachmittags, so sprießen die Pflänzlein nach Sonnenaufgang an die Oberfläche. Auch sagt die Bäuerin, daß man den Flachssamen vor Sonnenaufgang säen soll, da es mehr Samen (Linsen) abgibt, dagegen blüht der Flachs immer, wenn er nach Sonnenaufgang gesät wird und es gibt wenig Samen ab.

Das erste Mal wird der Haar gejätet, wenn er zwei Blätter hat; ein zweites Mal dann, sobald er länger ist. Nach dem Jäten wird Asche darüber gestreut, damit er gut gedeihe.

Einige Zeit nach Jakobi wird der Haar „auszog'n", kleine Garben gemacht und von den Männern und Burschen geschöbert. Sobald die Flachspflanzen schon braundürr sind, werden die Garben in die Tenne gebracht. Jetzt wird mit Holzbengeln „benglt", damit man den Samen erhält, welcher durch das Bengeln davonfällt. Nach dem Bengeln werden Faschtl gemacht. Dieselben bringt man auf einen Schmelchenroan und dort wird er „broat". Der Flachs wird nun solange dem Wetter ausgesetzt, bis er „bloach" (weiß) ist. Bald er „bloacht" ist, wird er aufzangelt und aufgerechnet. Wieder werden Faschtl gemacht und zur Brechlstube gebracht.

Vor zehn Jahren (1930) gab es im Brixen- und Windautal noch sogenannte Badstuben, die bedeutend „g'führiga" waren als die Brechlstuben, da man bei den Badstuben den ganzen Flachs oder Hanf auf einmal dörren konnte; bei der Brechlstube aber immer nur ein kleiner Teil gedörrt werden kann. Die Badstuben waren jedoch feuergefährlich und aus diesem Grunde wurden sie aufgelassen.

Im Frühherbst wird gebrechelt. Die Brechlstuben oder Brechllöcher liegen vom Haus ein kleines Stück entfernt. Zum Brechln werden etliche Weiber aus der näheren und weiteren Nachbarschaft von der Bäuerin verdingt. Hat nun eine Brechlerin eine „Boiß" gebrechlt, dann wird der Haar zusammengetan, man hat eine „Katze". Die „Katzen" werden dann gehachelt. – Was beim Brecheln auf den Boden fällt, heißt man „Aokampn", welche teils gesponnen, teils in „Goita" (Bettdecken) getan werden. Ganz selten wurden früher die „Aokampn" verschickt, meistens nach Innsbruck oder Kufstein in Spinnereien, die mehr maschinell eingerichtet waren. Zum Hausspinnen sind die „Aokampn" „ead". – Von der aufgehachelten Haarkatze gibt es die Haarreistl, welche im Winter gesponnen werden.

Um die Zeit, in der die Brechlerinnen in der Frühe anfangen, sollen sie abends fertig sein. Fangen sie also um 6 Uhr an, so sollen sie um 6 Uhr abends Feierabend haben, fertig sein.

Zum Brechln gibt es auch bessere Kost. Kaffee und Kloberbrot-Schmalzbrot, Nudeln, Kiachl, Fleisch und Muas.

Auch ist es Brauch, daß auf dem Dach der Brechlstube ein geschmückter Fichtenbuschen und eine Halbliterschnapsflasche, gefüllt mit einem guten Moosbeerler, ist. Die Brechlerinnen geben jedermann, der vorbei kommt, vom Schnaps zu trinken, werfen ihm aber auch oft in böswilliger Weise „Aogn" (= feine Wegfall beim Brechln) nach, die sehr ungemütlich sind. Schneidige Buam versuchen den Brechlerinnen die Schnapsflasche zu stehlen. Gelingt einem dies, so kann er stolz sein. Schlägt aber das Unternehmen fehl, dann bleibt die Strafe von den Diandln nicht aus.

In der Zeit nach Weihnachten bis Lichtmeß wird gesponnen. Manche Bäuerinnen stellen sich für diese Zeit eigene Spinnerinnen ein, die von 4 Uhr früh bis 8 Uhr abends arbeiten. In dieser Zeit gehen die Bäuerinnen und die Dirnen zu den Nachbarn in den „Rocknhoangart". Neben dem Spinnen werden die Geschehnisse des vergangenen Jahres „durchalassn". Von zwei Spullen gesponnen Flachses gibt es einen Strähn. In der Lichtmeßwoche werden die Strähne mit Asche gesotten und „gschwoamt" (gewaschen). Nun wird das Garn an die Weberspulen „gspuit".

Vom Flachs wird auch der Bauernzwirn gesponnen. Besonders schöne Haarreistl legt man auf die Seite und spinnt dann dieselben feiner als das für den Weber bestimmte Garn. Von den Spulen weg wird das Garn für den Zwirn abgewickelt zu Strähnen, dann gesotten wie das andere Garn. Nun werden drei Garne zu einem Zwirn zusammengelassen, mit dem Spinnrad zusammengedreht. Hernach wird der Zwirn wieder zu einem Strähn aufgehaspelt. Bricht er beim Aufhaspeln dreimal ab, so ist er recht. Im Frühjahr wird gebleicht, damit er schön weiß wird und zu einem Knäuel aufgewickelt.

Nicht jedes Jahr kommt der Weber auf die Stör. Durchschnittlich jedes dritte Jahr wird der Weber auf die Stör verdingt. Das „Wirchn" dauert meistens eine Woche, hie und da auch länger. Der Lohn des Webers wird nach der Elle (Meter) berechnet, und zwar für die Elle 1 bis 1,50 Reichsmark. Auch hat der Weber bessere Kost.

Im Frühjahr wird das gewobene Tuch auf dem Felde vor dem Hause zum „Bloachn" ausgebreitet. Nach dem „Bloachn" sind die Tuchwögal fertig, die dann in den Kasten wandern. Ein Wögal ist 7 bis 9 Meter lang, die Breite richtet sich je nachdem, wie der Weber die „Stuahl" oder „Wiesbam" ansetzt, bzw. zu was das Tuch bestimmt ist.

Das Jahreserzeugnis eines mittleren Flachsackers ist 15 bis 40 Schöber, das gibt 3 bis 7 Wögal ab.

Die Behandlung des Hanfes ist gleich wie die des Flachses. Das Hanftuch ist nur etwas gröber und bläulicher. Der Same vom Hanf wird auf dem Acker ausgereift. Nach Jakobi wird „g'femmelt". Es werden die dürren Hanfstengel ausgezogen. Von diesen gibt es das Tuch ab, von denen die noch grün sind, gibt es dann später den Samen. „Zum Hunif femmeln is da Brauch, d' Diana z' vahan", lautet das Wort der Bäuerin, denn um diese Zeit werden Dirnen und Knechte für das nächste Jahr verdingt.

Das gewobene Tuch wird größtenteils als Bettwäsche verbraucht; dann auf Handtücher, Tischdecken, Melcherjanker, Hemden, Hosen und Mehlsäcke für das feine Weizenmehl. Diese hausgemachten Kleiderstücke dienen dem Bauern als Arbeits- und Werktagstracht.

Der Ehehalte erhält als Zusatz zu seinem Barlohn jährlich ein Paar wollene Strümpfe, eine wirchene Hose und ein Hemd. Dem Alpsenner muß darüber man noch ein Futterjackerl geben, desgleichen dem Fütterer. Sommerhagerinnen erhalten, wenn sie den ganzen Sommer halfen, zwei Haarreistl, damit sie sich selber einen Zwirn spinnen können. Wenn eine Dirn den Haar oder Hanf sät, dann erhält sie von der Bäuerin als Sälohn drei Handtücher.

Im Erzeugen von Hosenstoff, den man „Zwilch" nennt, haben manche Weber große Geschicklichkeit. Ein guter „Zwilch" ist immer gesucht. Vor allem die Kulturarbeiter in den Forstbetrieben schätzen eine „zwilchene" Hose hoch.

Ein anderes Gebiet zur Gewinnung von Stoff ist die Schafzucht. Die größte Schafalm im Brixental ist Salzer, dann folgen die Kuhwildalm, Oberkar und Bail. Bei diesen Almen geht der Auftrieb von Schafen in die Hunderte.

Zweimal im Jahre werden die Schafe geschoren. Im Frühjahr und im Herbst. Die Herbstwolle ist die gesuchtere, denn sie ist länger und schöner, da die Schafe mehr dem Wetter ausgesetzt sind.

Die Schafwolle wird zuerst gewaschen. Zum Spinnen ist sie leichter, wenn sie nicht gewaschen sind, jedoch ist das Tatschen einer ungewaschenen Wolle sehr schwer. Vor dem Tatschen wird die Wolle ein wenig „zaust". Die schlechte Wolle wird nicht getatscht (kartatscht), sie wird gewalkt und zu Dogglsohlen (Patschensohlen) verarbeitet.

Im Brixental gibt es mehrere größere Tatschen, die Wolle zum Kartatschen übernehmen. So gibt es in Hopfgarten, Brixen und Kirchberg solche größere Tatschen, wo eine Person im Nebenberuf Wolle tatscht.

Bei manchen Bauern hat man auch kleine Handtatschen. Wenn man wenig Wolle hat, stehen sie gut zu Diensten.

Die tatschte Wolle wird gesponnen, dann zwei oder drei Fäden „z'sammlass'n", abgehaspelt und auf Knäuel aufgewickelt.

Hat man eine ausreichende Menge Wollgarn zu Hause, so dingt man den Weber zur Stör. Jedoch nur sehr selten hat man den Weber zum Loden weben. Meistens muß der Loden beim Kramer gekauft werden, da die gewonnene Schafwolle nur für Strümpfe, Sokken, Stutzen, Kappen und Werktagswesten ausreicht. Die Zucht und Haltung von Schafen wird im Brixental viel zu wenig gepflegt. Daher ist der Bauer genötigt, alle Lodenstoffe beim Kramer zu kaufen. – Im Zillertal blüht die Schafzucht bedeutend mehr und es gibt dort auch mehr Lodenweber. An solche Lodenweber wird Schafwolle verkauft, die man erübrigt, da man wegen wenig Wolle nicht zur Lodenverarbeitung schreitet.

Holzarbeit und Holzknechtleben im Brixental

Holzknecht sein ist eine Freud'
Doch es hat gebracht viel Leid.

Die Holzarbeit ist eine der gefährlichsten Arbeiten, die es gibt in Gottes freier Natur. Oft und oft hört man von einem Unglück bei der Holzarbeit. Ich will hier eine kleine Beschreibung dieser Arbeit geben.

Werk- und Arbeitszeug

Glieder- oder Scharreisen sind unentbehrliche Begleiter eines jeden Holzhackers. Dann Beil und Asthacke, Zepin, Scheit- und Klemmkeil; letztere bestehen aus Holz, erstere aus Eisen und Holz in der Weise, daß die Spitze des Scheitelkeiles aus Eisen, der rückwärtige Teil aus Holz ist. Jeder Holzknecht hat meistens ein Paar von jeder

Keilart. Schebser und Schinda werden zum Entfernen der Rinden benötigt. Den Schebser benötigt man im Herbst, den Schinda dagegen im Frühjahr, wenn der Saft geht. Der Schinda ist schaufelartig und gebogen. Feile und Hackenwetzstein dienen zum „Schneid" machen. Die Wiegensäge zum Umschneiden der Bäume hat eine Länge von 1,5 Meter und ist wiegenförmig.

Die Arbeit

Zuerst muß ein Baum umgeschnitten werden. Fällt nun der Baum an einen anderen, so, daß er nicht auf den Boden kommt, dann ist er aufg'hängt. In diesem Falle muß man auch den Baum, auf dem der Aufg'hängte ist, umschneiden, oder einen anderen auf den Aufg'hängten fallen lassen. Der Holzhacker sagt, wenn ein „Bam" umfällt: „Etz hot's oan oiche draht." Bleibt beim Umschneiden ein Stück des Baumes auf dem Stock, so nennt man dies eine „Sprons". Auf dem Stock macht man oft – nicht immer – mit der Hacke ein Kreuz.

Dann werden mit der Asthacke die „Est" weggehackt und der Baum wird „trümmert". Ein Trumm mißt meistens vier Meter.

Im Langs mit dem Schinder, im Herbst mit dem Schebser, wird nun die „Rind" (Rinde) oagringt. Zum Abrinden wird das Holz „unblaßt", d. h. mit der Hacke nach längs ein Strich gezogen, damit man mit dem Schebsa oder Schinda dahinter kommt. Nun wird aufgeräumt. Alles, Rinden, Taxn, Astach (Äste) und Brennholz wird an die dazu hergerichtete Stelle geschafft. Es folgt das Zusammenfällern. Das Holz wird – nun Sägehölzer – zu einem Haufen zusammen getan. Nun kimt das „Hoizn" (Holzen). Das Hoizn geht folgendermaßen vor sich: Zuoberst (hinterst) wird eingelassen, in der Mitte muß einer „gamsen", d. h. weiterleiten, wenn etwas stecken bleibt und der letzte muß einrichten, d. h. das Holz auftrulln.

Zur Warnung sagt der, der in der Mitte steht: „Holz gehtal" (Holz geht zu Tal). Nun wird ungfangt. Da schreit der Oberste: „Fliach (Flieh) a bißl (ausstellen)." Wird ein größerer Holzprügel in die Buh'n (Bahn) lassen, so ruft der Oberste: „A lauta" (größer), ist es ein kleiner, so sogt er bloß: „Hoiz".

Ist das Holz g'hoizt, so wird noch g'mustascht (mustern) und g'messen. Und dann können die Fuhrwercha (Fuhrwerker) kemma und das Holz zu da Sag führn.

Art

Scheans (schönes) Holz heißt man Blockholz; Zellulose nennt man Schleifholz und a Brennholzstuck a Keiwl – ein Kalb. Es gibt Kahlschlag und Plentung, d. i. Teilschlag.

Bei einem Kahlschlag muß man darauf achten, daß man einen Kronenschluß hat. Bei einem Kronenschluß darf man nicht bogenförmig, sondern man muß in gerader Linie schlagen. Hat ein Baum einen Wipfel verloren, so hat er ogwipfelt. Es kommt vor, daß ein Baum zwei Wipfel hat; dies nennt man Zwiefel. Bäume können auch zusammenwachsen, wodurch ein Zwiefelbaum (Zweibaum) entsteht. Alte Bäume sind oft bärtig. Dieser Bart ist eine Art Moos, den Flechten sehr ähnlich.

Bei Tannen kommt auch die „Trut" vor. Dies ist ein sonderbares Ding. Sitzt eine Trut – dies ist ein eulenartiger Vogel – auf einer Tanne, dann wächst dieses G'wax (Gewächs). Es ist ein von Nadeln freies und buschiges Gewirr. In alten Zeiten, sagt man, lebte in unseren Wäldern die Truthexe. Sie war den Menschen sehr böse gesinnt und tat großen Schaden in den Wäldern. Eines Tages verzauberte sie der Teufel in den Trutvogel. Diesen Vogel sieht man selten oder überhaupt nicht.

Ist ein Baum dürr geworden, so heißt er eine Thur. Ein vom Wind abgerissener Baum, von dem der untere Teil noch steht, wird Stutz'n geheißen.

Wohnung und Kost

Die Hütte der Holzknechte im Walde ist sehr einfach und heißt Sölln. Sie wird aus Stangen und Rinden gebaut. Als Dach und zur Verkleidung der Wände werden Rinden verwendet. Das Dach wird mit zwei Schichten, also doppelt, mit Rinden bedeckt, damit im Sommer, wenn es regnet, die Trupf (Tropfen) nicht einigeht.

Wie sieht es innen aus? Auch sehr einfach. In der Mitte steht der Feuerwagen oder die Esse. Auf der einen Seite steht der Gransen, das ist ein Bett, auf der anderen eine Stellage zum Hinstellen der Lebensmittel. Als Gransen oder Bett bedient man sich eines Strohsackes mit Farn, Taxn oder Moosstreu. Decke und Kopfpolster werden von den Holzhackern von Zuhause mitgenommen. Sonst wird man in einer Sölln nicht viel sehen. Eine Bank zum Hinhuckn und einen Gugger. Gugga (Fenster) und Tür dienen zum Abziehen des Rauches. Die Kost ist schmalzig. In der Friah gibts: Mus, sind die Oa (Eier) billig, dann auch Oamus. Zu Mittag gibts dasselbe wie in der Frühe. Am Abend gibt es eine größere, dafür aber eine schlechtere Auswahl. Da wird gekocht: Brennsuppen, Wassakoch und Wixa (Türkenwürger, wird aus dem Maismehl gemacht). Wenn die Holzknecht zu Mittag essen gehen, so sagen's „Muaszeit". Am Abend: „Schicht auf." Ein Tier braucht man auch in der Sölln, und das ist die Katze zum Mäusefangen. Interessant ist – es gehört zwar nicht in diese Rubrik – daß ein guter Holzknechtschuh vier Kilogramm wiegen muß.

Werkzeugfehler

Bei den Hacken nennt man es, wen sie koa (keine) Schneid mea (mehr) ham (haben) Schoascht'n (Scharten). D' Schoast'n kommen meistens, wenn die Hacke aus schlechtem Stahl besteht. Ist der Stahl zu weich, so hebt er nicht; ist er hart (spröde), so bricht er. Ist dies der Fall, so muß man zum Schmied gehen und betreffende Werkzeuge aufstacheln lassen. Bei den Holzkeilen sagt man, wenn sie rückwärts in Fransen gehen, sie haben einen Bart.

Der Holzschuh

> D' Holzschuhmacha send schlauche (schlaue) Leut';
> wenn man ea für ea War' z'vü Geld hergeit,
> aft schmeiß'ns d' Holzschuach weita (weg)
> und kaf'n (kaufen) ea (sich) noble Ledaschuach
> und denk'n sich dabei: „Etz send ma (mir) reicha,
> etz mög'n ma koan Hoizschuach mehr."
> So send d' Hoizschuachmacha,
> so send diea Lump'n.
>
> (Spottgedicht)

Die Bedeutung, die der Bergschuh für den Bergsteiger hat, hat der Holzschuh für den Bauern und Älpler. Der Holzschuh hat seinen Namen nach der Sohle, welche aus Holz ist. Sie ist daher dauerhafter als eine Ledersohle und dabei kommt auch ein Holzschuh billiger als ein Lederschuh. Auch werden die Holzschuhe von den Bauern gemacht. Nicht jeder für sich allein, sondern in jedem Ort sind einige Bauern, die in der Freizeit „hoizschüchln". Der Holzschuh ist ein Erzeugnis der Hausindustrie.

Nachstehende Beschreibung soll uns in knapper Form den Werdegang eines Holzschuh's zeigen.

Der Hauptteil ist die Holzsohle. Man nimmt dazu am liebsten Ahornholz, da dieses am geringsten ist und bei schlechtem Wetter nicht Wasser einsaugt, wie zum Beispiel das Fichtenholz. Zuerst wird das Holz zurecht gehackt. Dann beginnt man mit dem Schnitzmesser, Tex, Außerreißer, Außerstecher und dem Zieheisen die Arbeit. Alle diese Werkzeuge dienen dazu, der Sohle Form und Feinheit zu geben. Nach der Formgebung kommt die Holzsohle in siedendes Wasser, und wird mit Kabolineum getränkt. Ist das Holz getränkt, so wird das Leder mit dem „Kneip", einem alten Messer, zugeschnitten. Das zugeschnittene Leder wird aufgenagelt, „aufledan" sagt man. Nach dem „Aufledan" werden die „Klampan" (Klammern) in den Schuh geschlagen, somit ist Leder und Holz fest verbunden. Es werden noch die Nägel und die nötigen Blechstreifen angebracht, sowie mit dem Durchschlager die Löcher gemacht und die Ringlein eingeschlagen zum Durchfädeln des Schuhriemens.

Der Lederteil des Holzschuhes, das „Übergschiach", besteht aus drei Teilen, Vorderteil, Hinterteil und Afterleder. Die Teile werden mit einer Schusternähmaschine zusammengenäht. Bevor es Nähmaschinen gab, mußte alles mit der Hand genäht werden. verwendet wird, wie bei allen Schuhen, Rindsleder.

Es gibt zwei Arten von Holzschuhen oder „Knospen", wie man die Holzschuhe auch manchmal nennt: die gewöhnlichen Holzschuhe und die „Schlappa". Die „Schlappa" wären mit den Halbschuhen zu vergleichen und sind sehr kommod. Man braucht nur „einchischliaf'n"; Riemen binden braucht man auch nicht, denn es sind keine. Die Schlappa braucht man im Stall und auf der Alm derjenige, der wenig zu laufen hat.

Zum Schluß wollen wir noch das Werkzeug beschreiben. Hacke, Schnitzmesser, Hammer, Breitzange, Ahle und Lerderzange haben keine außergewöhnliche Form. Der

Tex ist an einem Stiel festgemacht. Am Ende des Stiels ist der Tex, auf der einen Seite schaufelförmig und vorne mit schneidigem Teile, auf der anderen Seite ein halb zusammengerolltes Eisen, welches ebenfalls vorne schneidig ist. Der Außerreißer ist vorne rund und hat in der Mitte der Rundung einen kleinen Vorsprung, der dazu dient, die Holzsohle abzuhobeln. Auch das Zieheisen dient, wie der Tex und Außerreißer, zum Glattmachen und Formen der Holzsohle. Es besteht aus Eisen und ist so geformt, daß, wenn man damit über das Holz fährt, es das Holz abhobelt, also: ein kleiner Hobel. Der Außerstecher hat vorne ovale, rückwärts viereckige Form, mit eingeschnittenem Dreieck. Er ist aus Eisen und dient zum Falz machen bei der Holzsohle. Eine ältere Form, die heute außer Gebrauch ist, ist vorne viereckig mit ganz leichter Einschneidung. Auch diese Art ist aus Eisen und der Stiel nach aufwärts gebogen.

Das Jaggln

Wenn die langen Winterabende beginnen, so kann man im Freien nicht so lange arbeiten wie im Sommer. Man will nun nicht etwa nach dem Rosenkranz bald schlafengehen; man will Unterhaltung. Zu solchen Unterhaltungen gehört auch das Kartenspiel. Das bekannteste und beliebteste Kartenspiel ist das „Jaggln". Es können fünf bis sieben Personen teilnehmen.

So nach Weihnachten fängt man an und bis in den März hinein spielt man. Außer dieser Zeit wird nie g'jagglt. Es ist also ein Winterkartenspiel. „Kemt's aft (dann) amal a's Jaggln", laden sich die Nachbarsleute gegenseitig ein. Gerne nimmt man diese Einladung an.

Als Karten dienen gewöhnliche, einfache. Der Herz-, Laub- und Eichelsechser werden weggetan; es bleiben noch 33 Karten. Spielen fünf Personen, erhält jede sechs Karten, spielen sechs, erhält jede fünf Karten. Bei sieben Personen muß bald diese, bald jene Person rasten. Drei Blattl (Karten) kommen in den „Doaba", d. h. sie werden in der Mitte des Tisches gelegt. Derjenige, der ansagt, kann sie nach dem Ansagen nehmen und anschauen. Passen sie ihm, so kann er sie behalten. Er muß dafür drei andere „oichileg'n".

Die Hauptkarte ist der Jaggl, d. i. der Schellunter. Er sticht ein jedes Briefl (Karte). Als zweithöchster tritt der Zanggl oder Waxbock, wie er in Sölland genannt wird, auf. Er ist der Herzzehner. Der dritthöchste ist der Buggl = Schellsechser oder Welli. Das nächsthöchste sind die Trümpf. Ist der Jaggl ang'sagt, so ist Schell Trumpf. Wenn der Zanggl gerufen ist, dann gilt Herz als Trumpf. Eichel ist Trumpf, wenn der Buggl gerufen ist. Mancherorts wird der Buggl auch zu Laub getan und dort und da auch zu übrigen Farben. Das Nächstbeste sind die „Gwiß". Dies sind alle Zehner und Sau'n (As). Damit das Spiel gewonnen ist, muß der Ansager oder dessen Gegner fünf Gwiß aufweisen können. Der Jaggl, der zwar kein Zehner und keine Sau ist, gilt als Gwiß. Der Buggl wird nicht als Gwiß gewertet. Im Söllandl, bei Wörgl und Kirchbichl, sticht der Trumpfzehner den Trumpf-König = Ober und Unter. Im Brixental ist dies nicht der Fall.

Ist zum Beispiel der Jaggl gerufen, so ist Schell Trumpf. Trumpf locken tun auch der Zanggl und der Buggl, d. h. man muß Trumpf hergeben, wenn einer von diesen ausgeworfen wird. Zu jeder Farbe locken die drei Hauptkarten Trumpf. Wer das gerufene Blatt hat, ist Partner des Ansagers. Im Sölland ist, wenn sieben Personen spielen, derjenige, der den Herzacher hat, auch beim Ansager. Es kann aber vorkommen, daß das betreffende Blatt im „Doaba" liegt, dann ist man allein. Machen die Gegner des Ansagers keinen Stich, so ist dies ein „Gmatschts". Sie müssen doppelt soviel als gewöhnlich zahlen. Ruft der Ansager den Zanggl, Buggl oder gar die Labsau, so ist es möglich, daß der Ansager und dessen Partner gmatscht werden. Und wenn es recht auf's Matschn hergeht, kann man froh sein, einen „Motschstich" gemacht zu haben. Wird gmatscht, so muß jede Person, die unter den Verspielern ist, zwei Groschen, wenn man minder tut, und vier Groschen, wenn man doppelt tut, zahlen. Wenn nicht gmatscht wird, zahlt man die Hälfte. Das Geld wird zu gleichen Teilen unter den Gewinnern geteilt.

Auswerfen muß der Ansager. Wer sticht, muß als nächster auswerfen.

Hat man den „Doaba" genommen, so kann der Ansager auswähl'n. Er kann schlechtere Karten ablegen. Nur darf er keinen Zehner oder keine Sau ablegen.

Nachstehend folgen die am häufigsten gebrauchten Redensarten bei Jaggln:

Easchta (erster) Gwinn macht an Beitl (Geldbeutel) kring (gering).

Wea zeascht gwinnt, vaspüit (verspielt) spata.

Hat jemand den Jaggl gerufen und es liegt eine andere Farbe im Doaba, dann sagt man: „Ma' ku's hoit (halt) ah nit schmeck'n (riechen)."

Da eascht Gedank'n is da best – beim Ansagen.

Wenn ma zeascht a schlechte Kascht hat, aft ligg' (liegt) oan gean was guats inn (im Doaba).

Drei Farb'n, 's ganze Spiel vadorb'n.

Hat man eine gute Karte, dann gebraucht man das Wort „Kaschtei".

Wenn man längere Zeit nichts rares kriegt, sagt man: „I bin eam Feind g'wes'n, da Kascht."

A so was, wennst nit tast (tätest).

Eppas is eppas (etwas).

Der Sucher nach den Trümpfen sagt: „Mui (muß ich) ge' schaug'n gea', wo d' Trümpf send."

Die Trumpfsau steht nicht am Besten. – „Bugglts die Trumpfsau!" – „Haut's aus die Trumpfsau!", wird gerufen.

Der Besitzer der Trumpfsau verteidigt: „Trumpfsau, wenns nit ausgeht (d. h. wenn sie der Ansager nicht auswirft), derf nicht bugglt wer'n."

Trumpfbesitzer und jene, welche Trümpfe hergeben müssen, sagen: „Trumpf warf i und wenn i gar koan hätt'!"

Muaß i Trumpfspeib'n (wenn man nicht Farb' hat, denn man muß immer Farb' geben).

Frisch koan oanzig'n Trumpf.

Hat jemand noch unvermutet einen kleinen Trumpf, welcher oft zu einem Hindernis werden kann, so sagt man: „Nu (noch) a so a Rera (kleine Karte) is inna."

Etz homas (haben wir es) eh schon.

Is schon wieda zen (zum) Zahlen.

Dös is Bock (sticht niemand) a ganze Bois (Zeit).

Etz is's schon wia's is (wenn man falsch geworfen hat).

Weama (werden wir) ausg'stoch'n hob'n.

Muaß i a Scheit schien (schüren; damit lieber gestochen wird, legt man ein Gwiß eini).

An Jaggl weng dea Not (wenn man nichts Gutes hat).

I tua schon jaggln.

An Jaggl wengs matschn (damit man nicht soviel zahlen braucht)!

I hun woi ganz blanka (allein) da, koan Trumpf dabei und Schoppa (Gwiß) ah koan.

I hätt'n woi nakata (allein) da.

Etz Toixl! (Teufel, wenn es hitzig hergeht.)

Z' floitn ganga oder z' schare ganga (verloren).

Etz hun i g'schlaf'n.

I wirf a Gwiß.

Etz is decht da Zanggl oder Buggl untein kema (vom Jaggl gestochen worden).

Farb' geb'n! (Wer Farb' oder Trumpf verleugnet, ist strafbar.)

Da Toigad! (Teufel.)

Etz homma unschuidiga zahlt. (Wenn es nicht ehrlich hergegangen ist.)

Etz is ma da Bloach aufganga. (Mir ist „schiach" geworden.)

Oans derf allwei liegen (gemeint ist ein Gwiß).

Nul (nudl) is woi hea (wenn jemand allein ist, d. h. wenn ihm der Angesagte im „Doaba" drein lag und er eine gute Karte hat).

Wenn jemand eine gute Karte hat und er gewinnt, sagt man: „A su kunt'ns 's oba z' Kundl ah."

Auf a Gmatschts aufi no oans. (Meistens werden es noch viele Runden.)

Zum Schluß wird der Gewinn besprochen. „Wieviel g'winnst?", fragt man.

„Über d' Achsl aus g'winn i", sagt der, der verspielt.

Kommt es bei Familienmitgliedern zu Geldstreitigkeiten, so redet man zu: „Kimt eh nix aus der Verwandtschaft."

Zum Schluß einige Einzelwäörter, die oft gebraucht werden; Plöschn = hertuschn, Motscha = Matschstich; Saumogn = Jaggl, Zanggl, Buggl; Fakl = Trumpfsau; Pata = nichts mehr haben; Woatl = Geldtasche; Broateg = das Spielgeld, welches am Tisch liegt, wenn es viel ist.

Unterinntaler Bauernspiele

Das war ein lustiges Leben, wenn die Buam und Diandln in ihrer Freizeit an den Sonntagen und an den langen Winterabenden zusammenkamen und sich miteinander unterhielten. Da wurde viel gelacht, gesungen, getanzt und alte Bauernspiele wurden aufgeführt. Kein Streit, einfach nichts konnte eine solche Schar auseinanderbringen; sie bespöttelten sich wohl hie und da mit Reimen und Trutz-Gesangln, doch alles wurde ehrlich und harmlos erwidert. Es bestanden wohl Gegensätze, und manchmal gab es auch Raufereien, da waren aber schon die Buam einer anderen Gemeinde die Gegner. In der eigenen Gemeinde hielt man zäh zusammen, hier mußten die Gegensätze überwunden werden.

Die alten Bauernspiele, sie scheinen uns heute ein wenig primitiv. Eines möge man aber dabei bedenken, aus dem Einfachen, Ungezwungenen, Ungekünstelten erwuchsen die schönsten Unterhaltungen. An Sonntagen begaben sich die Buam und die Diandln zu einem „Böndl"; solche gab es in jeder Gemeinde mehrere. Jeder Berg hatte ein paar solche ebene Plätze, wo nichts wuchs. Schaden wurde keiner angerichtet, ja man dachte an solche Dinge gar nicht, höchstens einmal ein „Gfriebeutl" mußte etwas anderes haben; diesem zahlte man es dann bei passender Gelegenheit tüchtig heim. Spielleiter brauchte man selten einen; eine Anzahl tat sich zusammen und beriet, was man spielen sollte. Bis zum Betleuten durfte gespielt werden.

Im Winter nach den Rauchnächten, da ist es Brauch, daß sich die Nachbarsleute gegenseitig zum „Hoangascht" einladen. Die älteren Leute gehen bei Tag, vor allem die Frauen, sie nehmen das Spinnrad mit und neben dem Spinnen werden die Ereignisse, die sich in der Nachbarschaft, in der Gemeinde, in den Nachbargemeinden abgespielt haben, durchgesprochen. Die Manderleut reden vom Vieh und solchen Dingen, die ihnen am nächsten liegen. Auch Karten gespielt wird gerne. Das „Jaggln" ist für diese Zeit das beliebteste Kartenspiel. Die Jungen gehen am Abend in „Hoangascht", und da wirds lustig. Von etlichen Häusern kommen sie zusammen – ein paar tüchtige Musikanten ladet man ein – und Kloberbrot, Butter und Schnaps kommt auf den Tisch. Gegen Ende gibt es dann noch einen Kaffee. Wenn die jungen Leute beisammen sind, wird zuerst ein bißl „ghoangascht", dann beginnen die Musikanten einmal zu spielen, man fängt an zu tanzen; kurz und gut, die Unterhaltung geht los. Zwischen dem Tanz und dem Gesang unterhält man sich einmal mit einem Bauernspiel, denn mit diesen Spielen gibt's eine große Hetz. Lange nach Mitternacht wird es zum Heimgehen. Das Heimgehen geht aber gar nicht so schnell, wie man meinen möchte. Zuerst tut man „eppas untgleichn", dann sagt man davon, schließlich richtet man sich her, aber da wird es noch einmal zum Tanzen, und so wird das Heimgehen in die Länge gezogen, bis es wirklich „dazua" ist.

Nun will ich schreiben, was der Titel verspricht. Eine kleine Auswahl von Bauernspielen soll hier wiedergegeben werden.

1. Spiele im Freien

Das Gunnisrenna

Alle Spieler stehen paarweise – ein Bursch und ein Diandl – hintereinander. Vorne steht ein Bursch allein, und wenn dieser ruft: „Giggerigi, 's hinter Paarl vi (vor)!" dann müssen die hintersten Zwei, das eine auf der rechten, das andere auf der linken Seite der Reihe, vorlaufen. Der Rufer muß nun das Diandl „derfanga", andernfalls er wieder Rufer sein muß. Er kann sich dann mit dem Diandl vorne an die Reihe anschließen. Der andere, der kein Diandl hat, muß Rufer sein. So geht es fort. Sind alle vorgelaufen, so geht es von vorne an oder man spielt etwas anderes.

Zottate Wölfin

Die Spieler bilden einen Kreis. In die Mitte stellen sich ein Bursch und ein Diandl. Der Kreis dreht sich um die beiden und man singt dabei:

„Etz hoama a zottate Wölfin mitt'n im Kroas,
's Kranzl muaß ma kafn,
auf d' Hoazat miaß ma lafn."

Nun rennen alle auseinander; die Burschen müssen sich ein Diandl fanga, und das Diandl muß sich um einen Buam umsehen; dabei müssen die zuerst ausgeredeten Paare zusammen kommen. Hat ein jedes das „Seinig", dann bestimmt man, wer in den Kreis hinein muß.

Mugg, Mugg

Burschen und Diandln stehen im Kreise herum und drehen sich dabei. In der Mitte steht einer mit verbundenen Augen. Dieser muß eine Person antasten, worauf der Angetastete sprechen muß. Der im Kreise Stehende mußte raten, wer diese Person ist. Erriet er sie, so war der Erratene der Mugg, Mugg; wenn nicht, durfte er es wieder selber sein.

Diesem Spiele gleich ist das „Blind Nadeln fanga".

Doggl- oder Schuachfanga

Die Spieler sitzen im Kreis auf dem Boden. Zwischen den Füßen wird ein Doggl oder ein Schuh hin- und hergeschoben. Außerhalb des Kreises steht eine Person, und diese muß raten, wo der Doggl ist. Weiß sie einmal gar nicht mehr, wo er „umgeht", so klopft man damit kurz auf den Boden. Derjenige, bei dem der Doggel erraten wird, muß dann Dogglfanga sein.

Obiges Spiel wird auch unter dem Namen „Schuachei da, da!" gespielt.

Manche von den Spielen im Freien können auch in der Stube gespielt werden.

2. Stubenspiele

Das Leaßn

Das Leaßn spielt man am Thomasabend (20. Dez.) und es ist ein reines Familienspiel. Durch dieses Spiel kann man einiges über die Zukunft erfahren. Neun Hüte werden auf die Bank, den Tisch oder auf den Boden getan. Von einem Nichtspieler werden, wenn jemand in der Stube ist, neun Dinge hinein getan, die folgendes bedeuten: Puppe (Kind steht zu), Zwirnknäuel (langes Leben), Geldstück (reich werden), Paterpfennig (in das Kloster gehen), Sterbekreuzl (Tod), Wallfahrtsstab (Wallfahrt machen), Wanderbinggl (betteln gehen müssen), Ring (Heirat), Rosenkranz (fromm werden). Ist alles ordentlich unter den Hüten, so ruft der Nichtspieler alle in die Stube, bestimmt einen, und dieser darf drei Hüte aufdrehen. Was er aufdreht, wird ihn im kommenden Jahr erwarten. Wenn einer gezogen hat, dann müssen die übrigen wieder die Stube verlassen, bis sie gerufen werden. Bei diesem Spiel gibt's oft viel zu Lachen.

Das Sterngugg'n

Jemandem wird ein Rock über den Kopf gehüllt. Bei einem Ärmel muß er „nach den Sternen guggn", und während er „guggt", gießt man ihm durch den Ärmel einen Häfen voll Wasser hinein.

Schalei unterm Bod'n aufigluf'n

Ein Spieler muß versuchen, eine Schale voll Wasser auf den Überboden hinaufzugluf'n. Die Gluf (Nadel) fällt ihm einige Male auf den Boden, und derjenige, der sie aufhebt, erhält das Wasser auf den Kopf.

Unta da Bank außasinga

Ein Spieler wird aufgefordert, sich unter den Tisch hineinzusetzen, damit man ihn „außasinga" kann. Setzt sich einer hinein, dann singt einer: „I sing, i sing, wannst nit außagehst, aft bleibst inn!" Der Untermtischhocker wird nun ausgelacht und kommt auch sofort heraus.

An Pfarrer 's Kappl stehl'n

Alle sitzen beim Tisch. Einer hat eine Kreide in der Hand – er ist der Pfarrer. Jeder Spieler hat einen neuen Namen, z. B. statt Hans Michl, statt Anna Tresl usw. Der Pfarrer fragt: „Michl, hast du an Pfarra 's Kappl g'stoihn?"

„I nit", erwidert der Michl.

„Wer denn?" fragt der Pfarrer weiter.

Jetzt muß der Michl einen Namen nennen; weiß er nicht sofort einen, so bekommt er ein Strichl; auch wenn er „Ja" oder „Nein" sagt, erhält er ein Kreidestrich auf den Tisch. Er muß dann am Ende des Spieles eine „Buaß" verrichten.

Die Fragerei des Pfarrers dauert lang, und oft verredet sich ein Spieler und das Strichl steht schon auf dem Tisch. Als „Buaß" kommen recht große Narreteien, z. B. mit einem Besen tanzen, ein Liedl singen, udgl. mehr.

Heiraten fragen

Die Diandl reden miteinander, welcher Bua ein bestimmtes Diandl heiraten darf. Dreimal darf der Bua dann raten, errät er es nicht, so wird er „außiploit"; errät er es, so sagt er: „Der Herr bedankt sich." – „Und d' Frau a", erwidert das Diandl. Im ersteren Falle muß er ebenfalls sagen: „Der Herr bedankt sich." Darauf wird erwidert: „Und da A… a."

Mit der erratenen Braut wird dann ein Brauttanz getanzt.

Dies war eine kleine Auswahl von alten, lustigen Bauernspielen. Die Stubenspiele werden heute noch oft gespielt; die Spiele im Freien dagegen sind ganz aufgelassen. Vor dem Weltkrieg waren auch diese noch im Schwung.

Das Teufelswassern[1]

Ein alter Brixentaler Spielbuambrauch

Etwas müssen die jungen Leute immer haben, sonst sind sie nicht gesund. Lustig müssen sie sein und sind es auch. Das war ein ganz anderes Leben vor dem Weltkrieg! Frohsinn und Eintracht herrschte, und das war das Schönste.

Damals war es Pflicht, daß alle Burschen vom ganzen Brixental, die das 21. Lebensjahr erreicht hatten, an einem bestimmten Tage im Frühjahr in Hopfgarten zur Assentierung erscheinen mußten. Die Burschen nannte man die „Laesa". Dieser Name stammte von einer Zeit, als die allgemeine Wehrpflicht noch nicht eingeführt war. Die alten Leute erzählen, daß z. B. in den Jahren um 1860 von jeder Gemeinde nur 1–2 Taugliche aktiv auf 8 bis 12 Jahre einrücken mußten. Wen es traf, darüber entschied das Los. Es traf also dazumal mehr den Ärmeren zum Dienen für das Vaterland, denn die Reichen zahlten einige hundert Gulden, und dann ging ein anderer dafür. Gewöhnlich bot sich einer an, der an der Arbeit nicht viel Gaudi hatte.

Als dann die allgemeine Wehrpflicht eingeführt wurde, versammelten sich am „Loastag" die Burschen beim Dorfwirtshaus. Die Hüte schwenkten sie mit Federn als Zeichen der Schneid, und in der Hand hatten sie ein Klappal[2]. Vom Dorfwirtshaus marschierten oder fuhren sie geschlossen unter Gesang und Lärm nach Hopfgarten.

Die Assentierung fand in Hopfgarten beim Gasthof Diewald (das ist heute die Krone) im dritten Stock statt. Auf der rechten Seite waren zwei große Zimmer; das erste diente als Entkleidungsraum, im zweiten war die Assentierungskommission. In den Entkleidungsraum kamen je fünf und wurden dann der Reihe nach vor die Assentierungskommission gestellt. Dort wurden sie gemessen und vom Regimentsarzt untersucht. Nun hieß es: Tauglich oder untauglich. Die Tauglichen kamen in das Sperrkammerl, die Untauglichen beförderte man über die Stiege.

Das Sperrkammerl hatte nur ein Fenster. Kaum waren ein paar drein, so ging der Tanz los. Eine lange Spagatschnur wurde beim Fenster hinabgelassen. Die Untauglichen befestigten drunten gefüllte Schnaps- oder Bierflaschen, obwohl es strengstens verboten war. Ein Gendarm mußte ständig Wache stehen. Die Burschen, schlau und übermütig, nahmen eine lange Stange und zerschlugen die Bierflasche, als sie ein Stück über der Erde schwebte. Das Auge des Gesetzes bekam dadurch einen tüchtigen Klaps. Kamen die Missetäter auf, so wurden sie „entas Briggl" (Gefangenenhaus) hinübergeführt und konnten dort bis acht Uhr abends nachdenken. Oft kam das nicht vor, denn die „Leasa" klebten beieinander wie das Schusterpech, und da war die Gendarmerie völlig machtlos.[3]

Waren alle assentiert, so mußten sie den Eid für das Vaterland leisten. In der Schwurformel hieß es auch „Zu Wasser und zu Land"; die Rückwärtigen sagten manchmal spaßhalber „Bei Schnaps und bei Wein". Im Alltagsleben hatte dann mancher Gewissensbisse, da er doch einen falschen Eid geleistet hatte. Aber er blieb dem richtigen Eide treu.

Nach der Eidesleistung wurden alle aus dem Sperrkammerl entlassen. Im Markt lärmte man noch eine Zeit herum und raufte ein wenig. Die „Oberen" hielten zusammen und die „Untern". Zu den ersteren gehörten die Dörfer Westendorfer, Brixner und Kirchberger, zu den zweiten die Hopfgartner, die Kelchsauer und Itterer.

Schließlich sammelte die Gendarmerie die „Oberen" und trat mit ihnen die Heimreise an. Alle gingen in schönster Harmonie nach Haslau. Hier wurde bei den beiden Wirten „zuakehrt".[4]

Durch den Hopfgartner Wald bis nach Kummern gingen die „Leasa" schön gruppiert und in bestem Frieden, voran die Kirchberger, dann die Brixener, diesen folgten die Vorsteher der drei Gemeinden und die Gendarmerie, den Zug beschlossen die Westendorfer.

Wurden die arbeitenden Weiberleut gewahr, daß die „Leasa" kommen, so flüchteten sie geschwind in die Häuser und sperrten diese zu. Sie taten dies aus Furcht vor dem Spott der Spielbuam. Von denen wurden sie „ungsudigt", es kam manches bisher Unbekanntes an das Tageslicht, und dazu noch unter lauter Buam.

Der Landweg führte dann zum Weiler Feichten[5]. Bevor sie zum Weiler kamen, suchten die Kirchberger oder Brixener eine Baumwurzen oder einen großen Holzklotz[6]. Dieser Gegenstand wurde in den Brunnen, der in der Mitte des Weilers stand, hineingeworfen, und das war das Zeichen zu einer ordentlichen Rauferei zwischen den Kirchbergern und Brixnern einerseits und den Westendorfern andererseits. Die ersteren waren stets in der Überzahl, doch gesellten sich zu den letzteren die Knechte von den Bauernhöfen des Weilers Feichten, diese waren mit Holzscheitern bewaffnet. – Es war ein kleines Kriegsvorspiel.

Die Vorsteher und die Gendarmerie konnten nur die ärgsten Ausschreitungen verhindern, wollten sie nicht auch eine „derwisch'n".

Die Kirchberger und die Brixener mußten die Flucht ergreifen und die Sieger tranken im Gasthaus „Feichnerhäusl" ein Faßl Bier.

So war es Jahr für Jahr. Die Schlacht beim Feichtner Brunnen führten die Spielbuam immer auf. Was macht es, wenn einer weggetragen werden mußte; in einigen Tagen war er wieder hergestellt und der Beschädigte dachte sich, „Leastag" ist im Leben nur einmal.

[1] Tränken. – [2] Ein Klappal ist ein ausgehöhlter, kleiner Hartholzknittel mit einer an einem Riemen befestigten Bleikugel. – [3] Man muß daher auch bedenken, daß die Gendarmerie beim Landvolk nicht so sehr beliebt war und man sie deswegen ständig neckte. – [4] Waren die „Oberen" dahin, dann fingen die Hopfgartner, Kelchsauer und Itterer durcheinander zu raufen an, nach Feichten die Brixener und Kirchberger, und zuletzt die Kirchberger und die Spertener. – [5] Der Weiler besteht aus den Häusern Gisbach, Strobl, Steindl, Asberg, Marksen, Haasen und dem Gasthaus Feichtenhäusl. – [6] Fand man keinen Holzklotz, so mußte halt der Rauschigste herhalten. (Anton Schipflinger)

Wie man Tiere bannt

In der Aprilnummer des Jahres 1936 der „Unterländer Heimat" wurde geschildert, wie es einem Mesner von Going beim Wespenbannen ergangen ist. Ich hörte oft Ähnliches erzählen. Unter den verschiedensten geheimnisvollen Wunderdingen sprach der gute H., ein alter Senn, auch öfters vom Bannen verschiedener Tiere. Auch für das Wespenbannen wußte er einige gute Mittel. Doch nicht jeder Mensch könne etwa Wespen,

Hummeln und Bienen bannen. Es müsse derjenige eine übernatürliche Kraft besitzen. Als gute Mittel zum Wespenbannen gab er an:

Damit einem die Wespen in einem Kobel nichts anhaben können, solle man ein Kirschbaumblatt auf den Kobel stecken, oder man könne auch anstatt des Kirschbaumblattes einen Erlenzweig nehmen. Noch besser aber sei es, zwei Flachsstengel kreuzweise in das Loch des Kobels zu stecken. Wolle man die Wespen auf dem Felde bannen, so müsse man drei Grashalme über das Loch legen. Wenn man dies tut, so könne man den ganzen Tag gemütlich über das Wespenloch gehen, ohne daß man von einer Wespe gestochen wird.

Nebenbei gesagt, heißt es: Wer Wespenhunk (Wespenhonig) ißt, wird ein „zritter" (zorniger) Mensch. Nicht etwa bloß für die Zeit, wo man den Honig ißt, sondern sein ganzes Leben lang bleibt man dann so. Über das Bienenbannen gab mir der Senn folgendes an: Wer Bienen oder Hummeln bannen will, muß vor allem ein eheliches Kind sein. Als Bannmittel braucht man nur einen Vierblattklee. Diesen muß man aber stets bei sich tragen. Den Bienenhonig kann man ruhig essen. Von den Hummeln aber sagt man: „Sand eh noatig." Denn die Hummeln haben fast gar keinen Honig in ihren Waben. Hat jemand spärlich zu essen, dann sagt man daher auch: „Der is hummelnoatig."

Bei manchen Bauernhöfen trifft man nicht gar selten eine „zritten" Hahn oder „Gansa" (Gänserich). Es ist nicht immer ratsam, mit einem Hahn in Kampf zu treten; einen Ganser kann man beim Kragen packen oder mit einem Stecken drauf losschlagen. Will man aber, ohne Gewalt anzuwenden, an diesen Tieren vorbeikommen, so muß man sie bannen. Hält man einem Hahne ein Birnbaumzweigl entgegen, so ist er gebannt. Der Hahn bleibt einige Momente stehen und geht dann zurück. Einem Ganser braucht man nur den Zeigefinger der linken Hand gebogen entgegenzustrecken, so ist er gebannt.

Das wären die guten Mittel zum Bannen einiger Tiere.

Ich fragte auch meinen Gewährsmann für diese Mittel, ob auch Weiberleut dies machen könnten. Er bejahte es. „Und sogar send Weibaleut oft bessa dazua, als d' Mannaleut", fügte er noch bei. Das sind die Mittel – probieren kann sie nun jeder Leser selber.

Vom Essen und Trinken

Das Kloberbrot

Eine Woche vor Weihnachten backt man das Kloberbrot. Dieses Brot besteht aus folgenden Sachen: Mehl, Klobern (gedörrte Birnen; es gibt hier eine eigene Art von Birnen, die Kloberbirnen), Mandeln, Lemonen (Zitronen), Feigen, Zimmet und Raßnagei (Nelken). Wie dieses Brot hergestellt wird, will ich hier kurz schildern. Die große Mühe, die es dazu braucht, wird durch gutes Gelingen belohnt. An den Advent-Abenden werden die Klobern geschnitten und dabei die Stingel (Stiel) sorgfältig entfernt. Sind die

Klobern hart, wie es meistens der Fall ist, so wird vorher ein warmes Wasser drübergeschüttet, damit sie weich werden. Am nächsten Abend werden die Zibeben ausgeklaubt, die Feigen geschnitten und all die sonst dazugehörenden Sachen hergerichtet.

Nun kommt der große Tag. In manchen Bauernhäusern wird schon am Abend zuvor das Mehl und die Hefe bereitgestellt. Das Mehl in einem dazu hergerichteten Backgrond (Backtruhe). In aller Frühe, um 3 Uhr, vor dem ersten Hahnenschrei, wird der Teig geknetet. Nach und nach kommen all die dazugehörenden Sachen dazu. Ist alles dabei, so wird die Weckenform hergestellt. Jetzt bekommt ein jeder Wecken ein Blattl, damit er schöner aussieht. Wenn der Backofen warm genug ist, das heißt, wenn man seit zwei Stunden immer geheizt hat, so kommen die Kloberwecken in den Backofen. Zuvor besprengt die Bäuerin die Wecken mit Weihwasser und macht drei Kreuzzeichen dazu, damit das Brot gut gerate.

Erst nach dem ersten Rauchabend, also am Christfest, darf man die Kloberwecken „anschearzen". Es kommt der Göd, oder die God, manchmal ein anderer Verwandter oder Bekannter und „schearzt ab". Auf der Rückseite werden, wie bei jedem Brot, wenn man es braucht, mit dem Messer drei Kreuze gemacht. Nun geht derjenige, der den Scherz bekommt, daran, diesen abzuschneiden. Der Scherz ist der Kopf des Brotes, auf den ein Zettel geklebt ist mit dem Namen des Besitzers. Kommt jemand, der den Scherz möchte und man hat keinen mehr, so sagt man: „Muß i der den Unteinigen (unteren) geben." Auf diesen verzichtet man.

Während der Weihnachtszeit bekommt man bei den Bauern nur Kloberbrot. Ledige Leute, vor allem junge Burschen, haben eine Freude daran, wenn sie jemandem den Scherz stehlen können. Es ist ratsam, den Kloberwecken gut einzusperren.

Bringt jemand den Scherz bis Neujahr nicht weg, so gehört der Scherz dem Schinder, sagt man. Der Schinder ist ein Roß-, Hunde- oder Katzenmetzger. In Wirklichkeit gibt man den Scherz heute natürlich nicht dem Schinder, sondern man ißt ihn selber. Das ist freilich eine kleine Schande, wenn es die Leute erfragen, und man solle obendrein noch davon, heißt es, Selbstschrunden bekommen, das sind aufgerissene, strichförmige Furchen im Innern der Hand, besonders unter dem Daumen, die sehr weh tun und blutig sind.

Seit wann man etwa Kloberbrot backt?

Das Moosbeerklauben

So gegen „Petascht'n" (Peter- und Paulstag) hin beginnt man mit dem Moosbeerklauben. Um diese Zeit werden die ersten Moosbeeren zeitig. Jung und alt begibt sich in die Wälder, um dort fleißig die Moosbeeren zu klauben.

Hat im Langs der Reif und der Waldstaub den Blüten keinen großen Schaden zugefügt, so sind viele Moosbeeren, sonst gibt's weniger. Wenn die Kinder in den Wald wandern, singen sie wohl auch den Reim:

„Wann ma is a bißl huschtig (= schnell),
s' Moosbeerklaub'n ist lustig,
wann ma hat s'Gschia voi,
aft sen(d) ma schreckla toi' (brav)."

Ein gutes Zeichen solls sein, wenn die Katzn mitlaufen. Denn das Mitkommen der Katzen bedeutet, daß man gute Platzerln findet, wo grad gragatt (viel) Moosbeeren zu finden sind.

Man behauptet auch, die ersten sieben Moosbeeren soll man auf einen Baumstock legen, damit man vor den bösen Waldgeistern sicher sei. Andere glauben wieder, die ersten drei Moosbeeren soll man in das Moos stecken. Tut man dies, dann könne einem die Waldhex nichts anhaben. Hat man den Boden des Geschirres mit Moosbeeren bedeckt, so ruft man sich zu: „Bodnbedeckt", oder „Bodnvadeckt". – Wer nun ein größeres Gefäß zum Moosbeersammeln mit hat, der nimmt sich auch ein „Einlahhaferl" (Einschütthaferl) mit. Dieses hängt man sich um und wenn man es voll hat, dann „laht" man in das größere Geschirr ein.

Ist das „Gschiel" halbvoll, so ruft man dem anderen, der womöglich noch nicht so weit ist, zu:

> „I hu halbvoi,
> daß die da Toifl hoi,
> weißt, bist nit toi."

Auch das „Peter-Sprüchlein" wird von den Kindern gern gesagt, denn jedes möchte das fleißigste sein:

> „I hoaß Peta, du hoaßt Paul.
> I bin fleißig, du bist faul."

Wenn die Mutter sieht, daß ihre Kinder nicht mehr klauben wollen, so mahnt sie:

> „Kina, Kina dats (tuat's) Moosbeerklaub'n,
> sist (sonst) tuats enk da Gangal raubn."

Hat man voll, so tönt es durch den Wald: „I hun voi – Juhui." Einige Zeit werden dann wohl noch Moosbeeren gegessen. Die letzten fünf legt man auf einen Taxbaum. Dies bedeutet: Der liebe Gott soll die Moosbeern und -sträucher segnen. Und dann geht's heimwärts. Man singt dazu:

> „Hoam zua, hoam zua, Moosbean hama gnuag,
> lauta scheani, gor koan greani,
> Hollaraio."

Zum Trutze der Moosbeeren singt man es gegebenenfalls auch umgekehrt:

> „Hoam zua, hoam zua, Moosbean hama gnuag,
> lauta greani, gor koan scheani,
> Hollaraio."

Das halbe Gesicht und die Kleider sind natürlich voll „Moosbeafleck". Da kann die Mutter einmal nichts machen; es geht nicht anders. Die Finger sind am allermeisten, besonders zuäußerst, blau.

Daheim reicht man den dort anwesenden Personen das Geschirr voll Beeren mit dem Bemerken: sie sollen „onehma". Dabei greift die betreffende Person in das Gefäß und nimmt einige heraus. Dem Vater und den kleineren Geschwistern nimmt man gerne auch einige „Treibei" mit.

Die Mutter kann von den Moosbeeren allerhand gute Sachen kochen, wovon das „Moosbeamandl" und die „Moosbeanudln" den ersten Platz einnehmen.

Das „Moosbeamandl" wird so gekocht: Die Moosbeeren werden mit etwas Wasser in eine Pfanne getan und müssen dort eine Zeitlang sieden. Es wird dann ein „Toagl" (Teig) angmacht und dazu getan, und so noch einige Minuten gesotten. Am Schluß wird noch Zucker drein getan, damit's leichter „schliaft" (damit es lieber gegessen wird, denn etwas Süßes ißt man lieber. Nie zu süß!).

Moosbeanidei werden wie folgt gekocht: Zuerst wird der Teig hergerichtet. In diesen werden die Moosbeeren getan. Dann werden die „Niedei" geformt und in die Pfanne gelegt. Und mit „nit zweank Schmoiz" (Butter) herausgekocht. Bevor sie auf den Tisch gestellt werden, wird noch ein Zucker darauf gstabt.

Auch Moosbeerkrapfen kann man von den Moosbeeren kochen. Weiters kann man Moosbeeren in die Rohrnudeln und in den Türkenwixa tun.

Für den Winter bewahrt man sich die Moosbeeren am besten „dirra" (dürrer) auf. Die Beeren werden auf ein „Moosbeerbred" geleert und von der Sonne gedörrt. Das Moosbeerbrett ist ein gewöhnliches, mit Leisten versehenes Brett.

Im Winter dann werden die Moosbeeren gesotten, damit sie aufgehen und ein „Mandl" davon gekocht.

Auch gute Getränke können von den Moosbeeren gemacht werden. Vor allem der Moosbeerschnaps und der Moosbeermost. Da es zur Zubereitung von Moosbeerschnaps und -most nicht notwendig ist, daß es geklaubte Moosbeeren sein müssen, so werden sie mit der Riffl, das ist ein kammartiges Werkzeug mit aufgebogenen Seiten und einem Handgriff, gesammelt. Das geht natürlich viel schneller, schadet aber eher den Sträuchern. Im allgemeinen ist das Moosbeerklauben überall erlaubt, nur an manchen Orten und von manchen Bauern wird es verboten.

Vom Hollunder

Bei jedem Bauernhause findet man einen Hollunderstrauch, öfters deren mehrere. Von den Blüten kocht man Hollerkiechl oder man macht Hollersaft daraus. Von den Beeren gibt es Hollermandl. Vom Bergholler (Sambucus racemosa) gewinnt man Öl und einen guten Schnaps. Nebenbei werden die abgepflückten und getrockneten Blüten, Beeren und Wurzeln als Hausmittel gegen manche Krankheiten verwendet.

In volkskundlicher Hinsicht ist der Hollunder vielfältig bedeutsam. So erzählt man von einem Salvenberger Bauern, daß er zweierlei Hollerblüten (Schwarz- und Rotholler oder Bergholler) in der Sonnwendnacht sammelte und in das Herdfeuer warf. Dann sah er seine zukünftige Bäuerin. Nach einer anderen Darstellung sah der Bauer seine tote Mutter.

Am Sonnwendtag, am Thomastag und am Perchtentag (Dreikönigstag) soll man ein Scheit Hollunderholz verbrennen und ein Stück angebranntes Holz aufbewahren. Es ist gut für Menschen und Vieh.

Mancherorts tut man auch Hollunderblätter zum Weihbuschn. Geweihte Hollunderblätter haben wunderbare Wirkungen. Eine Bauerndirne lag schwerkrank in ihrer Kammer. Nichts linderte ihre Schmerzen. Auf den Rat eines alten Älplers tat man geweihtes Hollunderblüh und Hollerlaub unter das Kopfkissen. Schnell gesundete die Dirn und wurde seither niemals krank.

Beim Jogglabauern am Penningberg lebte ein alter Mann, der sich viel mit Kräutern und dergleichen befaßte. Er sagte einmal: „Neunmal geweihte Hollerblüten haben die Kraft, Verlorenes wieder zu finden."

Wenn man am Karsamstag ein geweihtes Feuer von einem Hollunderscheit heimträgt, dann soll man die Hälfte verbrennen, in den Herd werfen, und die andere Hälfte im Stalle eingraben, damit man beim Vieh keinen Unreim hat. – Obiger Mann handelte als Älpler immer so und hatte tatsächlich nie einen Unreim beim Vieh.

Begegnet in der Sonnwendnacht eine Ledige einem Buam unter einer Hollerstaude, so wird dies ihr Zukünftiger.

Das gelbbraune Mark des Berghollers soll man in der Walpurgisnacht und Sonnwendnacht sammeln, mischen, in der hl. Nacht zur Mette mitnehmen und am Perchtentag auf die Labn hinausstellen. Diese Salbe ist für „afige" (nicht gerne heilende) Wunden ein gutes Mittel, denn die Wunde heilt unerwartet schnell und die Salbe versagt nie.

Die wilden „Freil" sammeln auch Hollunderbeeren, -blüten und -blätter. Sie machen daraus ein Pulver, durch das sie den Menschen viel Gutes tun können. Die Hexen dagegen pflücken Hollerblüh, um, mit anderen Kräutern und Wurzeln vermischt, daraus ein Pulver zu machen, mit dem sie das schlechte Wetter erhalten wollen. Doch gehört der Holler zu den guten Kräutern, weshalb die Hexen, die eine böse Absicht haben, nicht viel Erfolg verzeichnen können.

„Ohne Holler soll kein Haus sein", lautet ein Bauernwort; damit will angedeutet sein, daß der Holler für den Bauernhof von großem Nutzen ist.

Vom Kraut

Im Winter gilt das Kraut, Ruab'n[1] und Zettlkraut[2], sehr viel. Wo kein Kraut auf den Tisch kommt, ist keine Kraft, sagt man.

Nachstehende Zeilen mögen über beide Krautarten näheres berichten:

Eine Woche vor Jakobi (25. Juli) werden „d' Ruab'n unchigmacht". Man gräbt einige Frühkartoffeln früher, um dadurch für die Rüben Platz zu bekommen. Der Erdfleck wird ein wenig überhauen und überrechnet. Der Rübensame wird – es sind nur „anettla" Löffel[3] – mit Asche vermengt und so gesät. Das Säen ist eine Arbeit der Bäuerin; (selten tut es eine Dirn und ein Mann schon gar nicht). Die soll recht „zeangisch"[4] sein und einen großen Hut aufsetzen, damit die Rüben gut geraten und es recht viel zum Ernten gibt.

Zwei Volksg'sagat berichten über das Geraten der Rüben folgendes:

Einmal ging ein Mann bei einer Bäuerin vorbei, welche Rüben säte. Der Mann sagte: „Tuast Ruab'n unchimach'n?"

„Ja. – Für mi und mein Alt'n", gab das Weib zurück. Diese Bäuerin bekam zwei große Ruab'n – eine für sie, eine für den Alt'n[5].

Der gleiche Mann ging bald darauf bei einer anderen Bäuerin vorbei, welche ebenfalls Rüben säte.

„Tuast Ruab'n unchimach'n!" rief ihr der Mann zu.

„Ja. – Für Laffa und Straffa[6] und alle Leut was derennan", antwortete dieses Weib. Diese bekam viele Rüben, damit sie jedem geben konnte.

Nun wird der Ruab'nfleck mit Mist besprengt und mit Abortsur tüchtig gesurt.

Jetzt heißt es auf die Hennen aufpassen. Die Hennen haben es auf den Ruab'nfleck besonders abgesehen, sie kraln mit den Füßen alles auseinander und es gehen dann die Rüben dünn her.

Wenn Krautwürm über die Rüben kommen, so tut man rotes Salz in siedendes Wasser und besprizt damit die Rüben.

Sollen die Rüben geraten, dann sollten sie auch einen Schnee sehen, d. h. es soll in dieser Zeit einmal auf die Berge herabschneien.

Nach dem Kirchtag werden sie auszog'n. Die „Flichtan" (Blätter) und die dünne Wurzel werden weggeschnitten, „a'ghaplt". Dann werden sie noch gewaschen und aufbewahrt. In Bauernhäusern dient als Aufbewahrungsort der Hausgang; unter die Stiege oder in eine Ecke werden sie geworfen.

Um diese Zeit geht auch der Krautschneida mit seinem Krautbankl[7] von Haus zu Haus. (Er wird natürlich zuerst gefragt, ob er kommt.) Ein „Wandl" (Waschzuber) wird in den Hausgang getan, das Krautbankl wird daraufgebunden und dann geht's los. Ein größeres Kind gibt „zua", – es tut die Rüben in das Krautbankl. Der Lohn eines Krautschneiders betrug nach dem alten Gelde 10 Kreuzer pro Stunde.

Die g'schnittna Ruab'n werden nun in die „Preng"[8] getan. Es wäre gut, wenn man dies in der Zeit, in der der Mond zunimmt, tun würde, denn es würde die Sur (das Wasser von den Rüben) „aufageah'n", während sie im abnehmenden Mond „oichihukt". Die g'schnittna Ruab'n schüttet man schaffelweise in die Preng und nebenzu stempflt man die Rüben mit einem Krautstempfl, das ist ein Holzstock, der die Form eines abgerundeten Kegelstumpfes hat und an einem Stiel befestigt ist, ein. Zum Schluß kommt ein Brett, das in die Preng hinein paßt, darüber und etliche schwere Steine legt man zum „Niedaschwan" darauf, damit die Sur aufarinnt[9].

Bis das Kraut zum Essen wird, dauert es bis nach Weihnachten. Bis dorthin muß man die Sur ein- oder zweimal abschöpfen und das Brett abputzen. Ist das Kraut soweit, daß man es zum Kochen verwenden kann, so tut man einen Hafen voll aus der Preng.

Kommt das Kraut als Vor- oder Zuspeise auf den Tisch, so wird es g'wiagt mit dem Wiegenmesser. Man tut dann in eine Pfanne kaltes Wasser, Salz und „roggas" Mehl und dann das Kraut. Man läßt das Kraut sieden und schüttet es, wenn es gesotten ist, in einen Hafen.

In manchen Häusern tut man Wasser, Mehl, Salz und das Kraut in einen Hafen und läßt das Kraut im Hafen sieden.

Das Rüabkraut kann man zu anderen Speisen auch verwenden. Krautniedei kann man davon kochen und auf die Dampfniedei tut man manchmal ein wenig darauf.

Auch eine gute Salbe kann man von den rohen Rüben machen. Die Rüben schneidet man in kleine Teile und vermengt sie in Butter. Nun röstet man die Rüben in einer Pfanne solange, bis die Rübenteilchen braun sind. Dann seiht man die Salbe, damit nichts Grobes dazu kommt. Die Salbe ist für verschiedenes gut.

Die rohen Rüben sind auch für die Kälberkühe gut, weil sie den „Ung'sund" austreiben.

„D' Buam wachs'n wia d' Ruab'n", heißt ein Volkssprichwort. Die Rüben, die man vor Jakobi sät und die nach dem Kirchtag (3 Monate) schon reif sind, werden als Beispiel für die „Buam" hingestellt, denn bei diesen geht es auch schnell. Kaum ist ein Bauernbub sechs Jahre alt, so hilft er dem Vater schon bei verschiedenen Arbeiten.

Bei manchen Bauern trifft man auch das Zettelkraut an. Dieses schneidet man sich selber ein, denn ein Zettlkrautbankl hat man dort und da und so kann man es ausleihen. Es wird genauso behandelt wie das Rübenkraut, nur wird es ein bißchen früher reif, meistens vor Weihnachten.

Krautkrapfen kann man davon kochen und zu vielen Speisen ist das Zettlkraut eine gute Vor- und Zuspeise.

Das Zettlkraut braucht man nur in einem Hafen sieden und wenn es gesotten ist, das Wasser abseihen, das Kraut abschmalzen und salzen.

[1] Es handelt sich um die weißen Rüben. – [2] Weißkraut. – [3] Etliche Löffel. – [4] Man soll jede, die Rüben sät, „aufzina" – zornig machen. Diese Ansicht kann auch davon herrühren, daß die Bäuerin oft dann Rüben sät, wenn sie schlecht „aufg'legt" ist; wenn sie einen Streit oder etwas ähnliches gehabt hat. – [5] Ehemann. – [6] Laufer und Landstreicher. – [7] Es gibt zwei Arten von Krautbankl (Krauthobel). Die runden, die man treiben muß, sind für die Rüben, und die länglichen, welche man schieben muß, sind für das Zettlkraut. Letztere werden im Montafonertal (Vbg.) erzeugt. – [8] Ist ein zylinderförmiges Faß. – [9] In der Wildschönau wird aus dem Rübenwasser der „Ruab'nbranntwein" erzeugt, auf dessen vielseitige gesundheitliche Wirkungen man sehr große Stücke hält, daher er auch fast in keinem Hause fehlt.

3. Geschichten

Historische und sagenhafte Gestalten

G'waltwoferl im Brixental

Gar oft soll G'waltwoferl – Wolfgang Fischbacher war sein Name – das Brixental als Bettelloder aufgesucht haben. Daß man ihn scheute, beweisen die hier aufgezeigten Erinnerungen. Ob sie wahr sind, kann man leider nicht feststellen; daß auch etwas Sagenhaftes dabei ist, merkt man gut.

G'waltwoferl erblickte am 2. April 1823 in Kössen das Licht der Welt. An diesem Tage sollen zwei Teufel sein Geburtshaus umflogen haben. Andere erzählen, während seiner Geburt zitterten die Bäume in den Wäldern des Unterinntales.

Wolfgang Fischbacher erlernte das Müllerhandwerk. Einige alte Hopfgartner erzählten aus seinem Müllerleben folgendes:

Einmal kam ein Bäuerlein mit einem Sack voll Korn zu ihm und ersuchte ihn, er solle das Korn sobald als möglich mahlen, da er das Mehl dringend brauche. G'waltwoferl sagte: „Wennst mir mehr zahlst als sonst."

Der Bauer zahlte einige Kreuzer mehr. Am anderen Tage holte er das Mehl. Auf dem Heimweg rastete er, öffnete den Sack und betrachtete das Mehl, welches ihm sonderbar vorkam. Die Bäuerin war auch nicht mit dem Mehl zufrieden. Sie konnte keinen einzigen Brotlaib backen, denn der Teig wurde im Backofen immer weniger. Nur eine Handvoll blieb übrig. G'waltwoferl hatte Teufelskraut dazugemahlen.

Von seinen Streifzügen im Brixental hörte ich eine Menge Begebenheiten. Aus diesen Begebenheiten ersieht man, daß G'waltwoferl ein roher und grober Mann gewesen sein muß.

Von einer Kirchberger Bäuerin verlangte er Butterbrot und Speck. Die Bäuerin gab ihm aber nur ein Stück Brot. Darauf drohte G'waltwoferl mit dem Messer. Zum Glück war noch jemand im Hause. Wie er dies sah, verließ er dieses.

An einem Sonntag während des Gottesdienstes bedrohte er eine Widumhäuserin. Woferl verlangte Wein, Butter und Brot. Da ihm die Köchin zuwenig Wein brachte, wollte er sie mit den Füßen treten. Die Häuserin flüchtete in ein Zimmer und sperrte zu.

Einem Älpler entwendete G'waltwoferl eine Ziege; sie wurde mit einer Stricknadel getötet. Das Fleisch aß er roh.

Einem Bauernmädchen aus der Hopfgartner Gegend riß er eine Tasche, in der sich Eier befanden, aus der Hand, warf die Eier auf den Boden und schleuderte die Tasche weg.

Die Nächte verbrachte er gern in den Heustädeln und Höhlen. In der Dunkelheit begann er mit dem Hersagen von Zaubersprüchen. Ein Büchlein, in welchem Zaubersprüche aufgezeichnet waren, und ein Zauberkraut waren seine ständigen Begleiter.

Nach der Ermordung des Bauernmädchens Anna Foidl irrte G'waltwoferl planlos in den Wäldern umher. Ein falsches Sprüchlein gebrauchte er zur Ermordung des Mädchens.

Bei der Gefangennahme sagte G'waltwoferl: „Toifl hilf!" – Doch die Hilfe kam nicht. Auch im Gefängnis probierte der Mädchenmörder seine Zaubersprüchlein aus, aber sie werden ihm wenig geholfen haben, da er zum Tode verurteilt wurde.

Am 12. Dezember 1861 vormittags wurde G'waltwoferl im Kräuterhäusl zu Innsbruck das Todesurteil, welches vom Kaiser bestätigt wurde, feierlich verkündet. Erzürnt darüber, verwünschte er den Teufel, das Zauberbüchlein und das Zauberkraut, weil sie ihm nicht geholfen hatten. Zum Beichtvater sagte er: „I hun koa Sind, d' hoat da Toifl."

Am 14. Dezember wurde er hingerichtet. Bevor man ihm den Strick um den Hals legte, rief er heiser: „I kimm aft als Geist und suach ma alle Mädchenherzen."

Bayrische Innschiffleut

Einst herrschte auf dem Inn reges Leben. Über die „Tirolische Innschiffahrt im Wandel der Zeit" hat Eduard Lippot im Tiroler Grenzboten ausführlich berichtet. Zille um Zille fuhr dem Inn entlang nach Bayern, Österreich und manchmal sogar bis nach Ungarn und zurück. Voll von Gefahren war die damalige Innschiffahrt und es gehörte eine ordentliche Portion Schneid zum Beruf eines Innschiffers. Der größte Teil der Tiroler Innschiffer lieferte die Fracht nach Bayern; Rosenheim, Wasserburg, Gars, Mühldorf und Passau hießen die Stationen der Tiroler Innschiffer. Wenige fuhren über Passau hinaus. Von hier übernahmen die bayrischen Innschiffer die Fracht und beförderten sie weiter. Wenn die Tiroler Schiffleut nach Wien fuhren, taten sie es gerne mit den bayrischen Innschiffern, denn diesen sagte man nach, daß sie auf der Donau „d' Zille z' lenk'n versteah'n".

In Rosenheim lebte der größte Teil der bayrischen Innschiffer, Wasserburg stellte „seine notwendigen und guat'n Leut", sagt man.

Der „Schnupf Jörg" war ein bekannter Rosenheimer Schiffer; er lebte um 1680. Von ihm wird erzählt:

Wien war im Jahre 1683 von den Türken belagert. In Tirol und in den westlichen und südlichen Nachbargebieten wurden Truppen für die Kaiserlichen zur Befreiung angeworben. Als Transportweg blieb der Innstrom, denn nur mit Schiffen konnte man die Soldaten am besten und „frischesten" nach Wien bringen. Nun war es keine leichte Aufgabe, so viele Soldaten – und dazu noch schnell – nach Wien zu befördern. In dieser schwierigen Angelegenheit machte „Schnupf Jörg" eine gute Arbeit. Er fuhr mit seiner Traunzille nach Hall, schiffte die Soldaten ein und fuhr „wie der Wind" nach Wien und während er zweimal mit Soldaten nach Wien kam, waren die anderen nur einmal hingekommen. Er fuhr dann mit den anderen zurück. Über diese unüberbietbare Arbeit sprach jedermann, der davon hörte. – „Der Schnupf Jörg hat an Vorscht'l (Vorteil)", hieß es allgemein. Niemand verriet er diesen „Vorscht'l" und abspionieren konnte man ihn ihm auch nicht.

Im Leben war der Jörg ein Sonderling. Nie will man ihn lachen oder fröhlich gesehen haben, auch mied er das Kartenspiel und den Trunk. Wohl sah man ihn hie und da in den Schenken der Schiffsleute, doch nur kurze Zeit; er trank sein Schnapsl – den Schnaps schätzte er aus gesundheitlichen Gründen sehr hoch – und war schon wieder dahin.

„Der Inn ist mei Grab", sagte er einmal und hat auch Recht behalten. Von Wasserburg führte er Getreide nach Tirol. Auf der Rückfahrt verschwand er spurlos. Er wird bei Nacht – er liebte es, manchmal auch bei Nacht zu fahren – ein Unglück gehabt haben, sich nicht mehr haben an das Ufer retten können und so im Inn, auf dem er sein Brot verdiente und den er als echter Schiffer liebte, sein Grab gefunden haben.

Ein anderer bayrischer Innschiffer, von dem die Sage berichtet, war der „lange Sepp"; man nannte ihn kurz den „Langsepp". Seinen Namen erhielt er natürlich von seiner körperlichen Länge. Im Gegensatz zu Jörgen war der Langsepp immer fröhlich und voller „Lacher". Selbst als einmal mitten in der Fahrt ein Gewitter kam und gefährlicher Wind zog, da sagte er lachend: „Koa Angst, mia geh'n nit z'grund."

Wenn ein Innschiffer krank war und der Langsepp wußte davon, so war es seine eiligste Pflicht, den Kameraden zu besuchen, ihn aufzurichten und voller Hoffnung und Trost verließ der Sepp das Krankenlager. Er war sehr beliebt, geachtet und jedermann freute sich, wenn er mit ihm zusammen kam.

Es war in einer stürmischen Langsnacht, als ein Unbekannter bei seinem Fenster klopfte und ihn aufforderte, er möge mit ihm gehen, denn ein Unglück sei passiert. Sepp ging mit und kam nicht mehr.

Um seinen Tod spannen sich manche Sagen. So erzählte ein Bauer aus dem Sölland, daß in dieser Nacht ein Fürst heimlich Tirol verließ, um nach Wien zu kommen. Im Bayrischen draußen passierte ein Unglück. Man holte den Langsepp, doch die Häscher des Fürsten überraschten sie und alle stürzten vor Angst in den Inn, der ihnen nun ihr Grab wurde. Der Sepp soll gelacht haben und seine Worte an die Verfolger des Fürsten waren nachstehend: „Moanst ös kriags ins?"

„Schlein Max" war der Spottname eines anderen bayrischen Getreideschiffer, der wegen seiner übertriebenen und nie endenden Eile diesen Namen erhielt. Bei ihm gab es keinen Sonntag und Feiertag; der Siach war immer obendrauf. „'s ganze Jahr nix als was gneatig und nit oan Feiertag vergunnt er uns", sagten die Schiffsknechte.

In Rattenberg gingen ihm an einem Sonntag drei Getreideschiffe, in Kufstein ein Jahr später gleich ein Zug zugrunde.

Etliche Jahre darauf starb er selbst bei einem Unglück, das sein Schiffzug mit einer Traunzille hatte.

Vom letzten bayrischen Innschiffer, der in den Sagen und Volksg'sagat des Unterinntales lebte, erzählt man besonders im Sölland. Sein Name im Volk war „Waldhias" und sein Geburtsort war Wasserburg. Er stand im Dienste bayrischer Getreidehändler, kam daher oft nach Tirol und trieb hier sein „lustiges, sonderliches Leben". Nicht immer herrschte zwischen den bayrischen Getreidehändlern und den Tiroler Händlern das beste Einvernehmen. Die bayrischen Getreidehändler bauten ihren Handel zu einer Monopolstellung aus, und die Tiroler durften nicht immer um Getreide nach Bayern fahren, um selbst die Lieferung zu besorgen, sondern Bayern stellte seine Leute zu der Getreideschiffahrt.

Der Hias hatte dies alles erfahren. Daß es manchmal nicht gerade erfreuliche Erscheinungen waren, sah er wohl, doch was konnte er dafür.

Einmal mußte er mit einer großen Menge Getreide von Wasserburg nach Hall fahren. Auf dem Wege in die Salzstadt kamen ihm die Tiroler Innschiffleut in den Weg, die ihm zuriefen: „He wohin? Toan d' Boar Troad spar'n?" „'s Geld is unser Leb'n. Seids g'scheita lustig und vergrabs enkan Zorn", erwiderte der Hias und sang ein spöttisches Liedl.

Mit einem Landsmann kam der Waldhias in Streit. „Bist nur ein Afterreiter und dös a schlechter, denn z'hinterist fahr'n is leicht und wer da nit nachkimmt soll man beim Kopf anhäng'n und mit einem Seil nachziehen", sagte der Hias zu seinem Landsmann. „Wanns dir a so geht, lach i", erwiderte der Gegner und lachte hölzern.

Wohl war der Hias nie traurig, er liebte nur das Lustige und Fröhliche und freute sich, wenn er mit seinen Kameraden in der Schenke saß, einen feurigen Etschländer oder einen echten Bauernschnaps hatte, er war aber auch zugleich ein Sonderling. Er war sehr abergläubisch. Geister, wilde Innschiffer, Hexen, Perchten und Seelenlichtl sah er, spürte er am eigenen Leib und beobachtete so viele, daß er sich zeitweise wohl selber nicht erkannt haben mochte.

„Die Inn Percht" war eine Percht wie die anderen, nur herrschte sie auf dem Inn und plagte die Innschiffer. Dem „Waldhias" erschien sie einmal, doch er hatte etwas G'weihtes in der Nähe, warf es ihr zu und wurde von ihr verschont.

Etliche Jahre kehrte Hias der Innschiffahrt den Rücken. Er ging als Pfannenflicker, welches Handwerk er in jungen Jahren von einem Vetter erlernt hatte, im Tirolerlande, vor allem im Unterinntal, herum. Bei den Bauern erzählte er gerne und viel von der Innschiffahrt und den Innschiffleuten. Die Nacht verbrachte er im Sommer unter „Schermtax'n". Diese Zeit mag ihm auch seinen Beinamen eingetragen haben.

Als man ihn einmal fragte, ob er denn die Waldgeister nicht fürchte, sagte er: „Kennen tu ich sie alle, aber fürchten nit."

Nach einer Landwanderung kehrte er wieder zur Innschiffahrt zurück. Doch sein Leben dauerte nur mehr kurze Zeit. Bei der Anfahrt an eine Brücke half er mit, die Traunzille und die Ladung zu retten; dabei verwickelte er sich so unglücklich, daß er sich erhängte. Während ihn seine Kameraden auslösten, hörten sie einen hölzernen Lacher. Somit ging der Spruch jenes Mannes in Erfüllung, mit dem der Hias einen Streit gehabt hatte.

Bauerndoktoren und Hexenglaube im Brixental*

Bauerndoktoren

Die Heilkunde hat stets im Volke Männer gefunden, die sich für sie interessierten, die weiter forschten und als schlichte, einfache Bauerndoktoren im Volke wirkten. Im folgenden möchte ich von solchen Männern berichten, die im vergangenen Jahrhundert im Brixentale lebten. Manche wurden über das Brixental hinaus bekannt, andere wieder weniger bekannt, verdienen es aber auch, hier verzeichnet zu werden. Diese „Doktoren" waren Bauern und manche übten ihre Kunst für Mensch und Vieh, die meisten jedoch waren nur Viehdoktoren.

Der berühmteste Bauerndoktor war der „Hexenleandl", Leonhard Schipflinger. Geboren wurde er am 15. September 1826 in Hopfgarten auf dem Bauernhofe zu Unterau. Sein Vater war Rupert Schipflinger und seine Mutter Luzia Tiefenthaler von Schwendt in der Windau. Der Volksmund erzählt, Hexenleandl sei ein Weißensonntagskind und daher schon im vorhinein mit übernatürlichen Kräften ausgestattet gewesen. Leonhard kam schon in frühen Jahren als Hirte auf die Alm, später als Senner. Im Winter war er daheim und in älteren Jahren wurde er Fütterer. Durch den vielen Umgang mit dem Vieh lernte er dessen Krankheiten kennen. Seine Fähigkeiten auf diesem Gebiete ließen ihn bald zu einem bekannten Bauerndoktor werden.

Von weit und breit kamen Leute zum „Hexenleandei" und ließen sich von ihm kurieren. Selbst aus Venedig sollen reiche Grafen zu ihm gekommen sein. Zu seiner Heilkunde gesellte sich eine zweite Kunst: die Kunst des Hellsehens. Auch in dieser Kunst war Schipflinger überaus geschätzt und gerne zu Rate gezogen.

Leonhard Schipflinger erwarb dann das „Spängleranwesen" in Itter. Im Alter von 46 Jahren starb Hexenleandei am 25. April 1873 in Itter an Lungensucht.

Das Volk erzählt von Hexenleandei viele Geschichten über sein Wirken als Heilkünstler und Hellseher.

Josef Laiminger in Westendorf erzählte vom Hexenleandei folgende Sagen:

Einst schickte man dem Hexenleandei den Urin einer Ziege und der Überbringer des Urins fragte, er möge ihm sagen, was dem Mann fehle. Leandei sagte: „Mehr z' fress'n geb'n und bald zum Bock fahr'n." – In der folgenden Nacht mußte der Bursche zum Leandei um eine Medizin schicken, denn er wurde plötzlich krank.

Der Lindner Bauer – ein naher Verwandter Hexenleandeis – schätzte die Heilkunst seines Vetters nicht. Es trug sich zu, daß er einmal nach der Alpe Noodern gehen mußte für eine kranke Kuh. Es soll sich um seine schönste Kuh gehandelt haben und weil eben kein anderer Viehdoktor helfen konnte, so entschloß er sich mit Unwillen zum Leandei nach Noodern zu gehen, wo Leandei als Senner lebte. – Als der Lindner Bauer zum Leandei kam, sagte ihm dieser genau, wie oft und wo er gerastet habe. Auch half er ihm für seine Kuh. Seither achtete er ihn.

Leandei war bei einem Bauern, wo gerade zehn Hauerinnen zum Abhauen des Ackers angestellt waren. Die Hauerinnen freuten sich über den Leandei und sie lachten sich tückisch zu, denn Leandei predigte in gewissen Nächten über verschiedene Dinge, die als sehr geheimnisvoll galten. Die Hauerinnen ließen die Türen ihrer Kammern offen, damit sie gewiß den Leandei hören sollten. Es dauerte nicht lange, da fing Leandei zu predigen an. Bedächtig und langsam fing er an, jedoch er kam immer fließender und energischer in das Reden. Nun kamen die ganzen Liebschaften und Liebessünden der zehn Hauerinnen an das Licht, denn Hexenleandei wußte alles, er sah in solchen Nächten ungemein viel. Und so wurde die Freude der Hauerinnen beträchtlich getrübt, bei mancher vielleicht gar ganz in das Gegenteil verwandelt.

Simon Tiefenthaler, ebenfalls aus Westendorf gebürtig, wußte vom Hexenleandei nachstehende G'sagat:

Einst kam ein reicher Fürst aus der Seestadt Venedig zum Hexenleandei, um von ihm Rat zu holen für seinen einzigen Sohn, der krank im Bette lag. Der Fürst traf den Liendl in einem Gasthaus bei einem Gläschen Schnaps. Der Fürst bat ihn in ein Zimmer und unter vier Augen trug er ihm sein Leid vor. Leandei schüttelte die Achseln und schaute den Fürsten ernst an. Nach einer Weile des Schweigens sagte er: „Hast viel Geld, hast leicht Leb'n und doch hast mehr Sorgen als ein armer Bauer." Dann mußte der Fürst mit ihm nach Hause gehen; dort gab er ihm eine grünliche Salbe und sagte ihm, daß der Sohn – nach dem Urin zu beurteilen – bald gesund werden wird. – So traf es auch zu. Der Fürst schickte dem Leandei einen ansehnlichen Geldbetrag, den der

Leandei nie erhielt, denn als Leandei den Boten mit dem Geld kommen sah, sagte er zu ihm: „Dich reut das Geld, du gibst's nicht gern aus deinen Händen, darum behalte es und sage niemandem etwas davon." – Der Bote behielt das Geld, kehrte zu seinem Herrn zurück und sagte, der Leandei habe sich sehr gefreut darüber. In der Stunde, in der der Bote diese Lüge sprach, mußte Leandei dreimal nach einer Kuh suchen.

Ein Bauer in der Windau holte den Hexenleandei zu einer kranken Kuh. Kaum hatte Leandei den Stall betreten, sagte er: „Da muß der böse Geist aus dem Stall getrieben werden, eher kann die Kuh nicht gesund werden."

Er nahm ein altes, vergilbtes Büchlein aus der Rocktasche, murmelte ein Sprüchlein und der böse Geist war aus dem Stall. Jetzt gab Leandei einen „Einguß" her und die Kuh wurde gesund. Da es spät abends war, blieb Leandei über Nacht bei diesem Bauern. Zu der jungen Tochter des Bauern kam in der Nacht ein Gaßler. Leandei gewahrte ihn und rief ihm durch das Fenster hinaus: „Steig' nit über d' Loater, denn es kostet drei Monat." – Der Bursche lachte über die Rede Leandeis und stieg mit einem schneidigen Gaßllied über die Leiter. Bevor er zum Fenster der Tochter kam, brach eine Sprosse und der Bursche lag mit gebrochenen Beinen auf dem Boden. Leandei leistete ihm erste Hilfe. Seine Rede wurde Wirklichkeit.

Als Leandei Senner war, brach auf der Nachbaralm eine Seuche aus, an der etliche Stück Vieh verenden mußten. Da man aber mit Leandei wegen einer Nichtigkeit im Streit war, wollte man seinen Rat nicht holen. Doch in der ärgsten Not schickte man einen Goaßer zu ihm mit der Bitte, er möge kommen und helfen. Leandei sagte dem Goaßer, er werde nicht eher helfen, als bis der Senner vor seiner Hüttentür steht und ihn um Rat ersucht.

Der Senner der Nachbaralm war zu stolz, dies zu tun. Als ihn aber die Not doch dazu zwang, tat er es mit einem fürchterlichen Unwillen. Leandei sah dies und sagte: „I hilf, auch wenn es dir lieber wäre, ich würde nicht helfen." – Die Hilfe Leandeis half und dies trug viel dazu bei, sein Ansehen unter den Bauern des Brixentales zu heben.

Leandei hatte auch eine Doppelliebe. Ein Mädchen war die Folge dieser Liebe. Doch durfte Leandei viele Jahre nicht der Vater sein. Erst nach vielen Jahren soll die Mutter dieses Mädchens gesagt haben, daß Leandei der Vater sei.

Bevor Leandei starb, sagte er: „Etliche Tage bleib i nu auf der Erd'n, dann trag'n s' mi in d' Erd'n."

Leonhard Schipflinger galt als ein Dr. Faust. Geheimnisvoll war sein Leben. Die Sage tat noch das Ihrige dazu, um diesen Mann im Volksmunde unsterblich zu machen.

Ein anderer bekannter Bauerndoktor war der Viehdoktor Josef Krukenhauser, vulgo „Mitterer Sepp", geb. am 27. Dezember 1857 in Hopfgarten. Sein Vater war Johann Krukenhauser, Bauer zu Simmern. Krukenhauser erwarb das kleine Bauerngütl „Mitterer" am Penningberg. Er war ein gesuchter Viehdoktor. Er starb am 28. Juli 1933.

Der Stiefvater Krukenhausers, Johann Krall, vulgo „Simmana Bäuerl", geb. am 10. März 1837 in Hopfgarten, war auch ein Viehdoktor. Seine Eltern waren Matthias Krall, Bauer zu Liendler, und Maria Schipflingerin. Krall war für die Kälberkühe und die „hitzigen Krankheiten" ein guter Viehdoktor. Er starb am 5. März 1916.

Leonhard Lindner, Bauer zu Obing am Gruberberg, galt ebenfalls als guter Viehdoktor. Er wurde am 8. Oktober 1836 geboren und starb am 28. März 1924. Seine Eltern waren Sebastian Lindner, Bauer zu Untergrub, beim „dicken Oascht", wie die Leute sagten, und Maria Erharterin. Lindner diente sechs Jahre aktiv beim Militär und war zweimal im Kriege, und zwar im Jahre 1859 und 1866. Beide Male war er an der italienischen Front. Sein Vater hatte gerne gewildert und sein Ahnl wurde bei der Holzarbeit am Hoferberg von einem Baum erschlagen. Mit einer Kraxe trug man ihn nach Hause. Solche Ereignisse bleiben in einer Familie jahraus, jahrein lebendig und werden von Geschlecht zu Geschlecht mit innerer Anteilnahme erzählt.

Leonhards ältester Bruder, Sebastian Lindner, geb. 1834, gest. 1897, war ebenfalls Viehdoktor. Er verstand sehr viel vom Vieh und war daher sehr gesucht.

Sehr bekannt war Leonhard Schroll, Bauer beim Schlosser in Hopfgarten Markt, geb. 1. November 1858 in Hopfgarten. Er starb am 22. August 1931. Seine Eltern waren Matthias Schroll, Bauer zu Gründer, und Katharina Sammer, Bauerntochter zu Asten am Penningberg. „Schlosser Leandl", wie er bei den Leuten hieß, übte im Winter den Beruf eines Schweineschlächters aus für die Bauern. Auch spielte er gerne Karten. Von seinen menschlichen Schwächen erzählten allerhand Spottliedln.

„Schlosser Leandls" Namensvetter, Leonhard Schroll, ein Bruder des folgenden Georg Schroll, Bauer zu Doplat, war auch ein Viehdoktor und freute sich regen Zuspruchs. Leonhard Schroll war am 16. 10. 1836 geboren; er starb im Jahre 1898 in Itter. Seine Eltern waren Leonhard Schroll, Bauer zu Gründer, und Anna Seislin. Georg Schroll, Bauer zu Doplat, geb. am 17. 10. 1839, gest. am 8. 11. 1911, war ebenfalls ein sehr geschätzter Viehdoktor und wurde gerne und oft zu Rate gezogen.

Sehr geschätzt war Josef Krimbacher, geb. am 28. 2. 1853, gest. am 3. 6. 1933. Er war von Beruf Älpler und als solcher wurde er mit dem Vieh sehr vertraut und eignete sich so ein großes Wissen über die Krankheiten der Tiere an. Von anderen Älplern und aus Erfahrung wurden dann die „Eingüß" und „Schmirbn" erlernt.

Als Viehdoktor sehr geschätzt und oft um Rat gefragt wurde Josef Lindner, Pechlbauer am Gruberberg, geb. am 23. März 1852, gest. am 7. Oktober 1922. Er starb an Lungenentzündung. Er war auch echt brixentalerisch, „g'frorn" und „g'spöttig". Jedermann erhielt von ihm die gebührende Antwort.

Weniger bekannt war Josef Wurzrainer, Besitzer vom Wieshäusl in der Kelchsau. Er wurde am 21. März 1848 auf dem Bauernhofe Untertoiffen geboren, erwarb dann in jungen Jahren das Wieshäusl und übersiedelte dann später nach Kirchberg, wo er zu Anfang der zwanziger Jahre starb.

Martin Fuchs, Bauer zu Steiner am Glantersberg, geb. am 8. Dezember 1851, gest. am 1. August 1920, war ebenfalls ein gesuchter Viehdoktor. Besonders für die inneren Krankheiten galt er als vortrefflich.

Sehr bekannt war auch Josef Loinger, Bauer zu Schwaigern am Lindrain, geb. 11. März 1843, gest. am 26. Jänner 1922. Loinger galt als besonders „g'scheit". Sonst war er ein sehr gemütlicher Mann und es war nett „hoangarten" mit ihm. Seine besten Eingüß waren gegen Verkühlungen und „Hitzen".

In Itter lebten zwei Brüder, die als Viehdoktoren sehr gesucht waren: Johann Seisl, Inwohner beim Tanzer, geb. am 3. Mai 1854, gest. am 11. April 1930. Johann Seisl blieb ledig und war immer voller Humor.

Josef Seisl, Topfbauer in Itter, geb. am 21. Juni 1857, gest. am 28. März 1929, verstand gar viel von den Krankheiten des Viehes.

In Westendorf galt als guter und gesuchter Viehdoktor Josef Achrainer, Älpler, wohnhaft zu Bartler am Schwaigerberg. Er wurde geboren am 7. Mai 1841 und starb am

12. September 1909 um 12 Uhr nachts. Achrainer hatte viel verstanden von den Krankheiten der Tiere und galt als gescheiter Viehdoktor.

Weit über die Grenzen des Brixentales hinaus war der „alte Branz" bekannt. Johann Hölzlsauer war sein bürgerlicher Name. Er war Bauer auf dem Branzhofe in Brixen im Tal. Er war geboren am 16. Juni 1823 und starb am 29. Jänner 1895.

Anna Oberachner von Obermödling am Salvenberg in Hopfgarten erzählte vom „alt'n Branz", wie man ihn im Volke hieß, folgende Begebenheit:

Einst kam ein Ehepaar aus dem Pinzgau zum Branz um Rat. Der Mann hatte Wassersucht in einem solchen Ausmaße, daß er sich nicht selber niederlegen konnte, sondern man ihn stets umschmeißen mußte. Diesen schwer leidenden Mann machte der bekannte Brixner Bauer gesund.

Des „alt'n Branz" Sohn, Johann Hölzlsauer, geboren am 31. August 1862, gest. 10. September 1900, war ebenfalls ein Bauerndoktor für Leut' und Vieh. Er war Besitzer beim Schrägschneider in Brixen, übersiedelte später nach Bruck-Fusch, wo er das Kronwirtshaus erwarb und dortselbst starb.

Seine Ehefrau Katharina Hochwimmer übersiedelte nach dem Tode ihres Mannes nach Burghausen an der Salzach in Bayern, wo sie am 1. April 1928 im Alter von 65 Jahren verschied. Hochwimmer galt als bedeutende Heilkundige und erfreute sich großen Zuspruchs. Von manchen wurde sie für die größte Heilkünstlerin Deutschlands gehalten. Oft wird von ihr im Brixental erzählt und man rühmt ihre Heilkunst.

Die Erinnerung an die Bauerndoktoren ist sehr lebendig; die Aufzeichnungen über ihre Arzneien, Schmieren und Eingüsse sind leider in wenigen Jahren nach dem Tode der einzelnen Bauerndoktoren verloren gegangen. So sollen vom „alt'n Branz" zwei handgeschriebene Bücher vorhanden gewesen sein, wie mir Anna Oberachner versicherte, die alle seine Heilvorschriften enthielten.

Abschließend will ich noch die Arbeitsweise der Bauerndoktoren und die Verwendung ihrer Salben, Tranklen und Kräuter streifen. Jeder Heilkundige besorgte sich die nötigen Kräuter und Wurzen meistens selber; an Schlechtwettertagen wurde dann das gesammelte Zeug verarbeitet. Mit dem Ausgeben von Heilmitteln ging man sparsam um, denn wenn schon der erste Mundvoll oder das erste Pflaster nicht eine Besserung anzeigte, dann war meistens nicht mehr alle Hoffnung am Orte.

Von Seite der Bauern wurden die Heilmittel sorgfältigst aufbewahrt und oft hatte man nach dem Tode eines Bauerndoktors in manchem Hause eine Salbe oder ein Tränklein von ihm, das man kostbar hütete, um bei ernster Krankheit ein gutes Gegenmittel zu besitzen. Die Heilmittel wurden immer im Keller aufbewahrt, da sie dort am besten erhalten blieben.

Von den „Hexen"

Das Wort „Hex" hat sich im bäuerlichen Volke stark eingebürgert. In Redensarten verwendet man es und in Fluchtworten. „D' Toifl und d' Hex hab'n 's ganze Jahr koan Feierabend", lautet die bekannteste Redensart. – „Du bist a Hex. – Du schaust aus wia Hex. – Verdammte Hex", sind Fluchwörter gegen das Weibervolk. Nicht nur in Redensarten und Fluchworten gedenkt man der Hexe, im Volksg'sagat begegnen uns die Hexen unzählige Male. Eine Person, die ihre Vergangenheit in Dunkel hüllte, kam in früheren Jahrhunderten bald in den Ruf einer Hexe. Frauen, die sich mit Kräutern befaßten und ein wenig „doktorten", waren Hexen, die mit dem Teufel in Verbindung standen.[1]

Heute begreift man es oft nicht recht, wie es zu einem Hexenwahn, wie er im 15. Jahrhundert war, gekommen ist. Waren die Behörden schuld? Sie haben ihren Anteil daran, denn sie erpreßten mit Folter und anderen Marterwerkzeugen Geständnisse. Die Unglücklichen mußten gestehen, andernfalls man sie noch ärger peinigte. Die ersten Funken zu diesen Hexenverfolgungen entzündete oft die Mitwelt. Personen, denen man mißgünstig gesinnt war, brachte man in den Ruf einer Hexe und die Sache kam ins Rollen. Man hatte allerhand erspäht, tat ein weniges noch dazu und gab den Fall den Behörden bekannt.

Wenn man den Hexenglauben, der heute noch in Form von G'sagat lebt, genauer betrachtet, so kommt es einem gar nicht sonderlich vor, daß einmal ein Hexenwahn im Lande war. Die nachstehend wiedergegebenen G'sagat sind ein geringer Teil des ganzen im Volke lebenden Hexenglaubens. Vieles mag verloren gegangen sein, manches den Sammlern nicht zugänglich. Das Wenige, das ich im Brixentale über die Hexen erfahren konnte, habe ich von älteren Leuten in gelegentlichen Gesprächen gehört.

In jeder Gemeinde gab es nach diesen „G'sagat" einen Ort, wo die Hexen des Ortes zu gewissen Zeiten zusammenkamen und verschiedenes besprachen, Tänze aufführten, Unsittlichkeiten verübten und mit dem Teufel Verträge abschlossen. Meistens war der Ort der Zusammenkunft ein Bühel; Hexenbühel und ähnliche Namen geben uns heute noch die Stelle an, wo die Hexen ihre Zusammenkünfte hatten. Mit Besen – oft hatten sie auch brennende; diese leuchteten unheimlich und es schaute her, als fahre der Teufel durch die Lüfte – kamen die Hexen zum Zusammenkunftsort.

Man mied die Hexenbühel, denn wer in dessen Nähe zu oft erschien, hatte es bald mit den Hexen zu tun.

Wie wurde eine Frau Hexe? Diese Frage findet im Volke folgende Klärung:

Nicht jede Weibsperson war geeignet, Hexe zu sein. Sie mußten bestimmte Eigenschaften haben; so mußten sie schweigsam, gewandt und verläßlich sein. Hatte eine Frau diese Eigenschaften und hatte sie Verlangen nach geheimen Kräften, so wurde sie in kurzer Zeit Hexe. Der Teufel kam des Nachts an ihr Fenster, erzählte ihr von den geheimen Kräften, die in ihr steckten und versuchte das Weib als Hexe zu gewinnen. Gab die Frauensperson den Lockungen des Teufels nach, dann brachte er sie einmal zu einem Hexenfeste auf den Hexenbühel und sie war eine Hexe. In alle Dinge wurde sie eingeweiht und der Teufel stand ihr mit Rat zur Seite. Hatte die Hexe einmal die geheime Kraft, dann war sie frei, d. h. sie konnte nach ihrem Willen handeln. Selbst der Teufel konnte nichts mehr dreinreden. Da gab es Hexen, die ihm manchmal arg in die Karten spielten.

Kräuter und Zaubersteine waren die wichtigsten Mittel zum Zaubern und Hexen für die Hexen. Die Kräuter mußten selbst gepflückt und die Steine selbst gefunden worden sein. Aus den Kräutern machte man verschiedene „Stup". Wo ein solches Stup hinkam, gab es Unglück, Mißernten und Krankheiten. Mit den Steinen machten sie böse Wetter und ebenfalls Mißernten. Die Hexen hatten auch viele andere Mittel, doch sind deren Namen nicht mehr erhalten.

Der ärgste Dorn für die Hexen waren die guten Wetterglocken. Mit diesen hatten sie ein wahres Kreuz. Was nützte es ihnen, wenn sie Unwetter herzauberten, dieselben aber dann von den guten Wetterglocken vertrieben wurden. Alles versuchten sie, um diese Glocken unschädlich zu machen, was ihnen manchmal wohl gelang, des öfteren aber mit dem eigenen Leben bezahlt werden mußte.

Ein weiterer Dorn war ihnen das Weihwasser. Besprengte man sie mit geweihtem Wasser – Dreikönigswasser soll das Beste sein – so mußten sie fluchtartig den Ort verlassen.

Die arbeitsreichste Zeit für die Hexen war der Sommer. Im Winter gab es nicht viel zu tun, hie und da einem Menschen eine Krankheit anzaubern; sonst war nicht viel los. Nur in der Rauchnachtzeit hatten sie es eiliger. Da mußten sie bergauf und bergab rennen, bei jeder Stalltüre klopfen und riechen, ob hier geräuchert wurde. Wenn nicht, dann hatten sie Arbeit. Dem Vieh legten sie Stup in den Barn, damit es krank werde; mit ihren Zaubersteinen hexten sie Unglück über den Stall und das Vieh. Auch mußten die Hexen nachsehen, wieviele Hudern im Freien hingen. Für jeden Hudern wurde ein Stück Vieh im kommenden Jahre hin und das mußten die Hexen besorgen.

Wer die Hexen der Gemeinde kennen wollte, der mußte in der Heiligen Nacht einen Schemel, welcher aus siebenerlei Holz gemacht sein mußte, in die Mette tragen und sich während der Wandlung darauf setzen oder man mußte einen solchen Schemel während der Mette im Ofen verbrennen. Schaute man in den Ofen, so sah man die Hexen auf dem Schemel sitzen.

Ostern, besonders die Karwoche, war für die Hexen die unangenehmste Zeit. Am Karfreitag, in der Stunde, in der der Heiland an das Kreuz geschlagen wurde, hatten sie einen argen Kampf auszustehen. Furchtbare Schmerzen plagte sie. Dies deshalb, weil ein Jude, der bei der Kreuzigung des Heilandes dabei war, eine Hexe heiratete und diese ihn in die Geheimnisse der Hexerei einweihte.

In der Pflanzenwelt gibt es ein gutes Dutzend Pflanzen, die die Benennung Hexen… haben. Sie wurden einst alle zum Zubereiten von verschiedenen schädlichen Hexenpülverchen verwendet.

Die wilde Balsamine (Impatiens nolitangere)[2] heißt man im Volksmund das „alte Hexenkraut". Sie soll besonders für das Vieh verwendet worden sein.

Das Wiesen-Schaumkraut (Lardamine pratensis) nennt man im Brixental „Hexenblüh" oder „alte Hexen". Diese Pflanze, deren junge Blätter als Kresse verschiedene Verwendung bei der Bauernkost finden, war von den Hexen als Mittel gegen das Weihwasser sehr beliebt. Einige Blüten warfen sie in das Weihwasser, welches dann bedeutend an Kraft veror, und so ihnen ihre Arbeit erleichterte.

En gutes Kraut gegen Magenbeschwerden ist das Tausendguldenkraut (Erythraea centaurium). Auch für das Vieh ist dieses Kraut gesund. Die Hexen verwendeten es gegen die Menschen und es soll sehr wirksam gewesen sein, wenn sie es in Vollmondnächten pflückten, bis der Teufel dieses Kraut verfluchte, als er einmal Streit mit den Hexen hatte.

„Hexenkraut" wird das Johanniskraut (Hypericum perforatum) manchmal genannt. Es soll auch ein bei den Hexen sehr beliebtes Kraut gewesen sein zum Herzaubern von Gewittern und zum Anzaubern von Krankheiten an das Vieh. Damit es Wirkung hatte, mußte es in der Sonnwendnacht gepflückt werden. Mancherorts nennt man es auch Sonnwendkraut.

„Stup" bereiteten die Hexen vom echten Bärlapp (Lycopodium clavatum). Dieses Stup säten sie über Traidfelder, damit der Traid mißrate. Man nennt diese Pflanze auch Drudenfuß oder Hexenstaub.

Eine gefürchtete Pflanze war der „Hexenfuß", die Mistel (Viscum album); diese wurde von den Hexen oft und gerne verwendet, da sie immer wirkte und großen Schaden anrichtete. Doch ihre Kraft war von kurzer Dauer; sie mußte mit aller Heimlichkeit verwendet und an einem bestimmten Tag gepflückt werden.

Vom „Hexen-Röhrling" (Boletus luridus) brauten die Hexen einen Zaubersaft und manchmal machten sie auch eine Zaubersalbe. Diese beiden Stücke dienten zum Anzaubern von Krankheiten an Menschen und die neuen Hexen wurden damit gesalbt und gewaschen.

Es gäbe noch viele Pflanzen, aus denen die Hexen Kraft für ihre Hexenkünste schöpften, doch sind die Wirkungen und Verwendungsmöglichkeiten den Genannten gleich. Die genannten Kräuter waren die wichtigsten, ohne die hätte keine Hexe zaubern können.

Jedes Leben nimmt ein Ende; auch das Leben der Hexen. „Bald a Hex' sterb'n muaß, dauert's a halbe Ewigkeit", lautet ein Bauernspruch. Fühlte eine Hexe die Todesstunde, dann begann ein furchtbarer Kampf. Der Teufel kam und stellte sich an ihre Seite, andere Hexen und böse Geister tanzten um ihr Bett. Innerlich hatten die meisten Hexen ein Verlangen nach Gott, sie wollten sich mit ihm aussöhnen und um Verzeihung bitten für das, was sie gefehlt.

Der Teufel verzichtete nicht gerne auf die Seele und so kam es, daß die Hexen lange, „a halbe Ewigkeit", nicht sterben konnten. Wer in solchen Kämpfen siegte, erfuhr man nie.

Im folgenden soll von den Hexen, die im Unterlande lebten, einiges erzählt werden.[3]

Die Juffingerin war die bekannteste. Sie lebte auf dem Juffinger Hof am Beißelberg oder am Juffinger Jöchl, wie er auch genannt wird. Der Hof gehörte zu den vielen Aufenthaltsorten der Landesfürstin Margarethe Maultasch.

Schon in jungen Jahren soll sich die Juffinger Hexe mit geheimnisvollen Dingen abgegeben haben. Als 17jährige ging sie öfters ganz allein in den Wald und pflückte dort allerhand Kräuter. Viele Leute kamen zu ihr um Kräuter. Sogar aus dem Zillertal wanderte man zu ihr. Da sie eine besonders „saubere", d. h. schöne Frau war, fehlten auch die Verehrer nicht. Weit über hundert pilgerten zu ihr und warben um ihre Hand. Reiche Bauern, Bürger und Adelige wollten sie zur Frau haben. Sie heiratete einen einfachen Bauern. Auf das hin fingen nun einige abgewiesene Freier gegen sie zu hetzen an. Zuerst erschien alles erfolglos; doch mit der Zeit kam die Sache ins Rollen.

Die Juffinger Hexe und ihre Schwester, die Saukogler Hexe, hatten einen gemeinsamen „Kochbesen". Einmal hatte es mit dem Kochbesen eine Schwierigkeit. Und das kam so: die Juffingerin warf den Kochbesen in den Kamin, damit er zu ihrer Schwester hinüber wandere. Dabei sagte sie den Zauberspruch: „Kochbes'n, Kochbes'n, geh' zu meiner Schwester – ein bißl rescher (schneller), sie ist beim Söllandler Pfarrer." Hier hat sich die Juffingerin verredet. Sie hätte sagen sollen: „... sie ist beim Söllandler Saukogelbauern."

In der Küche des Pfarrwidums von Söll tat es einen Krach und der Kochbesen lag auf dem Herd. Die Widumshäuserin fuhr auf und schrie: „Kochbes'n, Kochbes'n, geh' zur Saukoglerin hinauf." Der Kochbesen verließ die Widumsküche und wanderte zur Saukoglerin hinauf.

Auch eine gute Köchin war die Juffinger Hexe. Die „bachnen" Speisen kochte sie, wie man es nirgends im Lande konnte. Darum sollen auch die Bettler immer zum Juffinger Hof gegangen sein, wenn sie Hunger hatten.

Alle Achtung schenkte die Juffingerin den Bettlern nicht, weshalb sie auch manchmal einen verhexte. Sie kochte für die Bettler eigene Krapfen. In diese tat sie verschiedene Kräuter und wenn nun ein Bettler einen solchen Krapfen aß, wurde er schwindlig, fing an, Sachen zu reden, die für Bettlerohren nicht angenehm waren. Daß dadurch manche Bettler erbittert wurden und die Juffingerin verwünschten, darf einen nicht wundern. Auch förderten die erbitterten Bettler die Hetze der abgewiesenen Freier.

Einmal war sie mit Erdäpfelgraben beschäftigt. Ganz unerwartet kam ein Besuch. Sie ließ alles liegen und stehen und ging mit dem Besuch in das Haus. Dort kochte sie ihm ordentlich auf und als sich dieser anschickte zu gehen, sagte sie: „Jetzt mußt du noch meine Erdäpfel anschauen." Wie aber staunte der Besuch; alle Erdäpfel lagen aufgehäuft, gereinigt auf dem Kartoffelacker. Dies tat ihre Schwester. Sie flog mit einem Besen vom Saukogel herüber und grub die Erdäpfel aus.

Diese Sage dürfte erst gegen Anfang des vorigen Jahrhunderts entstanden sein, denn zur Zeit der Juffinger Hexe kannte man in dieser Gegend die Kartoffel noch nicht.

Über das Ende der Juffinger Hexe erzählt man, daß vier Schergen von der Obrigkeit nach Juffing gesandt wurden, um die Juffinger Hexe gefangen zu nehmen. Als die Schergen in die Küche traten, sahen sie niemanden drinnen als die Kinder. Sie fragten, wo die Mutter ist. Die Kinder sagten: „Die Mutter ist in der Kammer." Nun stürmten die Schergen in die Kammer. Über die Stiege lief eine schwarze Katze herab. In der Kammer fanden sie niemanden vor. Die Schergen begaben sich wieder in die Küche. Auf der Stiege begegnete ihnen abermals wieder die schwarze Katze. So wurden die Schergen lange Zeit genarrt. Die schwarze Katze war niemand anderer als die Juffinger Hexe. Einmal erwischte ein Scherge den Schwanz der schwarzen Katze und zog so lange daran, bis aus der Katze die Juffinger Hexe wurde. Sie wollte sich zur Wehr setzen, leider half es ihr nichts. Nach einer anderen Darstellung erwischte man sie beim Heueinbringen. Als sie sah, daß Schergen kommen, schlüpfte sie in ein Heubündel. Die Schergen sahen dies und zünderten das Heubündel an. So mußte die Juffinger Hexe verbrennen.

In Wirklichkeit wurde sie in voller Leibhaftigkeit im Jahre 1588 vom Kufsteiner Hochgerichte zum Feuertode verurteilt und verbrannt.

Die Saukogler Hexe lebte zur gleichen Zeit wie die Juffinger Hexe auf dem Saukogel bei Söll. Heute ist der Saukogel eine Alm.

Obwohl die Juffinger und die Saukogler Hexe Schwestern waren und sogar miteinander die Hexerei betrieben, waren sie in der Person ungleich. Die Juffingerin eine schöne und mehr ehrliche Bäuerin, ihre Schwester, die Saugkoglerin, schildert man dagegen als falsche, hinterlistige und „schiache" Bäuerin. Die Saukoglerin durchstreifte während der Nacht die Wälder, suchte Kräuter und Zaubersteine und bannte zur Nachtzeit Menschen und Tiere. Oft soll sie bei Nacht Wetterglocken mittels eines geheimen Kräutleins „stumm" gemacht haben. Besonders gerne beschäftigte sie sich auf der Labn des Saukogler Hofes und probierte ihre Kräuter und Steine aus. Wünschten die Leute schönes Wetter, so traf ganz bestimmt schlechtes Wetter ein. Schuld daran war immer nur die Saukoglerin.

Ein reicher Bauer aus der Wörgler Gegend kam einmal zu ihr und bot ihr viel Geld an, wenn sie eine Woche nie regnen lasse. Die Saukoglerin sagte: „Das werden wir schon machen, aber um die Hälfte zu wenig Geld hast Du!" Und es waren dann drei Tage ohne Regen.

Die Saukoglerin galt als eine weitgereiste Bäuerin. Alle hervorragenden Wallfahrtsorte besuchte sie und entwendete manches. Die entwendeten Sachen fand man nach ihrer Hinrichtung im Keller des Saukogl-Hauses.

R. Sinwel schreibt über ihr Ende, daß sie beschuldigt war, böse Wetter zu machen, namentlich ein das ganze Sölland verherrendes Hagelwetter verursacht zu haben, aus der Kirche von Itter die unwetterabwendenden Evangelientafeln weggenommen und Tiere und Menschen mittels geheimer Kräuter verhext zu haben, was alles sie beim hochnotpeinlichen Verhör auch zugab und offenbar auch selbst glaubte. Nur daß sie mit dem Teufel persönlich Umgang gepflogen habe, stellte sie standhaft in Abrede.

Bei ihrem Ende ging es schrecklich her. Ihr Todfeind, der sie auch angezeigt hatte, der Pfarrer von Söll, Ulrich Spannagl, soll „spinnad" geworden sein.

Am 24. Juli 1590 wurde sie, 65 Jahre alt, auf der Richtstätte des Itterer Gerichtes am „Roten Bühel" auf dem Scheiterhaufen verbrannt. Ihre Asche wurde in alle Winde verstreut.

Auf dem Kirchturm von Söll setzte sich ein wenig Asche fest, es wuchs dann ein schöner Buschen Hexenkraut.

In der Haslau bei Hopfgarten lebte im Hafnerhäusl auch eine Hexe. Dr. S. M. Prem erzählt darüber in seinem Büchlein „Über Berg und Tal" (Seite 172): Die Hutmannwirtin in der Haslau war nach ihrer Hochzeit ständig krank und wurde immer letzer (bresthafter), ohne daß man die Ursache ergründen konnte. Da sagte ihr einmal die Nachbarin, sie möge doch im Bette nachsehen. Es geschah, und da fand man im Strohsack einen dicken Haarknäuel, den die Hutmannin auf den Rat ihrer Freundin ins Herdfeuer warf. Da erschien die Hafnerhäuslhexe, die den Zauber gelegt hatte, und bat inständig, man möge den Knäuel aus dem Feuer nehmen. Als dies nicht geschah, bekam sie selbst ein verbranntes Gesicht und starb kurze Zeit darauf.

Auf Schloß Itter soll in der zweiten Hälfte des 16. Jahrhunderts eine Hexe gelebt[4] und Saaten verdorben haben. Sie soll dann in das Wasser geworfen worden sein. Es wird sich sicherlich um eine Schloßbedienstete gehandelt haben.

Auf dem Salvenberge lebten zwei Hexen. Eine von diesen Hexen, das „Salvenweibl", wurde vom Teufel in eine Gewitterwolke verwandelt und es heißt heute noch oft, wenn ein Gewitter über die Salve zieht: „'s Salv'nweibl is zornig word'n." Die zweite Hexe kam dadurch um, daß sie sich auf die unübertreffliche Wetterglocke des Salvenkirchleins setzte, während diese am Abend geläutet wurde. Durch den Anschlag der Glocke stürzte sie zusammen und war sofort tot.[5]

Im Windautale lebte auch vor langer Zeit eine Hexe. Diese besaß einen großen Schatz, aus dem nach ihrem Tode eine Glocke gegossen wurde.

* Diese Arbeiten wurden nach mündlichen Angaben von Joh. Ager, Vorderblaikenbauer, und Elise Loinger verfaßt.
[1] Man vergleiche die Erzählung „Die Hexe" von Otto von Schaching. – [2] Die latein. Bezeichnungen wurden dem Werke „Heimische Kräuter u. Pilze" von Hans Konwieczka entnommen. – [3] Vgl. auch R. Sinwel, Ibk 1931, „Ein schwesterliches Hexenpaar", Tiroler Heimatblätter, 9. Jg. S. 234 ff. – [4] Näheres konnte ich über diese Hexe nicht erfahren; es weisen nur Sagen darauf hin. – [5] Sagen von der Hohen Salve, veröffentlicht im Tiroler Volksboten vom 19. 11. 1936. (Anton Schipflinger)

Das Manhartlied

Unter alten Familienpapieren einer mir bekannten Familie fand ich nachstehendes „Manhartlied"[1]. Das Lied ist keine kunstvolle oder gutgemeinte Dichtung. Es steckt in ihm echter Brixentaler Spott. Auch kann man daraus sehen, wie der Großteil des Volkes über die Manharter dachte. Die nachstehende Wiedergabe des Liedes erfolgt genau nach dem aufgefundenen Texte, der halb in der Mundart, halb in der Schriftsprache geschrieben ist.

Manhart-Lied

1 te.
A Liedl zu Singa wa halt mein Freud'
was irtz[2] in brixenthal Neues abgeith,
Von Manhart sein Glauben hu ich oft schon g'hört sag'n
und irtz dicht ich a gsang, wirds ma kringa in Magn.

2 te.
Den Manhart, den hab'ns zu an Papsten erwölt,
er ist guth unterricht und a standhafter hölt,
Der Ledara Hopfgart[3] ist dumbapilohn[4],
hat die Weisheit in A… ist a pfifiga[5] Mann.

3 te.
Sima der Rieda[6] hat a gern a stell,
ist aba nit schriftgelehrt, ist decht krat a gwell[7],
ist auf sein größ woll dickischa Kopf
als wir densen[8] Kitzbichla schusta sein Kropf.

4 te.
Von da bonaschmidin[9] wauß[10] ich a auns dazöln,
sie hat halt den schmid sein Urin weichen wölln,
und der Weichbrun, den läßt sie nach Oeschböden[11] trag'n,
und wi(a)r wär'n nit die Heiling a freud an ihr hab'n.

5 te.
Die Feurtag tans nichten als Pröding und Lehrn,
und die Leith unterrichten zum Halstarig wär'n,
sie verachten die Kirchen und die Sakrament
und wer wird Ey aft helfen in eig(ene)n letzten End.

6 te.
Euer brudaschaftsregeln sind gstreng was ich wauß,
sie wögn viel zenten, ist waita kein Gspas,
das bethen und fasten, das macht eu(ch) an schein,
afa schogawirk[12] kimt eu aft[13] decht a wönk darrein.

7 te.
Irtz woll'ns mit euch Heiligkeit noch an browirn,
sie wollen die Geistlichkeit gar Pensinirn,
aft hätens von beichten und Pröding an fried[14]
und krat frey woltens sein, ists aft recht oder nit.

8 te.
Und bald sie geh'n beichten und kominizirn,
aft geh'n sie zum Pock[15], dersen[16] kan schon Kurirn,
sie müssen anwänden a so große müh,
und der frißt Eu die brocken und sauft Eu die brir[17].

9 te.
Da Dirböcka[18] Vikary, der hat's gar wolta[19] gstreng,
die weibs von brixenthal beichten hingehn,
aba sonst hät a viel böser leb'n,
weil ihm die Marxin[20] für's beichten an Thala hat geb'n.

10 te.
Da Dirböka Vikary, der hat irtz Geld gnug,
er waisat in's Inathal[21] seligen zur,
da Inathala Vikary ist a glazatha[22] Herr,
und er geith eu den spot, zu mir köms nimmer mehr.

11 te.
Irtz wais ihm das Volk gar kein Sihn und kein rath,
kans kainer absolvirn, ist dächt wolta frath,
wann die anderen geh'n beichten, aft lachen sie all,
so thant die Neu(e)n Christen in den brixenthall.

12 te.
Irtz kömant aft döcht a mall die Wirg Engl[23] zwegn[24],
die wern ins aft zaugn, hamt an Neugschlifna Degn,
Der Mallar von Kitzbichl[25] dat Eu den gfalln,
und er thut Eu die Herrn auf a Taferl hin Mahln.

13 te.
Und bald der Erzbischof in's brixenthall kimt,
schükt er zwey mit Priester nach Westendorf hin
sie sollten den Manhart und Ledara frag'n,
was dan für ein Ihrthum in Glauben dant hab'n.

14 te.
Da Manhart, der draut ihm gar nicht viel Red'n,
Da Ledara thut halt die geistlan verschwör'n,
er sagt, da Napolion hat's halt verführt,
es ist keiner in stand das er Consekarirt.

15 te.
Und aft wolt halt der Erzbischof sein Fleiß a nit spar'n,
er wolt die Verlohr'nen schaf all wi(e)der hab'n,
er wolt, das ein Hirt und ein Schafstall dat sein,
und aft wurd's den Erzbischof woll a mächtig freyn.

16 te.
Aaba die leith sind verstockt was ich wais,
der sagarisch Irthum ist waida kein spaß,
sie müßen ja schantzen, dans gar einspörn,
und den kitzbock glauben lassen Eu dechta nit wärn[26].

17 te.
Die Nadarin Christl[27] schükens san Papsten nach Rom
dort hambs noch an drost und er löst noch vornan[28];
bis auf Feldkirchen ist sie einy köma,
und aft dans die Amtleith gleich zhanden nema.

18 te.
Und aft wird halt die Nadarin ingstrengalirt,
wans kein(e) aufweisung hat, aft wirds zurück dransportirt,
a so sch...t Eu a Teufl allweil in die kram[29],
wans sie maun sie hams recht, kömans gleich wieder drum.

19 te.
In Pettrus ham sie gar kein Freud,
weihrr zum Himmel den Schlüßl verkeit,
irtz mögns halt nimmer an Himmel hinein,
und irtz müßen(s) beim Kaiser in unterssperg[30] seyn.

20 te.
Die bonaschmidin, die ist dickisch und g'scheit,
sy sagt, bey ehu ist da schlosa nit weith,
der macht ehu an schlüßel von stahl und Christall,
aft kömans sie in Himmel und mir[31] ins spithall.

21 te.
Balt der Kaiser in untersperg kimt mit sein macht,
aft wird's noch abgeben recht a grausige Schlacht,
sie werden ins daschlag'n oder gar ausschinden,
aft wird Pettrus sein sein schlüs(s)el finden.

22 te.
Den Höpfl[32], den hät ich balt gar vergessen,
der hat die 12 Glaubens(-)Artikel gefres(s)en,
und da Jaurchinga bart[33], ich soltst freylich nicht sag'n,
hat a g'flu(a)cht über(n) Herrn wies ihms Kind hamt eingrab'n.

23 te.
Und irtz hät ich aft dächt a mal gnug an dem gsang,
der Saulausig[34] umzug, der wäret mir zlang,
wer mit den Manhart sein Glauben z'viel macht,
und der ist vor Gott und den Menschen verracht.

24 te.
Und wolzt irtz wissen wers Liedl hat g'macht,
A spoth schlechter bue, der sist a nichts verricht,
hat's g'schrieb'n mit da Federn (und) Papier;
das Papier, das schweig still,
mag a nieder Mensch raden wohin das er will.
Ende

Zusatz der Schriftleitung: Die Sekte der Manharter wurde schon im Aufsatze Georg Opperers, Tiroler Heimatblätter 1937, Nr. 11, auf Seite 311 erwähnt. – 1809 wirkte der Priester Kaspar Benedikt Hagleitner als Kooperator in Aschau im Spertental (Kirchberg/Tirol). Dieser war der Meinung, daß alle Geistlichen, die der napoleonischen Regierung den abgeforderten Treueschwur geleistet hatten, Abtrünnige und nicht mehr fähig wären, gültige geistliche Verrichtungen durchzuführen. Einer seiner eifrigsten Anhänger war Sebastian Manzl vom Unter-Manhart-Hof bei Westendorf. Die Manharter machten der geistlichen und weltlichen Obrigkeit durch ihre Leidenschaftlichkeit viel zu schaffen. Erst im Jahre 1825 kehrte der Großteil der Manharter nach einer Romreise ihrer Führer in den Schoß der Kirche zurück.

[1] Die Handschrift ist in meinem Besitze. Das Manhartlied wurde originalgetreu abgeschrieben. – [2] Jetzt. – [3] Thomas Mayr, Lederermeister in Hopfgarten. – [4] Turm von Babel. – [5] Schlauer. – [6] Simon Neuschmidt, Kleinhäusler, Außer Ried. – [7] Schlechtes Gras. – [8] Gewesenen. – [9] Ursula Bauchinn, Bodenschmiedin zu Hopfgarten. – [10] Weiß. – [11] Elsbethen. – [12] Große, mühvolle Arbeit. – [13] Doch noch. – [14] Ruh'. – [15] Gemeint ist ein Ziegenbock. – [16] Dieser. – [17] Suppe. – [18] Thierbach. – [19] Furchtbar. – [20] Ursula Schwaiger, verehelichte Trapichler, Bäuerin beim Marxen. – [21] Innere Wildschönau (Gebiet von Auffach). – [22] Kahlköpfiger. – [23] Vgl. „Die Manharter" von A. Flir, 4. Abteilung, 14. Kap. – [24] Daher. – [25] Es ist dies der Kunstmaler Franz Spitzer. – [26] Wehren. – [27] Christine Schadler. – [28] Er läßt sie noch vor. – [29] Handlung. – [30] Untersberg bei Salzburg. – [31] Die Nichtmanharter. – [32] Johann Fuchs, Bauer zu Höpfl in der Windau. – [33] Über diese Person ist mir nicht Genaueres bekannt. – [34] Dumme. (Anton Schipflinger)

Einiges über die wilden „Freil"

Zu den bekanntesten Sagengestalten des Unterinntales gehören die wilden „Freil". Sie bringen Glück und Segen beim Vieh und der Feldfrucht. Im Oberinntal und in Südtirol heißt man sie die „Saligen" oder die „saligen Fräulein".

Der Bauer und der Älpler, die Bäuerin beim Säen des Flachses und die heiratslustige Tochter in der „wilden Freilnacht" hoffen auf die Gunst dieser Geschöpfe.

Wenn im Langs der Traid anfängt zu grünen, dann umgeht der Bauer in der Dämmerstunde den Acker, bleibt dreimal stehen, betet ein Gebet (welches, konnte ich nicht erfahren) und hofft, daß er durch diesen Gang die Gunst der wilden „Freil" erringt. Damit die wilden „Freil" sehen, daß ihre Kraft vom Bauern geachtet wird, gräbt er am Ende des Ackers eine kleine Grube, tut eine Holzbüchse, in der sich etwas Mehl für den Lebensunterhalt der „Freil" befindet, hinein, verschüttet das Loch und legt zwei Haselnußzweige kreuzweise darüber.

Nach dem Glauben des Bauern holen die wilden „Freil" am Ostersonntag das Mehl.

Der Sommer gibt den wilden „Freil" Gelegenheit, den Bauern und Älplern, denen sie freundlich gesinnt sind, zu helfen. Um Weniges helfen sie gerne und leisten Übermenschliches.

Kommt ein Gewitter und der Bauer hat noch Heu oder Traidschöber auf dem Felde, dann kommt eine unscheinbare Frauengestalt und hilft. Solange bleibt das Wetter aus, bis alles in der Bem ist.

Ein anderes Mal hilft so ein wildes „Freil" beim Traidschneiden. Flink ziehen ihre Hände die Sichel und die übrigen Schnitterinnen schielen zu dem bewunderungswürdigen „Freil" hinüber.

Hat sich auf der Alm ein Stück Vieh verstiegen, so hilft oft ein wildes „Freil" dem Hirten suchen.

Mancher Älpler kam durch ein solches Geschöpf in den Besitz eines verborgenen Schatzes. Natürlich darf der Empfänger des Schatzes die „Freil" nicht verraten, da ihm der Verrat unsägliches Unglück bringt und den „Freil" großen Kummer bereitet. Oft geschah es, daß mancher nicht schweigen konnte; die wilden „Freil" kamen zu ihm und klagten ihm ihr Leid. Weinend zogen sie ab.

Auch den Übermut der Älpler bringen die „Freil" nicht über das Herz. Da gab es Almen, auf denen die Älpler mit Butterknollen Kegel spielten und anderen Unfug trieben. Die wilden „Freil" schauten zu und weinten. Viele dieser Almen wurden in Seen und unfruchtbare Berge verwandelt; manche blieben stehen, wurden aber von Jahr zu Jahr schlechter.

Sät die Bäuerin im Langs den Flachs, dann setzt sie große Hoffnung auf die wilden „Freil". Geht ein wildes „Freil" über den Flachs-Acker, dann gerätet er gut und es gibt ein schönes, weißes Tuch ab, sagt die Bäuerin.

Die „wilde Freilnacht", die im Sommer ist, gibt den heiratslustigen Jungfrauen die Gelegenheit, in die Zukunft zu schauen. Aus dem Munde eines wilden „Freils" können sie über ihr Eheglück Näheres erfahren. Die Heiratslustige lehnt in dieser Nacht am Kammerfenster und wartet auf das Geschöpf, das über ihre Zukunft Näheres zu sagen weiß. Auf den Fensterstock legt sie Mehl, Eier und Butter. Hat ihr das wilde „Freil" über die Zukunft erzählt, dann nimmt sie die Lebensmittel als Lohn mit. Sie dankt ordentlich und mahnt die Heiratslustige: „Glaub' mein Wort und befolge meinen Rat."

Die Schweigepflicht wird der Heiratslustigen auch auferlegt. Großes Unglück harrt ihrer, wenn sie dieselbe nicht befolgt.

Wann ist die „wilde Freilnacht"? Diese Frage wurde mir nie genau beantwortet. „Im Sommer einmal. – Nach dem Sonnwendtag. – Nach dem Peterstag. – In der ersten Vollmondnacht nach den Sonnwendtag", lauteten die Antworten.

Man kann annehmen, daß in der Zeit nach dem Sonnwendtag diese Nacht ist. Sie ist eben nicht genau festgelegt, sie ist halt einmal; in einer Nacht, die die wilden „Freil" wählen. Am ehesten wäre die erste Vollmondnacht nach dem Sonnwendtag die richtige.

Im Herbst, wenn das Vieh nicht mehr auf die Weide getrieben wird, ziehen sie in das Berginnere und verbringen dort den Winter. Es kommt vor, daß manchmal ein „Freil" den Berg verläßt und zu den Menschen in die Häuser geht, ihnen arbeiten hilft und mit Lebensmitteln zurückkehrt. Durch ihren Gang zu den Menschen im Winter muß sie viel geheime Kraft einbüßen.

Das bäuerliche Volk in den Bergen weiß hunderte von Sagen über diese Geschöpfe. Mit Gläubigkeit werden sie erzählt und man lobt die wilden „Freil" wegen ihrer Hilfsbereitschaft.

Es gibt auch viele Feinde der wilden „Freil". Rohe Jäger und Älpler, geizige Bauern, fürwitzige Weiber und Männer und übermütige Älpler. Sie sind alle ihre Feinde. Einem Feind helfen die wilden „Freil" nur, wenn er in größter Not ist; einem Feind bringen sie Unglück, sie zaubern dem Vieh eine Krankheit an.

Es gibt auch dem Menschen bös gesinnte wilde „Freil". Es sind derer jedoch wenige. Man kann diese Sagenbildungen als verstümmelte Sagen betrachten. Es kommt darin schon mehr die Hexenart vor. Die Möglichkeit, daß auf einer Alm ein wildes „Freil" hauste und später eine Hexe, und daß beide Gestalten zusammengeschmolzen wurden, ergibt die Ursache solcher Sagenbildungen. Wenn es sich also um Sagen handelt, in denen über die wilden „Freil" Schlechtes erzählt wird, so sind es zusammengeschmolzene Sagen; mehrere Gestalten sind verschmolzen.

Mehlspeisen sind die Hauptnahrung der „Freil". Milch und Fleisch verschmähen sie ganz. – In einer Sage wird erzählt, daß jene, die einem wilden „Freil" Milch geben, dieselbe heiraten müssen. – Essen sie solche Speisen, so werden sie ihrer geheimen, übernatürlichen Kraft beraubt und werden irdische Frauen. Wurzeln, Kräuter und Waldbeeren bilden auch einen großen Teil ihrer Nahrung. Die Bauern geben ihnen für ihre Arbeit meistens Mehl als Lohn.

Bei offenem Feuer bereiten sie ihre Speisen vor. Sie sind sehr genügsam, leiden oft Hunger und müssen daher betteln gehen. Es tut ihnen furchtbar wehe, wenn sie sehen, daß man mit Lebensmitteln praßt, sie verschwendet.

Über die Wohnung der wilden „Freil" erzählt man wenig. Im Gebirge wohnen sie irgendwo. Höhlen lieben sie besonders. Die Höhle wird wohnlich eingerichtet. Alles ist einfach, aber schmuck. Den Menschen ist die Wohnung der wilden „Freil" nicht zugänglich. Kein Mensch hat einmal die Wohnstätte dieser Geschöpfe gesehen. Es wäre auch ein großes Wagnis, die Wohnstätte der „Freil" zu suchen, der Suchende würde in die Tiefe stürzen, wenn er sie gefunden hätte.

Große, wunderbare Kraft besitzen die wilden „Freil". Glück können sie in eine Menschenhand schütten, soviel sie nur beliebt. Trotzdem sind sie arm – sie können mit ihrer geheimen Kraft sich selber nicht helfen – und sind auf die Gaben der Bauern angewiesen. Freigebig sind sie mit dem Glück auch nicht; wenige haben und hatten das Glück, von den wilden „Freil" beschenkt zu werden. Viele von den Wenigen machen sich dadurch, daß sie von den wilden „Freil" beschenkt werden, selbst das größte Unglück. Sie können nicht schweigen. Schweigen ist die erste Bedingung, die einem von den wilden „Freil" auferlegt wird. Kann einer nicht schweigen, so weinen sich die wilden „Freil" zu Tode und ihm rinnt das Geld aus der Hand wie Wasser. Dem schweigsamen Manne bringt der Schatz der wilden „Freil" großes Glück. „'s Geld weascht nit weniger und im Leben hat er mehr Glück", sagt man.

Der Name bedeutet soviel wie „scheue Fräulein". Wild sind sie; sie scheuen die Menschen, sind zurückgezogen, lassen sich selten sehen und verschwinden, wie sie gekommen. Wegen ihrer schönen Gestalt heißt man sie „Freil".

Die Bauern in den Bergen achten die wilden „Freil", und mancher den Volkskundeforschern nicht zugänglicher Volksglaube haftet an ihnen.

Über die Herstammung sagte man mir: „D' wilden ‚Freil' send allweil g'wes'n."

Das stimmt. Sie sind immer gewesen; ohne sie wären die Bergbauern wohl nie ausgekommen. Zu den Bergen gehören sie wie alles andere, was zu den Bergen gehört. Mit Gläubigkeit hängt man an diesen Sagen, echte berglerische Gläubigkeit ist es.

Haben sie vielleicht beigetragen, daß die Bauern so zäh an der Bergscholle hielten und halten? Gewiß, es ist dies ein Ding von vielen aus dem Reiche der Sage, das stark auf die Bergbauern wirkt. Besonders die Bäuerinnen und die älteren Älpler halten fest an den wilden „Freil".

Humorvolle Geschichten, Weisheiten und Sprüche

Volkshumor aus der Wildschönau

Eine Wildschönauerin mußte nach Innsbruck fahren; damals war die Eisenbahn erst wenige Jahre in Betrieb. In Wörgl löste sie eine Fahrkarte für den Personenzug. Der nächste Zug, der in Wörgl haltmachte, war ein Schnellzug; in diesen stieg die Wildschönauerin ein. Als dann der Kondukteur kam, forderte er das Weib auf nachzuzahlen, denn sie habe eine Karte für den Personenzug, nicht für den Schnellzug. Die Wildschönauerin weigerte sich zu zahlen und sagte: „Weg'n meiner kann der Zug langsamer fahr'n, i hab's nit gneatig, mir is lang früah gnug, wenn i bis schnachz (abends) nach Innsbruck kim."

*

Einmal wartete eine Wildschönauerin auf den Zug. Als der Zug kam, rief der Schaffner: „Rückwärts einsteigen!" Die Wildschönauerin war mit dem Befehl des Schaffners nicht einverstanden und murrte: „Etz habens wieder neue Kawaritzen (Eigenarten) bei der Bahn." Sie stieg nun nicht in die rückwärtigen Waggons, sondern drehte sich um und stieg „aschtlings" (rücklings) in den Zug.

*

Auf einem Bahnhof löste eine Wildschönauerin eine Fahrkarte zur Heimfahrt. Es dauerte eine hübsche Weile, bis der Zug kam. Während dieser Zeitspanne fiel dem Weib ein „Duck" (Bosheit) ein, den sie dem Zug antun wollte. Der Zug kam. Die Wildschönauerin stieg nicht ein. Sie sagte: „I steig dem Zug z'fleiß nit ein, weil er mi solang warten ließ. A Fahrkart'n hab i schon g'löst, aber einsteig'n tu i nicht."

Dem Zug wird dies wohl gleich gewesen sein. – Das Weib ging nach der Bahnstrecke heimwärts. Sie wurde von einem Bahnwächter angehalten und erhielt eine Mordspredigt. Da zeigte sie ihm die Fahrkarte und sprach: „I hab a Fahrkart'n und hätt' sogar das Recht zu fahr'n, aber i bin dem Zug z'fleiß nicht eing'stieg'n!"

*

Von den Wildschönauern erzählt man folgende Geschichten:

In Hopfgarten war ein großes Begräbnis. Eine Wildschönauer Bäuerin kam an diesem Tage nach Hopfgarten und ging in die Kirche. Als die Frauen nach der Wandlung den Opfergang machten, fragte sich die Wildschönauerin, was tun etwa die Leute, zuerst die Männer, und jetzt die Frauen, hinter dem Altare? Sie wollte es wissen und ging deshalb als Letzte mit. Statt in den Opferteller einen Kreuzer hinein zu tun, griff sie mit der Hand in den Teller und nahm eine Handvoll heraus. Nach dem Gottesdienst sagte sie:

„Da muaß vü (viel) Göid ina (drein) g'wes'n sein, weil i a nu (noch) a Handvoi dawuschn hu (hab') und war d' Letzt' g'wes'n."

*

In Wörgl war Krämermarkt. Ein Wildschönauer Bub kam dorthin; er sollte ein Kruzifix kaufen. Der Krämer, bei dem er das Kruzifix kaufte, sagte:

„Was möchst aft (dann) für an Herrgott, an lebendig'n oder an g'storbma (gestorbenen). Ein lebendiger hebt den Kopf aufwärts, während der Kopf eines g'storbma herabhängt."

Der Bauernbub sagte folgende, nicht besonders schöne Worte: „Geit's ma an Lebendig'n, derschlag'n kiman (können) ma dahoam a (auch)."

*

Eine Wildschönauerin ging einmal nach Mariastein wallfahrten. Als sie zu der Mühle kam, welche auf dem Wege von Wörgl nach der Wildschönau ist, sah sie über Wörgl eine Nebeldecke. Sie meinte der Inn sei dies und rief nach dem Fährmann. (Sie war noch eine gute halbe Stunde vom Inn entfernt.)

Volkshumor aus St. Johann

Als man in St. Johann die erste Straßenlampe aufstellte, da sang ihnen der Vierstaller Romanus – ein Taglöhner aus Going – folgendes Versl:

> Z' Senihaus im Dorf,
> da brennans etz a Latern,
> damits leichter hoamfind'n,
> d' Weinvesperherrn;
> tra la, la, la und d' Schnapskeßl a!

*

In St. Johann heißt ein Bauernhof beim „Toad". Da war es etliche Jahre vor dem Weltkrieg, als man auch Zettlkraut auf dem Acker pflanzte. Im Herbst dann, wie das Kraut zum Schnitt reif war, wurde es über Nacht gestohlen. Am Ende des Ackers stand eine Tafel – als letzte Erinnerung – auf der zu lesen stand: „Für den Toad is koa Kraut g'wachsen."

*

Bei einem Bauern in der St. Johanner Gegend war „a recht a wunnalane" (neugierige) Dirn. Der zehnjährige Bub des Bauern war bei einem festlichen Begräbnisse. Kaum war er beim Hausgattern drein, da fragte die Dirn: „Wia is aft g'wes'n?" – „Schea", erwiderte der Bub. – „Schea", wiederholte die Dirn. „Was hab'ns denn tu'?" – „Gschoss'n hab'ns, gläut hab'ns, Klarenett blast und geigt hab'ns", erzählte bündig der Bub und zeigte es der Dirn mit den Händen, „wias tun hab'n".

*

Weiberdorf heißt ein Weiler an der Straße von Oberndorf nach St. Johann. In der dortigen Brechlstube brechelte man einmal und da ging gerade ein Brixentaler mit einer Kraxe vorbei. Da rief ein Brechler: „Wohin, Brixentaler Zigadies'n[1]?" – „Nach Senihans um an Faklchrisn"[2], gab der Angerufene ruhig zurück.

[1] Ist ein kleines Faßlein, in das der Ziga (Ziegerkäs), welcher von der Almmilch erzeugt wird, getan wird. Besonders im Brixental wird viel Ziga erzeugt. – [2] Chrisn heißt man jenes Kind, das nach der Oster- oder Pfingsttaufwasserweihe als erstes getauft wird. In St. Johann taufte man ein junges Ferkel mit Chrisnwasser. (Anton Schipflinger)

Der Weibermaibaum

Der Frühling des Jahres 1893 zog in die Gegend von Senihans, wie das Volk statt St. Johann sagt. Überall sproß neues Leben hervor, froh und leicht atmete jede Brust, denn es ging der herrlichen, frohen und arbeitsreichen Sommerzeit zu. Der Maitag – so nennt man den ersten Mai – ist hier Scheidetag. Die Älpler richten sich zur Almfahrt bereit, der Bauer beginnt an die Sommerarbeit zu denken. Bevor die Almleute dahin sind und die harte Arbeit des Sommers kommt, muß noch ein Tag sein, an dem es lustig und unterhaltsam hergeht. Dieser Tag ist der Maitag. Nach altem Brauche muß an diesem Tage ein Maibaum erstehen, an dem dann die Burschen ihren Wagemut zeigen können. Und abends ist es in den Wirtshäusern lustig; Tanz und Gesang vereint die jungen Leute und der Wirt hat seine helle Freude daran, wenn es recht lustig ist.

Ein Maitag ohne Maibaum wäre nur etwas Halbes. Es ist nun so, daß alles zu schnell an die große Glocke gehängt wird und diese ebenso schnell von Ort zu Ort, von Tal zu Tal läutet. Hat eine Gemeinde einen großen Maibaum – natürlich muß er bedeutend größer sein, als er gewöhnlicherweise in Brauch ist – so weiß bald die halbe Welt davon und hat eine Gemeinde keinen Maibaum, so erzählt man es überall mit viel Spott.

Der Maibaum ist eine Angelegenheit der Burschen und Männer. Wenn diese einen Zaun zwischen sich haben, dann ist kein richter „Z'sammzug" und der Maibaum bleibt aus. So mag es in St. Johann gewesen sein. Nun wäre es eine Schande gewesen, wenn die Senihanser keinen Maibaum gehabt hätten. Da die Burschen nicht anfingen, sich um einen Maibaum zu kümmern, sprangen die Weiber in die Bresche.

Der Rechenmacher Hans Rothardt, ein junger, bildsauberer und lediger Bursche, wurde als Kommandant erwählt, denn einen mußten die Weiber unbedingt haben, der etwas von der Sache verstand und alles einteilte. Von nah und fern eilten die jungen

Dirnen herbei und halfen beim Aufstellen des Maibaumes mit. Vor allem das Schmücken des kahlen Baumes verstanden sie ausgezeichnet.

Als Ort zum Aufstellen wählte man den Weiler Sperten, der eine gute Viertelstunde vom Dorfe entfernt ist.

„Mia brauch'n überhaupt koane Mannder, mia derpack'ns schon alloan ah", schlüpfte es einmal aus dem Munde der Götschen Lisl.

„Bin i eppa koa Mannas? Was machats ös ohne mi?" fragte der Hans Rothardt.

„Maibaum aufstelln", kam es kurz aus dem Munde der Seiwald Moidl, die ein wenig zum Kommandanten hinüber schielte.

Der Maibaum war fertig; nun begann das Aufstellen. Diese Arbeit ging langsam, der waren die Weiber von Sperten nicht gewachsen. Wohl wollten ihnen Burschen und Knechte zu Hilfe kommen, doch die eitlen Dirnen lehnten es ab und schickten sofort um die Weiber von Taxerdörfl. Mitten von der Arbeit mußten diese davon und Maibaumaufstellen helfen. Und es gelang ihnen jetzt, den stattlichen Baum in die Höhe zu bringen. Wie lachten sie, als er so stolz und geschmückt dastand!

„Das haben wir Weiberleut von Spertendorf und Taxern vollbracht! Die Buam können nun ihren Gift ausspeib'n. Heuer send wir ihnen ein hübsches Stück überlegen", triumphierte die Gretl, die dritte Seppentochter.

Auf den Maibaum wurden noch zwei Tafeln, welche mit Versen versehen waren, aufgehängt und jedermann konnte nun den Maibaum bestaunen.

Auf der ersten Tafel stand:
               Juchhe Mai,
     sind wir Menscha a dabei.

Die zweite Tafel trug folgenden Spruch:
             Unüberwindlich
     und sehr empfindlich.

Schon kam der Seppenknecht mit der Ziehharmonika aus dem Hause. Er fing an zu spielen. Die jungen Mander waren im Nu da und der Maitanz begann. Lustig wurde es und abends wurde der Tanz in den Bauernstuben fortgesetzt.

Dem alten Brauche gemäß mußte der Maibaum drei Nächte gehütet werden, damit niemand eine Bosheit vollführen konnte. Denn es ist ein gern geübter Brauch, den Maibaum zu stehlen, ihn umzusägen oder den Buschen wegzutragen. Tapfer haben die jungen Dirnen den Maibaum gehütet.

Im nächsten Jahre setzen wieder die Mander den Maibaum auf; es lag ihnen wie ein Stein im Magen, daß die Weiber so übermütig wurden. Dies durfte ihnen nicht mehr geschehen, gelobten sie im Stillen. – Und es geschah auch nicht mehr.

Die miserable Zeit
Spottlied aus dem vorigen Jahrhundert[1]

Jetzt ist's für's Bauernleb'n
a miserable Zeit.
Die Steuern, dia kunst kam dageb'n,
weil der Zins auf's höchste steigt.

Wenn oaner sticht a Kalbl ab,
muaß er Akzis schon zahl'n.
Der Metzger, der laßt's steh'n im Stall,
wenns eam nit recht tuat g'fall'n.

Und a Butterlast tragt a nix mehr aus,
d' Alpzeit is viel z' kurz.
Das Vieh nimmt ab, das Salz schlagt auf.
Das tuat ma eam zum Trutz.
Am Bauern, da will alles nag'n;
der Bettler, wia der Herr.
Statt'n Gwandl soll er a Kutt'n trag'n,
an Bauern tragts nit mehr.

Die Burga hambt a anders Leb'n,
d' Hantierer, dös sand Herrn.
Der Bauer mag ean 's Geld hingeb'n;
sie wissens schon z' begehr'n.
Der Garba druckt eam 's Häutl ab
und d' Schusta, dös sand Füd (boshafte Leute).
Mit'n Müllern, da is eh schon gar,
dia geb'n dirs halbe nit.

All's zupfts am Bauern, hint und vorn,
es hoaßt fortaus: gib, gib!
Der Einnahm, der tuat nimmer zua,
man hat ja nia koan Fried'.
Der Steuereintreiber kimbt a mehr glei,
der Mauser (Maulwurffänger), der is a dabei.
Sie sag'n mit Graus:
jetzt, Bauern, zahlt's uns aus.

Und a so geah'n insere Kreuzer durch,
es is uns all's viel z' guat;
mir hamb ja oft koan Lederschuach,
nit gar an fein Huat.
Bald unsereiner im Wirtshaus hukt
und trinkt a Halbe aus,
aft hoaßt's, du Lump, was hast im Sinn;
der Bauer g'hört zum Haus.

[1] Überliefert von Thomas Schmiederer, vulgo „Platten Thoma", in Reith bei Kitzbühel. (Anton Schipflinger)

Bauernweisheit

Ein alter Bauernspruch lautet:

> „Das is das Beste auf der Wöit,
> daß Tod und Toifl nimmt koa Goid."

Anders gesagt – daß sich niemand das Leben und die ewige Seligkeit erkaufen kann.

Der Bauer hat eine Freude an gereimten Sprüchen. Wer gut reimen und dichten kann, gilt auf dem Lande noch immer als gescheiter Kopf. Das Landvolk reimt auch selbst oft, auch in ganz gewöhnlichen Dingen. Kommt man z. B. in ein Bauernhaus, wo sie gerade beim Mittag- oder Abendessen sind und man wünscht ihnen, wie sich's gehört, „guten Appetit" – so erwidern die Essenden wohl gelegentlich: „Nimm an Löffl und halt mit", oder: „A guatn Appetit, mia habn scho bei der Mitt."

Ein Sprichwort sagt: „Wer lang fragt, geit nit gern", d. h. wenn jemand einen andern lang fragt, ob ihm dies, oder jenes als Geschenk recht, oder gar lieber wäre, der gibt überhaupt nicht gern was her.

Die Alten sagen auch: „Wer in einer Feindschaft sterben will, der kann lang nicht sterben." – „Der Hochmut geht mit niemandem in das Grab." – „Allzugroße Liebe und Kälte dauert nicht lang." – „Wem der Herrgott übl will, dem schickt er an fadn – oder eadn – Nachbarn", dann gibt es doch meist eine Feindschaft ab, und kann es Übleres geben, wie verfeindete Nachbarn?

Zur Entschuldigung heißt es oft: „Ja, wenn der Toifl in an Menschen drin is – !" dann „derhilft" er ihm halt net, will man sagen.

Selten hört man mehr: „Ein guter Schlüpfer fällt nicht" – d. h. wohl: Steig' nicht, stolz auf deine Kraft und Gelenkigkeit, über den Zaun, sondern bück' dich lieber und schlüpf unten durch, du fällst dann nicht her. Oder soll „schlüpfen" hier so viel sein, wie „schlipfezn" – auf dem Eise rutschen und doch nicht herfallen? Das wäre also mit Vorsicht, selbst beim Ausrutschen mit einem Fuße, noch auf dem anderen bleiben und nicht ganz auf den Boden fallen.

Die Bauern sagen auch anstatt „dahersteigen, wie der Hahn auf dem Misthaufen" – „dahersteigen, wie der Hahn im Werch" (= Werg). Hier muß der Gockel die Füße ja noch höher aufheben, um sich nicht zu verwickeln.

Selbst in großem Unglück wird zur Ergebung und Geduld gemahnt mit den Worten: „Wegen einem Fuß soll man nicht weinen", denn weint man, so kommt der zweite auch dazu. Ähnlich lautet der Trostspruch: „Wird eine Kuh hin, dann denk: wenn nur die anderen gesund bleiben."

Treffen sich auf einem Bergwege zwei Heu- oder Holzfuhrwerke oder sonst zwei Gespanne, die vielleicht das Gleiche führen, nur mit dem Unterschiede, daß der eine hinunter und der andere hinauf fährt, so hört man nicht ungern die Rede: „An dummen Leuten hat der Herrgott nia a Not: da oane führts herab und der andere hinauf." Der Spruch wird auch sonst gelegentlich zur Beleuchtung einer großen Dummheit gebraucht.

Hat einer sehr schwer zu tragen, so ruft ihm der Begegnende wohl auch lachend und ein bißl tadelnd zu: „Hot da Geiz aufflegn ghoiffn? Aufflegn hüift a oan, göi, aba tragn net?" – Hat dir der Geiz, oder, wie der Bauer gern sagt, „d'Siach – s'Siachisch sein" auflegen geholfen? Man soll also nicht meinen, alles derreißen zu können. Deshalb wird auch gelegentlich einem fleißigen Arbeiter gesagt: „Net go(r) z'gneadig" oder „nit z'fleißig" und der Angerufene erwidert dann gerne: „Wird schon gschechn."

Auch vom Holzabschneiden nimmt der Bauer ein Gleichnis, wie man solchen Arbeitsleuten selbst spöttisch sagt: „Enk zwoan gehts a nit z'samm, dös oan ziecht hin, dös oane her."

Das Landvolk kann oft auch lächeln über die Eile und Wichtigtuerei solcher, die eigentlich mit ihrer Sach und Arbeit leicht fertig werden sollten. So heißt es deshalb: „Ikeis Gneat is a bsunnana." Das Wort „Ikeis" ist mundartlich gleich „Ingehäuse", der als Wohnungsmensch in einem kleinen Gebäude sich aufhält und daher selbst keinen Grundbesitz und keine „große Sach" hat. Was soll's also da „gnedig-gneatig" hergehen? Und doch haben sie es oft viel wichtiger noch, wie ein richtiger Bauer mit viel größerem Besitz.

Aber manche tun eben selbst an sich unnötige Arbeiten. Denen klingt wohl auch entgegen: „Merk da: s'Lab von de Bam brockn und die Leut weckn, ist die größte Dummheit." Das Laub fällt ja doch selbst von den Bäumen und auch die Leute stehen selber auf. Freilich könnte man gelegentlich dabei fragen: „Aber wann?"

Selbstverständlich ist aber der Bauer der letzte, der rechte Arbeit und kluges Vorsorgen verachtet. So warnt ein Spruch: „Mühl und Ofen warm, macht den besten Bauern arm." Wenn die Bäuerin den schon hart erwarteten und eben von der Mühle geholten Mehlsack sofort anpacken muß und dann das warme Brot wieder gleich anschneidet, so dergibt das alles nicht! Auch der beste Bauer darf es nie soweit kommen lassen, daß er gar keinen Vorrat mehr hat.

Viel Glauben und Aberglauben schlingt der Bauer um die Arbeit, die ihm ja ganz besonders Leben und Nahrung bedeutet. Bevor man mit einer Hacke, Sichel oder Praxe anfängt zu arbeiten, soll man sich damit drei Kreuze auf der rechten Hand machen; das sei gegen das Schneiden gut, heißt es.

Wer am Nikolaustage flickt, strickt und näht, der sticht dem hl. Nikolaus die Augen aus.

Wer am Allerseelentag pfeift, stört die Ruhe der Toten und muß am Sterbebett einst selbst mit dem Teufel verhandeln.

Die Arbeiten in der Küche werden mit dem merkwürdigen Namen „Pfockarbeiten" bezeichnet. „Pfocken" bedeutet sonst kleinweis hinstichen, z. B. mit der Nadel jemanden verstohlen stechen wollen.

Wenn man ein Kalb verkauft hat, soll man ihm etliche Schwanzhaare abschneiden. Diese muß man dann in ein Brot kneten und der Kuh, von der das Kalb stammt, zum Fressen geben. Manchmal windet man auch den Strick, mit dem das Kalb angebunden war, der Kuh um die Hörner. Beides soll gut sein und verhüten, daß die Kuh um ihr Kalb immerfort „rert" und muht.

Mit den Haaren ist auch sonst noch mancher Volksglaube verbunden. Wer sich etwa von einer Katze die Haare ablecken läßt, der soll frühzeitig graues Haar bekommen. Läßt man sich das Haar abschneiden, so soll man ein bißl davon mitnehmen und es unter einen Zaunstecken legen. Das soll fürs Kopfweh gut sein.

Der Bauer erlebt bei Vieh und Mensch oft in seinem Leben Überraschungen, und so sagt er wohl auch: schiachs Gassenkind – schöner Mensch, d. h. es kann sich noch immer anders auswachsen, wie es zuerst hersieht.

Ist ein Bub geboren und man trägt ihn von der Taufe heim nach Hause, so wird oft einem Bekannten der Hut gestohlen, den er dann wieder auslösen muß. Warum man das tut, oder was es bedeuten soll, ist mir unbekannt.

In früheren Zeiten betete man während der Karwoche um Mitternacht auch drei Rosenkränze, wie man sie sonst und heute noch an den drei Rauchabenden betet. Während der Karwoche, heißt es auch, soll man nicht „ploi'n". Denn sonst trifft und ploit man den Herrgott. Darum soll man in der Karwoche überhaupt nicht waschen. Den Ploi ist ja das Holzgerät in der breitesten Form mit Handgriff, mit dem man die Wäsche ausklopft. Woher etwa das Wort „Ploi" kommt?

Ein ähnlich Merkwürdiges ist der „Lemst". Wenn nämlich jemand gerade zur Mittagszeit oder während des Abendessens in ein Bauernhaus kommt und es gibt Bladl, Krapfen, Küchl, oder halt sonst was in Schmalz Gebackenes, so erhält der neu Angekommene ein oder zwei Stück davon. Das heißt man „einen Lemst".

Auch sonst bekommt man gelegentlich etwas zum Essen. Kommt jemand zu einem Bauern, um ihm etwa eine Botschaft auszurichten, oder sonst etwas zu tun, so bringt die Bäuerin das Brot und der Ankömmling muß davon ein Stückl zu sich nehmen. Denn tut er es nicht, so trägt er den Frieden aus dem Haus.

Wißt ihr, wieviel ein Vergeltsgott wert ist? Die Alten sagten, 36 Kreuzer. Das war einst viel Geld, denn diese Ziffer stammt noch sicherlich aus der Zeit, da als Rechnungseinheit die Sechszahl diente. Da hat man mehr wie ein Paar Schuhe um diesen Betrag gekauft: so weit sollte man also für ein Vaterunser gehen, daß die Schuhe kaputt würden.

Nun zum Schluß ein altes Hausierersprüchl: Zündholzl – Mannaleut, Anaas – Bäuerin, Glufn (Sicherheitsnadel) – Dirndln!

Volksrätsel aus dem Unterinntal

Volksrätsel und Scherzfragen aus dem Volke des Unterinntales sind wert, daß sie gesammelt werden. Manches mag wohl schon bekannt sein, doch vieles ist neu, denn es hat kaum jemand nach solchen Sachen gesucht. Wieviel schlummert noch im Volke und wartet, bis es gehoben wird – oder es versinkt unbekannt auf immer.

Wer hat geschrien, daß man es in der ganzen Welt hörte? – Der Esel in der Arche Noe, denn da war die ganze Welt beisammen, weil das Übrige in der Sintflut ertrank.

Wer hat auf seiner Mutter Holz gehauen? – Adam, denn die Erde war seine Mutter, aus welcher er gekommen und gemacht wurde.

Welches sind die kleinsten Fische? – Diejenigen, die den Schweif am nächsten beim Kopf haben.

Welches sind die größten Fische? – Die Stockfische, denn ihr Kopf ist in Holland, der Schweif aber in Deutschland.

Was bringt die Mutter auf die Welt, so nach einem Jahre wieder in der Mutter Leib kehrt, dann viele Kinder erzeugt, welche meistens dasselbe Jahr sterben müssen? – Das Korn, welches man aussät.

Welches Tier trinkt das schätzbarste Getränk? – Die Flöhe, sie trinken Menschenblut.

Wo haben die Menschen den ersten Löffel genommen? – Beim Stiel.

Wieviel Flöhe gehen auf ein Lot? – Keiner; denn sie hüpfen darauf.

Mann und Weib, wer von beiden ist gescheiter? – das Weib; ein Weib kann viele Männer zum Narren machen.

Welches ist der stärkste Buchstabe im ABC? – Das B.

Es ist nicht in Spanien, sondern in Oranien;
Es ist nicht in Wien, sondern in Berlin;
Es ist nicht in Main, sondern im Rhein;
Es ist nicht in Meißen, sondern in Preußen: der Buchstabe „r".

Womit nimmt der Tod seinen Anfang und die Welt ihr Ende? – Mit dem Buchstaben „t".

Was ist ärger als die Hölle? – Ein böses Weib; die Hölle plagt nur die bösen Männer, ein böses Weib aber plagt auch die guten Männer.

Was ist das: Ein Lebendiger erweckt mit zwei Toten einen Lebendigen? – Das Feuerschlagen: der Mensch erweckt mit dem Feuerstein und dem Stahl, welche beide tot sind, das Feuer, welches lebendig ist.

Was schlägt ohne Hände? – Der Donner.

Was ist das: Wenn ich es sehe, so hebe ich es nicht auf; sehe ich es aber nicht, so hebe ich es auf? – Eine Haselnuß, die ein Loch hat.

Wie kann man lang Holz haben und sich genug erwärmen? – Man soll mit einer Bürde Holz die Stiege auf- und ablaufen, so wird einem warm und man verbraucht das Holz nicht.

Welches sind die vier guten Mütter, welche vier schlimme Töchter gebären? – Die Wahrheit gebärt den Neid, die Glückseligkeit die Hoffart, die Sicherheit die Gefahr, die Vertraulichkeit die Verachtung.

Welches ist der herrlichste Sieg? – Sich selbst zu überwinden.

Wer schläft am sichersten? Der, welcher im Bette eines guten Gewissens liegt.

Wenn zwei miteinander zanken, welcher ist der Gescheitere? – Der nachgibt; der Gescheitere gibt nach.

Was macht den Tod eher kommen? – Unzucht. – Ein armseliges Hauswesen. – Unmäßigkeit im Essen und Trinken. – Eine unreine Luft.

Wie kann man reich werden? – Hast du Geld, so behalte es; hast du keines, so sorge dich darum.

Einer hat es gehabt, der andere hat es noch und der dritte hätt' es gern. – Der erste ist der Verschwender, der zweite ist der Geizige und der dritte der Arme.

Welches ist das teuerste Wasser? – Jenes, welches der Wirt unter den Wein mischt: Es begehrte einstmals ein Gast von des Wirtes Töchterlein ein Wasser, damit er es unter den vorgesetzten Wein schütten könne. Da sagte das Töchterlein: „Herr, ihr habt das Wasser nicht vonnöten, denn mein Vater hat den Wein mit einer guten Stütze Wasser heute abgekühlt."

Was ist auf der Welt das Verhaßteste? – Die Wahrheit. Wer die Wahrheit geigt, dem schlägt man den Fiedelbogen um den Mund.

Was ist das Beste am Getränk? – Daß es im Rachen nicht stecken bleibt, sonst würde mancher Säufer ersticken.

Was ist das Beste am Salat? – Daß er sich biegen läßt.

Was ist das Beste am Kalbskopf? – Das Kalb.

Welches ist das schmackhaftestes Fleisch? – Der Floh, da die Weiber die Finger lecken, wenn sie ihn fangen wollen.

Was geht in das Holz und sieht hinter sich? – Die Holzhacke, die der Bauer, wenn er in das Holz geht, auf der Achsel trägt.

Warum schabt man den Käse? – Wenn er Federn hätte, würde man ihn rupfen.

Wie kann man Fleisch einsalzen, daß es gut bleibe von einem Jahr in das andere? – Salze es am letzten Tag des Jahres ein, so bleibt es gut bis in das andere Jahr.

Welches ist das treueste Tier? – Die Laus, sie läßt sich sogar mit einem henken.

Wann sind die längsten Tage im Jahr? – Wenn die kürzesten Nächte sind.

Wo sind die höchsten Berge? – Dort, wo die tiefsten Täler sind.

Welches ist der stärkste und doch der billigste Wein? – Der Gänsewein (das Wasser); er ist so stark, daß er ein Mühlrad treiben kann.

Wie kann man Isaak mit einem Buchstaben schreiben? – Man schreibe ein „I" auf einen Sack.

Wie kann man mit einer weißen Kreide gelb, grün oder schwarz schreiben? – Man schreibe schlechthin die Worte „gelb, grün, schwarz".

Es liegen drei Diebe im Kerker; hat einer soviel gestohlen als andere. Welchen von diesen dreien henkt man zum Ersten? – Den Zweiten henkt man zum Ersten.

Wenn einer in Wien beim Burgtor hineingeht, was hat er da zur rechten Hand? – Die fünf Finger.

Wieviele Wege gehen von Innsbruck nach München? – Keiner. Alle Wege muß man selber gehen, reiten oder fahren.

Was kostet zu Kundl ein Krügl Bier? – Der Mund. Der Mund kostet oder verkostet das Bier.

Warum wird das Haar auf dem Kopfe eher grau als der Bart? – Weil der Bart um beiläufig zwanzig Jahre jünger ist.

Welche Speise kann man nicht essen? – Die Glockenspeise.

Was ist das Beste vom Backofen? – Daß er das Brot nicht frißt.

Wo bist du hingegangen, da du zwölf Jahre alt warst? – In das dreizehnte.

Wann tun den Hasen die Zähne weh? – Wenn ihn die Hunde beißen.

Welche Kerzen brennen länger, die Wachskerzen oder die Unschlittkerzen? – Es brennt keine länger, sondern beide kürzer.

Welche Tiere leben ohne Blut und sind doch zum Essen gut? – Die Schnecke, der Krebs, die Austern und die Meerspinne.

Was ist innen hohl und außen voller Löcher? – Der Fingerhut.

Welches Handwerk geht und steckt am meisten? – Das Schusterhandwerk geht und das Naglerhandwerk steckt am meisten.

Was ist das: Es ist nicht viel größer als eine Maus und es ziehen vier Pferde nicht über einen Berg hinauf? – Ein Zwirnknäuel.

Wie kannst du unter deinem Hut drei Bissen Brot hervornehmen und essen, dann aber wieder geschwind unter den Hut bringen? – Man nimmt drei Bissen unter dem Hut hervor, ißt sie, setzt den Hut auf den Kopf und die drei Bissen sind wieder unter dem Hute.

Wie wolltest du einen Wolf, eine Ziege und einen Krautstengel über das Wasser bringen, daß eines das andere nicht auffrißt? Der Wolf frißt die Ziege, die Ziege den

Krautstengel? – Erst nehme man die Ziege und führe sie hinüber, dann führe man den Wolf hinüber und führe die Ziege wieder zurück. Nun befördere man den Krautstengel über das Wasser und zum Schluß wieder die Ziege. So läuft die Sache ohne Schaden ab.

Warum sagt man: Kein Beten hilft, kein Fluch schadet nicht? – Kein Beten, das ist, wenn man nicht betet, das hilft nicht; kein Fluchen, das ist, wenn man nicht flucht, schadet nicht.

Wie kann man „Deinde" mit zwei Buchstaben schreiben? – Man schreibt ein großes D und schreibe in dieses ein kleines d, so heißt es De in de.

Wenn neun Vögel auf einem Baume sitzen und drei davon herabgeschossen werden, wieviel bleiben noch auf dem Baum? – Keiner; denn die anderen fliegen davon.

Wie kann man in einem Tage 50 Paar Schuhe machen? – Man nehme soviele Stiefel und schneide sie ab.

Was ist das: Der es macht, der braucht es nicht, der es kauft, will es nicht, und der es braucht, weiß es nicht? – Eine Totentruhe.

Welche Guttaten bringen Feindschaft? – Geld ausleihen. Zur Heirat helfen. Bürgschaft leisten. Ein Versl vom Geldausleihen heißt:

> Wer viel Geld hat auszuleihen,
> muß der Freundschaft sich verzeihen;
> denn die Tag zum Wiedergeben
> pflegt alle Freundschaft aufzugeben.
> Leihst kein Geld, so ist es Zorn,
> leihst du Geld, ist der Freund verlor'n.
> Doch ist es besser der erste Zorn,
> als Geld und Freund zugleich verlor'n,
> geschrieben vor einem Jahr,
> da Kredit gestorben war.

Was verlängert dem Menschen das Leben? – Vier F: Friede, Freude, Frömmigkeit und Freiheit.

Was verkürzt den Menschen das Leben? – Vier Z: Zank, Zorn, Zechen und Zwang.

Was macht den Menschen beliebt? – Vier D: Demut, Dankbarkeit, Dienstbarkeit und Tapferkeit.

Hausinschriften aus Hopfgarten und Umgebung

Es ist köstlich, wenn man auf der Straße dahin wandert und manchmal auf eine Hausinschrift stößt. Je älter ein Hausspruch ist, desto sinniger ist er; des Hauses Leit- und Wahlspruch zugleich. Nachstehend biete ich den Lesern die Haussprüche aus Hopfgarten und dessen näherer Umgebung.

Der älteste Hausspruch dürfte wohl der des Bodnerschmied-Hauses sein. Er ist noch in der alten Schreibweise erhalten und lautet:

> Gottes Segen in Dissen Haus,
> Alle Die da gehn Ein und Aus.
> Ver Laß Dich auf Gottes Hudt
> ist Dein Bester Haus Rath.
> 1 C 7 AR 6 P 9

Auf dem Neuschmied-Hause findet man folgende Sprüche zu lesen:

> Wenn's nur hält
> und mir gefällt
> und kost nicht viel Geld,
> so muß es recht sein aller Welt.

> *

> Einer acht's, anderer verlacht's,
> der dritte betracht's, was macht's?

> *

> Dein Pferd will ich dir schon beschlagen,
> Laß du nur gleich Bier hertragen.

Auf der Villa Widmann heißt es:

> Wer sich will ein neues Leben zimmern,
> darf sich um die Vergangenheit nicht kümmern.

In der Moarhofgasse beim Schmadl – dieses Haus trägt die Firstzahl 1597 sowie einen Kreis, drinnen ein Kreuz als Hauszeichen – ist der schöne Spruch angebracht:

> Mag draußen die Welt ihr Wesen treiben,
> Mein Haus soll meine Ruhstatt bleiben.

Eine ulkige Zeichnung ist am Gasthaus Stitz zu sehen, welche vom früheren Besitzer Gottlieb Fuchs angebracht wurde. „Gasthaus Gottlieb" heißt es, dann ist ein Fuchs hinzugemalt. Diese Zeichnung paßte gut zum humorvollen Wesen des früheren Besitzers.

An den Hüialbn des Staudenhäusels in der Polau ist nachstehender Spruch eingeschnitzt:

> Wir die Arbeit – Gott den Segen.

Gut paßt der Spruch für das Arbeiterhäuschen Lochmann an der Kelchsauer Straße:

> Das Beste auf der Welt,
> daß Tod und Teufel nimmt kein Geld,
> sonst müßt mancher arme Gsell
> für den Reichen in die Höll.

An dem Bauernhaus Wiflberg heißt es:

> Heimathaus und Vaterland –
> Gott schütze es mit starker Hand.

Zu Vorderebenhub ließt man:

> Jedem Recht getan,
> Ist eine Kunst, die niemand kann.

Am Hofbauernhaus in Itter lesen wir den Spruch:

> Glück und Frieden
> Sei diesem Haus beschieden.

An einem anderen Haus in Itter sind Adam und Eva im Paradies unter dem verbotenen Baum abgebildet. Darunter heißt es:

> Als Eva in den Apfel biß,
> Adam in die Hose –,
> Als er Evas Apfel nahm,
> Er um die Hose kam.

Franz Grüner ließ Ende des vorigen Jahrzehnts oberhalb des Tores von Schloß Itter einen Spruch anbringen. Der gewünschte Erfolg blieb leider aus, und so ließ er ihn vor einigen Jahren überweißen. Der Spruch hieß:

> Wanderer, der du nicht geladen,
> kehre um.

Übernamen

Jeder Mensch hat seine Fehler; und in einer Gemeinde, wo sie alle zusammenhelfen, wenn es nötig ist – so war es wenigstens früher – , da macht man halt in allem Eifer und in aller guten Meinung auch hie und da einen Fehler – aber leider einen gar zu argen. So arg sind und waren diese Fehler, daß ein Übername entstand, ein zweiter Name, auf den die Gemeindebewohner nicht „b'sunders" stolz sind.

> Die St. Johanner heißt man „Fackltäufer".
> Die Kirchdorfer sind die „Wasserbürger".
> „Nebelschlucker" werden die Kössener genannt.
> Und die Waidringer sind die „Laubkratzer".
> Die Brixentaler heißt man im allgemeinen „d'Zigadies'na".
> Die Westendorfer sind die „Wischt" (Würstel).
> Die Brixna sind die „Füx" (Füchse).

Mundart und Volkserzähler aus dem Brixental

Von der Brixentaler Mundart

Vorbemerkung: Viele Redensarten und Mundartwörter erfuhr ich von meiner Mutter, andere von einem 54 Jahre alten Landarbeiter, dem „Beana Seppei", Josef Achrainer, vom Blaicknerhäusl und dessen Ehefrau, einer Söllandlerin. Wieder andere Redensarten erfuhr ich beim Traidschnitt, beim Pflügen, wo Schnitterinnen und Bauleute angestellt wurden und wo man während der Arbeit viel hören konnte.

(Anton Schipflinger)

Das o, welches dem a in Klammern nachgesetzt ist (o), bedeutet, daß der a-Laut dumpf auszusprechen ist, etwa wie im Tirolisch-Bayrischen das „Ja":

a tiam = manchmal
Ba(o)ßn = kleine Hagelkörner
beita = schlimm; bei Kindern braucht man dieses Wort gerne
biezl = gerade genug, knapp
Bla(o) = Kuhkot
bois = lange
Brantsch = mehrere Leute, die im üblen Rufe sind
bruggarieren = nachforschen, umherfragen
bungat = gebogen
Da(o)rei = dummes Weib
Da(o)tta = Mund; wenn man immer redet
deggan = nachahmen, jemanden zum Besten halten
Dingena, Drangena = faule Mädchen
fisn = die Erbsen aus der Hülle tun
floaß = flach, wenig
froatig = stolz, herausfordernd
Funsn = bei Frauen Kameradinnen, die die Arbeit scheuen
ganln = wenn es wenig schneit
glaß = übertriebenes Reden und Handeln
gleim = fest
glenggan = hängen
gnaun = knapp, zach
Gostl = fauler Mann
Gof = Augen, wenn sie alles sehen müssen
greisei = ein bißchen
gruna = wenn jemand im Zorn ein unverständliches Wort spricht
Gschlamp = schlechte, alte Kleidung
Gschma(o)ch, Gschmachetzwerch = unterm Gesicht schön tun

Gumpn = Lache
giatla = nicht grob
haneffn = streiten
heinig = mager
Holzdratt, Etz = Sommeraustrieb für das Vieh
hosln = langsam gehen
jechn (wias jicht) = wie es klingt
jenzn = das Rern der Kühe
kleba = schwach
kremln = lustig sein
Kreastwerch, kreastn = wenn die Arbeit kein Ende nimmt
krixn, Tuschwerch = lautes Gehen, Lärmen im Hause
la(o)dig = schüchtern
lunzn = schlafen
maggn = zusammendrücken
miadln = betteln, ersuchen
Mötzen = Mädchen
murfln = daherreden, daß man es kaum versteht
Na(o)xn, Na(o)n = junge Burschen
nuasln, stien = aussuchen
pantschn = Kind hauen
Pleba = Mund
Preang = wenn man nicht freundlich herschaut
Preng = Krautfaß
Schma(o)tza, Schma(o)tz = gutmütige Leute
Schroantz = länglicher Riß im Gewand
Schwoam = Milch, mit Wasser vermischt
suln = verlieren
stian = sich ausgelassen benehmen
sovl = keine Kraft besitzen
Ta(o)sch = dummes Weib
Taxa(o)ng = Fichtennadeln
tra(o)chtn = nachdenken
Trifl = ein Stück Strick
tscherfln = dahinstreifen mit den Schuhen
ungfreidig = fad
umabrachtn = über jemanden Schlechtes reden
Urisn = übrigbleibendes Fressen der Kühe
valurmt = verschwendet
vatoign = unnütz etwas verbrauchen
vegln = heimlich tauschen
wirgn, garbn = über die Kraft arbeiten
Za(o)da = langsame Frau
zeggan = schwer tragen

„Das war a Red, a halbausbachne (halbausgebackene)", sagt man, wenn einer etwas Unvernünftiges redet.

„Wann i nu a mal auf d' Welt kim, aft werd i a Katz", lautet der Wunsch mancher, denn sie glauben, eine Katze hat es am schönsten.

„Damit d' Kirch' nit auß'n Dorf kimt", sagt man von einem, der überall gut an sein will.

„Derschröck'n, wann eam (oder ia) a Wahrheit auskimt", sagt man von Leuten, deren Gewohnheit das Lügen ist.

„In der erst'n Lug bist nit derstickt und d' letzt' hast nit tan", sagt man zu einem Lügner.

„A oschtlana Brauch", wird das Kloberbrotbacken hie und da genannt, da es viel Geld und Mühe kostet.

„An Bettl enda" = um keine bedeutende Spanne Zeit eher.

„Auf 'n Lad'n lieg'n" = wenn Leute auf dem Totenbett liegen, bedient man sich dieser Rede.

„An Toifl für 'n Teifl eintauscht"; diese Rede gebraucht man, wenn einer etwas vertauscht, in der Meinung, Besseres eingetauscht zu haben, dabei aber Gleichwertiges erhalten hat.

„Bessa d' ersta Feindschaft als d' letzte."

„'s Wetta war a g'recht, wenn d' Kost bessa war", sagt man von Schlechtwettertagen.

„Die ung'legten Eier soll man nit zähl'n."

„Vor 'n Koch 's Maul aufreiß'n."

„I woaß, wo an Has'n 's Boan o is." – Man weiß, wo der Fehler liegt.

„Herschau'n wie a gschpieme Nock (oder wie a grupfte Henn')", sagt man, wenn jemandem zu kalt ist.

„An Lapp'n deggan, selba glenggan." – Wer andere schlecht machen will, ist selber nicht besser.

„Wann's erstemal hersicht, es ist recht fudig und gschwa(o)nzt, is allewei wieda a Klaß, wo d' Sonn' vicha glanzt." Gleichbedeutend wie „Nach Regen folgt Sonnenschein".

„An Barn auffi hänga." – Ist jemand recht „hoakl", so soll man ihm weniger zu essen geben, knapper halten.

„Mit 'n A-sch zuichi steahn", sagt man von Leuten, die trotz günstiger Lage nicht wirtschaften können und immer „oweaschz" kommen.

„Recht hätt' a woi, aber nit sag'n soll er's", meint man.

„'s G'säus is allwei lauter als der Bach." – Die Dinge werden mehr ausgeschmückt, als die Tatsache wirklich ist.

„Ganz winnig schean (oder schiach)", sagt man von Leuten, die gerne schön wären oder auffallend „schiach" sind.

„An Bär'n mach'n." – Wenn man mit einer Arbeit nicht mehr ganz fertig wird und es nur noch kurze Zeit dauern würde, die Arbeit aber trotzdem auf den nächsten Tag oder die nächste Woche verschoben werden muß, so hat man einen „Bär'n" gemacht.

„Boat'n, bis 's Kirchen aus is." – Man soll warten, bis man alles gehört hat und dann urteilen.

„Vergelt's Gott, mehr sagt a andra Bettlloda a nit". – Diese Rede gebraucht man als scherzhaften Dank für einen erwiesenen Dienst.

„Wann oan Doib den andern (be)stiehlt, aft lacht ,Unser Herr'." – Also wenn sich Diebe gegenseitig bestehlen, so lacht der Herrgott.

„Man tuat enda eppas daboat'n als daspringa." – Mit Geduld und Warten hat man bisweilen mehr Erfolg als wenn man glaubt, alles müsse hastig geschehen.

„A niada Kruma valangt für sein' War'." – Jeder muß für das, was er verkauft, selbst den Preis bestimmen.

„A lara Gruaß geht barfuaß." – Zum Zeichen der Freundschaft soll man auch ein kleines Geschenk nicht scheuen.

„Viel Vetta, viel Füd." – Allzu viele Verwandte sind nicht immer gut.

„Es werd'n no größere Stoan' kommen, die du nit derheb'n werst." – Manche werden auf Steine stoßen, die sie nicht beseitigen können, sondern ihnen ausweichen müssen.

Man sagt auch: „Der hat's no nit all's im Sack – und „Wo man gut huckt, soll man huck'n bleib'n".

„Mit'n eigenen Maul d' Nas' abbeiß'n." – Von Dingen reden, die unmöglich sind.

„I wer schon a Gralei fall'n lass'n", sagt man, wenn jemand sagt, man solle ihm etwas beten.

„Von a niada Maus an Bug." – Von jedem Ding etwas haben oder einen „Glust" nach allem haben.

„Schaust, daß eppas auss'n Staud'n bringst." – Wer zum Arbeiten langsam ist, dem ruft man dies zu, damit er einmal fertig werde mit der Arbeit.

„D' Schmeer (Fett) von der Katz." – Sich um das Beste bewerben und es erhalten.

„A lara Sack steht nit."

„Hat der Herrgott a Goaß a Haxl broch'n." – Es fügt sich oft, daß durch das Behindern einer Person die Sache gerade richtig ausgeht.

„Trag eben und schütt nit", sagt man zu einer Jungfrau, denn eine Jungfrau soll nicht zittrig sein.

„An Schinder zalt man im vorhinein."

„An Sechta (oder Korb) umhänga." – Wenn jemand etwas zu geben verspricht und nicht gibt, oder wenn derjenige, dem man etwas gibt, es nicht annimmt, so hat man einen Sechter angehängt bekommen.

„Oa Kind und oa Fakl (Ferkel) soll man derschlag'n", heißt es, weil daraus nichts Gescheites wird, da beide verpöppelt werden.

Besser an Strähn an der Wand, als an Hutt'n in der Hand." – Man will damit sagen, die Bäuerinnen sollen nicht viel „pritscheln", sondern spinnen, denn dies bringe dem Hofe mehr Nutzen.

„Wer sein Hoam vergeit, g'hört g'schlag'n mit an Scheit."

„An Hafer schau'n." – Bei Leuten, die „schüch'n" (schielen), verwendet man diese Rede.

Volkserzähler im Brixental[1]

Unerschöpflich ist der Brunnen der Volksüberlieferungen, Sagen, Bräuche, Lieder und des Volksaberglaubens. Wer darin zu schöpfen versteht, dem tut sich eine wunderbare, heimelige Welt auf. Den Schlüssel zu dieser heimeligen Welt, zur Seele der Heimat, hat der Volkserzähler; der Erzähler der Sagen und Volksüberlieferungen, der Hüter der alten, sinnigen Bräuche und der Sänger der heimatlichen Lieder und Reime.

In meiner volkskundlichen Sammeltätigkeit – ich sammle seit drei Jahren (seit 1936) auf diesem Gebiet – traf ich neben gelegentlichen Auskunftspersonen auch auf Erzähler, die mir eine Fülle volkskundlichen Stoffes boten. Ich will sie kurz verzeichnen, denn sie haben es sich um meine Berichte vom heimatlichen Brauch verdient.

Wenn ich an erster Stelle meine Mutter, Frau Anna Schipflinger geb. Fuchs nenne, so deshalb, weil sie von meiner Wiege bis heute viel dazu beigetragen hat, in mir das zu fördern, was mich der Volkskundeforschung zuführte. Von den Wiegenreimen, die sie an meiner Wiege sang, bis heute hat sie ungemein viel über das heimatliche Wesen gesprochen. Geboren im Windautale auf dem höchsten Berghofe des Schwaigerberges, dem Bauernhof Rait, war sie immer in der Bauernarbeit tätig. Sagen, Brauchtum über alle Zeiten des Bauernjahres, Gruselgeschichten, Brauchgebete und noch vieles andere verdanke ich ihr. Wie war es so heimelig in der Stube beim gutgeheizten Ofen, wenn Mutter von Geistern und anderen Gestalten der Brixentaler Sagenwelt erzählte. Sie steht im 66. Lebensjahre.

Auf dem Nazzlberg in Westendorf steht der Hof Miadegg. Von diesem Hofe kam Josef Laiminger, vulgo Miadegg Seppei. Als sich der Laiminger durch ein Unglück den Fuß brach und er im Bette liegen mußte, griff er zum Bleistift und begann heimatkundliche Sachen aufzuschreiben. Vom Almleben, Leaßn, Kirchtag, von Martini und Weihnachten schrieb er Seite um Seite. Auch Sagen aus dem Brixental zeichnete er auf. Die Aufzeichnungen stellte er mir freudig zur Verfügung, um sie zu verwerten. Ich ergänzte die Aufzeichnungen, soweit ich von anderen Leuten etwas erfahren hatte, und veröffentlichte sie. Laiminger wurde im Weltkrieg schwer verwundet. Nicht verwundbar ist Erzählergabe über volkskundliche Sachen, über Brauchtum der Jugend, vor allem der Burschen, das er selbst als junger Bursche auf der Alm und daheim erlebt hatte, und über Sagen aus dem Brixental. Josef Laiminger lebt in Westendorf und ist bald ein Sechziger.

Von Hexen, Untersbergermännlein, Tauernmandln und anderen ähnlichen Gestalten sowie von der Wunderkraft verschiedener Pflanzen erzählte Frau Elise Loinger, welche als Schlögl Lisei bei den Leuten bekannt war. Fast unerschöpflich schien ihr Wissen um derlei Dinge. Fing sie einmal davon zu erzählen an, dann ließ sie sich nicht stören. Sie starb am 16. März 1937 im 65. Lebensjahr.

Als Älpler verbrachte Johann Mißlinger, vulgo Schlafhamer Hans, Sommer für Sommer bis in seine alten Tage auf den Almen des Brixentales, des Sölllandes und im Niederlande (Gegend um St. Johann). Im Winter versah er als Fütterer seine Arbeit. Wer in ihn einzudringen vermochte, dem erzählte er von Venedigern, Schratzenmandln, Schatzhütern, Schatzgräbern, von gruseligen Nächten und schwerer Pestzeit, von den wilden Freil, deren Leben, Tänzen und Liedern. Gerne gedenke ich der Abende, wo ich das Glück hatte, ihn erzählen zu hören.

Die Szene der „Wilden Freil" sowie deren Lied zum St. Veitsfeuer, das ich in meinem Aufsatz Der Veitstag (S. 119) wiedergegeben habe, habe ich aus seinem Munde und so viel er mir mitteilte, hatte er genaueres über diesen Tanz von einem Siebmacher, wie sie alljährlich, während des Sommers, aus dem Windischen Lande (Kärnten, Slawonien) nach Tirol kommen und im Winter wieder nach Hause fahren. Daß die wilden

"Freil" am St. Veitstag über das Veitstagsfeuer tanzen, hörte ich gelegentlich öfters von Bauern, doch das Lied hörte ich nur von Herrn Mißlinger, der nun auch schon in den Sechzigern steht.

Im Alter von 94 Jahren senkte man Herrn Simon Tiefenthaler, vulgo Kerscher Sima, am 23. Februar 1939 in das Grab. Tiefenthaler war ein gebürtiger Westendorfer. Auf dem Hofe Kerschern in der Windau geboren, verlebte er seine Jugend dort und schaffte immer in der Landwirtschaft. Vom Volksaberglauben, vom Brauchtum des Jahres, besonders von alten, vergessenen Bräuchen wußte er viel zu erzählen wie nicht leicht jemand anderer. – "Damals als d' Bräuch' no alle g'halt'n word'n sind, war a ganz a anderes Leb'n. Man hat viel mehr auf's Leb'n g'halt'n, es hat mehr Sinn g'habt", sagte er einmal während seines Erzählens über alte Bräuche und hatte auch recht.

In Reith bei Kitzbühel auf dem Plattenhofe lebt Thomas Schmiederer, vulgo Platten Thoma, ein froher, stets fröhlicher und lustiger Sänger. Bei bäuerlichen Unterhaltungen, Hochzeiten und in der Schar sangesfreudiger Anklöpfler trifft man ihn. Manche alte Spottg'sangeln, Anklöpfllieder und Liebesgesänge weiß er. Sorgfältig zeichnete er sie auf und bewahrte sie so vor dem Untergange. Wer zu ihm kommt, den läßt er nicht leer fortgehen. Gerne teilt er von seinen Liedern manche mit, singt und spielt mit der Gitarre, daß einem das Herz froh und frei wird. Auf seinem Hof hat er manch schnurriges Kunstwerk zusammengebastelt. Neben dem Einbaum, der als Brunnentrog neben dem mit starkem Strahl aus dem Rohr springenden Quell dient, hat er eine Art Harfengerüst aufgebaut, auf dem die wunderlichsten Tiere aus ausgebleichten Schwemmholzästen herumklettern. Da sieht man große Echsen und Chamäleone neben riesigen Grashüpfern hocken, eine Schlange ringelt sich da oder dort herum, aus einer Ecke lugt ein Eberkopf, ein anderes Stück sieht wie ein Hirschkopf mit Geweih aus, ein überlanges, mageres Hündlein langt nach dem Trog. Neuerdings ist auch eine Mannesbüste als Brunnenkopf dazugekommen.

Allen hier angeführten Frauen und Männern ist die Brixentaler Heimatkunde zu Dank verpflichtet. Denn sie haben durch die mündliche und schriftliche Weitergabe alten, oft gar nicht mehr erhaltenen Brauchtums und durch Generationen erzählter Sagen diese der Vergessenheit entrissen (Franz Traxler).

---

[1] In diesem Beitrag führt Anton Schipflinger die Gewährsleute an, die ihm besonders viel über Sagen und Brauchtum seiner Heimat erzählt haben. Das Meiste konnte Schipflinger in den dreißiger Jahren in Erfahrung bringen. (Franz Traxler)

Quellennachweis

Verwendete Abkürzungen

HGl	Die Heimat-Glocke (Beilage zum Tiroler Grenzboten und zum Tiroler Volksblatt)
KN	Kitzbühler Nachrichten
SblO	Sonntagsblatt Oberland
SblU	Sonntagsblatt Unterland
TGb	Tiroler Grenzbote
THbl	Tiroler Heimatblätter
TVbl	Tiroler Volksblatt
UH	Unterländer Heimat (monatliche Beilage zum Sonntagsblatt Unterland)
WZfVk	Wiener Zeitung für Volkskunde

Sagen aus dem Brixental

Der Heidenschatz, Das Totenmandl: SblU 1936 Nr. 39, UH Nr. 9, S. 7. Die Älpler von Streitschlag und Wildenfeld, Die übermütigen Knappen, Der Bock von der Gumpau, Die Erlösung der Manharter, Der Salvenhirt, Der Tagweid-Stier, Der spottende Hirt vom Moderstock, Wie der Unfriedenteufel auf den Glantersberg kam, Die Wildalpseen in der Sage: THbl 1939 Nr. 4, S. 114–116. Das Männlein auf der Stegnerbrücke: THbl 1938 Nr. 9/10, S. 290. Der Teufel von Hörbrunn: TGb 1937 Nr. 21, HGl Blatt 9, S. 6. Die Percht im Brixental: WZfVk 1939, S. 28. Irrwurzen im Brixental: THbl 1941 Nr. 1/2, S. 25. Die wilden Löda: WZfVk 1942, S. 16.

Die Almgeister aus dem Brixental

Der Putz von der Schledereralm, Die Rauchnachtsmandln, Der Almgeist von der Buchalm, Das Rauchnachtfeuer: WZfVk 1937, S. 81–83.

Die Sagen von den wilden Frauen auf den Hopfgartner Almen

Die Götzenfrauen auf der Hohen Salve, Die sieben Geisterfrauen, Das Steinhütt-Fräulein: TGb 1937 Nr. 37, HGl Blatt 6, S. 6. Das wilde Freil und das Kasermanndl: TGb 1936 Nr. 86, HGl Blatt 19, S. 6. Das wilde Freil von Schmalzeck: TGb 1936 Nr. 94, HGl Blatt 21, S. 6. Die Baumgartner wilden Fräulein: TGb 1936 Nr. 42, HGl Blatt 16, S. 6.

Sagen von Schloß Itter

Der Burggeist, Der verzauberte Ritter, Der Schatz vom Itterer Schloß, Das Mitternachtsfeuer, Der goldene Schlüssel: THbl 1937 Nr. 3, S. 79–81. Der letzte Fluch: KN 1936 Nr. 27, S. 3.

Sagen von der Werburg

Der Geist von der Werburg: TGb 1937 Nr. 63, HGl Blatt 9, S. 6. Die verstoßene Bäuerin: TGb 1937 Nr. 43, HGl Blatt 7, S. 6.

Sagen von Engelsberg

Der Schatz von Engelsberg und das Venedigermandl: THbl 1939 Nr. 11, S. 285. Der Huzelmann, Der Wintergeist: SblU 1937 Nr. 2, S. 5.

Sagen von Elsbethen
Das Elsbethenkirchlein, Der Elsbethener Zwerg: SblU 1937 Nr. 20, S. 5. Der Bauernstein, Wunderbare Quelle: SblU 1937 Nr. 21, S. 7.

Sagen vom Harlaßanger-Kirchlein
Der gottlose Senner, Die reiche Dirn: SblU 1936 Nr. 17, S. 7.

Sagen vom Kirchanger-Kirchlein
Das Sünderbild, Der Kirchanger Rabe: SblU 1937 Nr. 21, S. 5. Der weiße Teufel vom Kirchanger: TGb 1937 Nr. 63, HGl Blatt 9, S. 6.

Sagen um Schloß Kaps
Der schwedische Soldat: KN 1939 Nr. 42, S. 8. Das Sonnwendfeuerl, Die Magd von Kaps, Der Fehdegang: KN 1939 Nr. 43, S. 6.

Sagen von Kitzbühel und Umgebung
Das Pestmandl, Die tapferen Weiber, Der Goldknappe: THbl 1947 Nr. 9/12, S. 170. Die Berghexe, Der Kasergeist: KN 1939 Nr. 11, S. 6. Die Münichauer Reiter: KN 1939 Nr. 26, S. 6, und Nr. 27, S. 8. Die Goldtruhe: KN 1939 Nr. 15, S. 6. Der Fememord am Schwarzsee: KN 1939 Nr. 29, S. 8.

Sagen aus dem Kaisergebirge
Der Kaiserkrug: KN 1937 Nr. 24, S. 6. Der verbannte Bauer, Der Teufelsbaum: KN 1937 Nr. 25, S. 5. Die wilden Freil vom Kaisergebirge, Das Goldtröglein: TGb 1941 Nr. 16, HGl Blatt 1, S. 6. Der Bettlerstein: SblU 1936 Nr. 12, S. 7.

Die wilde Innschiffahrt
Die wilde Innschiffahrt in den Rauchnächten: TGb 1953 Nr. 1, HGl Blatt 1, S. 8, und Nr. 8, HGl Blatt 2, S. 5. Die Sagen vom Treiben der wilden Innschiffahrt: SblU 1937 Nr. 35, S. 7. Der Inngeist: SblU 1937 Nr. 34, S. 7.

Sagen vom Schloß Matzen
Der Alpbacher Schloßgeist, Der Freundsberger Ritter, Der ungerechte Richterspruch, Die Hexe auf Matzen: THbl 1947 Nr. 1/2, S. 22.

Verschiedene weitere Sagen
Die Venedigermännlein: KN 1939 Nr. 21, S. 6. Das alte Kasermandl: SblU 1937 Nr. 2, S. 7. Der Bock und der Pfannenflicker: SblU 1936 Nr. 12, S. 7. Die Trud: WZfVk 1939, S. 53. Das Wetterglöcklein, Das Feuermännlein: SblO 1938 Nr. 33, S. 6.

Katzensteine im Unterinntal
Der Katzenstein beim Kirchanger Kirchlein, Der Elsbethener Katzenstein, Ruine Katzenstein bei Windshausen: Thbl 1936 Nr. 11, S. 354.

Brauchtum im Jahreslauf
Maria Lichtmeß: THbl 1938 Nr. 1, S. 22. Bauernsonntag, Bauernfaßnacht und Truhentag: THbl 1939 Nr. 2, S. 56. Bauernlitaneien aus Hopfgarten: THbl 1949 Nr. 1/2, S. 32. Der Palm im Sölland: THbl 1938 Nr. 4, S. 120. Der Palm: SblU 1936 Nr. 13, UH 3, S. 9. Das Palmholz: THbl 1940 Nr. 3/4, S. 49. Antlaßei und Antlaßreis: THbl 1950 Nr. 3/4, S. 58. Der Maibaum: SblU 1936 Nr. 18, S. 7. Brauchtum der Brixentaler am Medarditag: Das deutsche Volkslied 1941, S. 66. Der Veitstag: WZfVk 1939, S. 72. Almleben und Almbrauchtum im Brixental: THbl 1937 Nr. 5/6, S. 174. Bergfeuer: WZfVk 1939, S. 47. Der Weihbusch'n: SblU 1936 Nr. 35, UH Nr. 8, S. 6. Alte Bauernfeiertage im Brixental: Die Maria-Heimsuchung-Kräuterweihe, Ägiditag, Tuschgeißelfreitag, Kirchtag: WZfVk 1948, S. 46–51. Burschenbrauchtum um Martini: WZfVk 1937, S. 96. Das Almafahr'n: WZfVk 1938, S. 22. Das Almererfahren am Martinitag: TGb 1938 Nr. 133, HGl Blatt 11, S. 6. Vom

Andreastag: WZfVk 1939, S. 83. Alter Volksglaube und Barbarazweige: SblU 1936 Nr. 53, UH Nr. 12, S. 9. Die Anklöpfler: SblU 1935 Nr. 51, UH Nr. 6, S. 14. Anklöpfl-Lied aus der Wildschönau: TVbl 1948 Nr. 142, S. 5. Weihnachtsbräuche im Brixental: THbl 1936 Nr. 12, S. 393. Weihnachten bei den Bauern im Brixental: WZfVk 1941, S. 15.

Um Geburt, Heirat und Tod
Wiegenreime aus dem Brixental: Das deutsche Volkslied 1940, S. 54. Brixentaler Hochzeitsbrauchtum: WZfVk 1942, S. 50. Das „Anmelden": WZfVk 1942, S. 18.

Von Arbeit und Freizeit
Zeug und G'wand bei den Bauern im Brixental: WZfVk 1940, S. 53. Holzarbeit und Holzknechtleben im Brixental: SblU 1936 Nr. 8, UH Nr. 2, S. 9. Der Holzschuh: THbl 1938 Nr. 5/6, S. 184. Das Jaggln: THbl 1938 Nr. 7/8, S. 230. Unterinntaler Bauernspiele: TGb 1938 Nr. 125, HGl Blatt 10, S. 3. Das Teufelswassern: TGb 1939 Nr. 2/3, S. 11. Wie man Tiere bannt: SblU 1936 Nr. 43, UH Nr. 10, S. 8.

Vom Essen und Trinken
Das Kloberbrot: SblU 1937 Nr. 4, UH Nr. 1, S. 7. Das Moosbeerklauben: SblU 1936 Nr. 30, UH Nr. 7, S. 7. Vom Hollunder: WZfVk 1939, S. 52. Vom Kraut: THbl 1938 Nr. 2, S. 63.

Historische und sagenhafte Gestalten
G'waltwoferl im Brixental: TGb 1938 Nr. 79, HGl Blatt 9, S. 6. Bayrische Innschiffleut: TGb 1952 Nr. 23, HGl Blatt 6, S. 3. Bauerndoktoren und Hexenglaube im Brixental: Bauerndoktoren, Von den Hexen: WZfVk 1944, S. 13–19. Das Manhartlied: THbl 1937 Nr. 11, S. 348. Einiges über die wilden Freil: WZfVk 1938, S. 70.

Humorvolle Geschichten, Weisheiten und Sprüche
Volkshumor aus der Wildschönau: THbl 1937 Nr. 1, S. 27, und TVbl 1939 Nr. 42, HGl Blatt 3, S. 8. Volkshumor aus St. Johann: THbl 1948 Nr. 1/3, S. 48. Der Weibermaibaum: THbl 1940 Nr. 5/6, S. 94. Die miserable Zeit: THbl 1941 Nr. 1/2, S. 28. Bauernweisheit: SblU 1936 Nr. 22, UH Nr. 5, S. 9, und SblU 1936 Nr. 26, S. 9. Volksrätsel aus dem Unterinntal: TVbl 1939 Nr. 62, HGl Blatt 4, S. 12, Nr. 68, HGl Blatt 5, S. 6, und Nr. 95, S. 2. Hausinschriften aus Hopfgarten und Umgebung: TGb 1939 Nr. 31/32, S. 5. Übernamen: TGb 1938 Nr. 94, S. 7.

Mundart und Volkserzähler aus dem Brixental
Von der Brixentaler Mundart: WZfVk 1942, S. 73. Volkserzähler im Brixental: WZfVk 1939, S. 81.

In der Reihe „Schlern-Schriften" erschien auch

DIE HEIDIN

ALPBACHTALER SAGENBUCH

Gesammelt und neu erzählt von BERTA MARGREITER

SCHLERN-SCHRIFTEN 280

1986. 163 Seiten mit 12 Abbildungen, ISBN 3-7030-0177-1, öS 294,–/DM 42,–

Bereits 1966 gab Berta Margreiter im zweiten Teil des Heimatbuches von Reith bei Brixlegg 41 Sagen aus Reith und Umgebung heraus (Schlern-Schriften 186/II). Dieser Band ist vergriffen, die Herausgeberin sammelte weiter, sodaß die vorliegende Neuauflage nunmehr das gesamte Alpbachtal umfaßt und der Sagenbestand um mehr als das Doppelte angestiegen ist. Die Quellenangaben weisen eine Vielzahl von Geschichten als mündliche, bislang schriftlich nicht fixierte Überlieferung aus. Eine übersichtliche Gliederung ermöglicht dem Leser die Wahl zwischen Glockensagen, Schatzsagen, Berg- und Almsagen, Erzählungen über Feen, Zwerge, Hexen, Riesen, Teufel und Hausgeister, von geheimnisvollen Kräften, von Schuld und Sühne, von der Weihnachtszeit, aus der Pestzeit und rund um Schloß Matzen. Dem interessierten Laien wie dem landes- und volkskundlich ausgerichteten Fachmann sichert dieses Buch eine spannende und unterhaltsame Lektüre.

Inhaltsübersicht

Die Heidin	13
Berg- und Almsagen	19
Feen – Zwerge – Riesen	37
Alte Geschichten um Schloß Matzen	51
Geister in Haus und Hof	57
Geheimnisvolle Kräfte und Meinungen	66
Hexenzauber – Gewalttaten – Verwünschen	86
Schuld und Sühne	99
Schatzsagen	109
Teufelsgeschichten	122
Sagen aus der Pestzeit	130
Rund um die Weihnachtszeit	146
Quellennachweis	161

Schlern-Schriften

Die Schlern-Schriften erscheinen seit 1923. Insgesamt sind in dieser Reihe seither in loser Folge fast 300 Bände erschienen, die sich mit historischen, kunsthistorischen, volkskundlichen und geographischen Themen der Tiroler Geschichte befassen und dabei alle drei Landesteile und das Trentino berücksichtigen. Die Reihe wird von MARJAN CESCUTTI und JOSEF RIEDMANN herausgegeben.

280 **Die Heidin. Alpbachtaler Sagenbuch.** Gesammelt und neu erzählt von BERTA MARGREITER
1986, 163 Seiten mit 12 Abbildungen, ISBN 3-7030-0177-1, öS 294,—/DM 42,—

281 **Brixen im Thale 788—1988.** Ein Heimatbuch. Hrsg. von SEBASTIAN POSCH
1988, 391 Seiten und 28 Tafeln mit 265 Abbildungen, davon 48 in Farbe, und 21 Tabellen, ISBN 3-7030-0200-X, öS 364,—/DM 54,—.

282 **Südtirol und der italienische Nationalismus.** Entstehung und Entwicklung einer europäischen Minderheitenfrage. Quellenmäßig dargestellt von WALTER FREIBERG, hrsg. von JOSEF FONTANA. 2 Bände, ISBN 3-7030-0224-7 (Gesamtwerk), Sonderpreis bei Bezug beider Teile öS 1.240,—/DM 178,—/Lire 170.000
   Teil 1: Darstellung. 2., verbesserte Auflage 1994, 445 Seiten mit 36 Abb., ISBN 3-7030-0262-X, öS 640,—/DM 92,—/Lire 88.000
   Teil 2: Dokumente. 1990, 796 Seiten, ISBN 3-7030-0225-5, öS 840,—/DM 120,—/Lire 114.000

283 **Das älteste Tiroler Verfachbuch (Landgericht Meran 1468—1471).** Aus dem Nachlaß von KARL MOESER, hrsg. von FRANZ HUTER
1990, 321 Seiten, ISBN 3-7030-0219-0, öS 480,—/DM 68,—

284 KARL FINSTERWALDER: **Tiroler Familiennamenkunde.** Sprach- und Kulturgeschichte von Personen-, Familien- und Hofnamen. Mit einem Namenlexikon. 1994 (Nachdruck der erw. 2. Auflage 1978), XXXVI, 567 Seiten, ISBN 3-7030-0218-2, öS 780,—/DM 112,—

KARL FINSTERWALDER: **Tiroler Ortsnamenkunde**
Gesammelte Aufsätze und Arbeiten. Hrsg. von HERMANN M. ÖLBERG und NIKOLAUS GRASS
3 Bände mit insgesamt ca. 1300 Seiten, ISBN 3-7030-0222-0 (Gesamtwerk)

285 **Band 1. Gesamttirol oder mehrere Landesteile betreffende Arbeiten**
1990, XXXVI, 448 S., 2 Kartenbeil. mit 5 Karten, ISBN 3-7030-0223-9, öS 780,—/DM 112,—

286 **Band 2. Einzelne Landesteile betreffende Arbeiten: Inntal und Zillertal**
1990, Seiten XII, 449—926, ISBN 3-7030-0229-8, öS 780,—/DM 112,—

287 **Band 3. Einzelne Landesteile betreffende Arbeiten: Südtirol und Außerfern. Register**
1995, S. XII, 927—1286, ISBN 3-7030-0279-4, öS 780,—/DM 54,—

288 CHRISTIAN FORNWAGNER: **Geschichte der Herren von Freundsberg in Tirol.** Von ihren Anfängen im 12. Jahrhundert bis 1295. Mit einem Ausblick auf die Geschichte der Freundsberger bis zur Aufgabe ihres Stammsitzes 1467
1992. 243 Seiten, 10 Bildtafeln, ISBN 3-7030-0242-5, öS 380,—/DM 54,—

289 **Die Urkunden des Dekanatsarchives Neumarkt (Südtirol) 1297—1841**
Bearbeitet von HANNES OBERMAIR. 1993, 240 Seiten, 16 Bildtafeln, ISBN 3-7030-0261-1, öS 380,—/DM 54,—

290 **Fastnachtspiel — Commedia dell'arte.** Gemeinsamkeiten — Gegensätze. Akten des 1. Symposiums der Sterzinger Osterspiele (31. 3.—3. 4. 1991). Hrsg. im Auftrag des Vigil-Raber-Kuratoriums Sterzing von MAX SILLER
1992, 190 Seiten, 16 Bildtafeln, ISBN 3-7030-0247-6, öS 480,—/DM 68,—

UNIVERSITÄTSVERLAG WAGNER · A-6010 INNSBRUCK · POSTFACH 165
TEL. 0512/58 77 21   FAX 0512/58 22 09

291 ERIKA KUSTATSCHER: **Die Staffler von Siffian. Eine Rittner Familie zwischen Bauerntum und Bürgerlichkeit (1334—1914)**
1992, 316 Seiten, 13 Farbtafeln, ISBN 3-7030-0251-4, öS 540,—/DM 78,—

292 **Jakob Philipp Fallmerayer.** Wissenschaftler, Politiker, Schriftsteller
10 Beiträge, hrsg. von EUGEN THURNHER. 1993, 209 Seiten, 1 Farbtafel, ISBN 3-7030-0258-1, öS 480,—/DM 68,—

293 **Osterspiele — Texte und Musik.** Akten des 2. Symposiums der Sterzinger Osterspiele (12.—16. 4. 1992). Hrsg. im Auftrag des Vigil-Raber-Kuratoriums Sterzing von MAX SILLER
1994, 240 Seiten, 4 Bildtaf., ISBN 3-7030-0263-8, öS 480,—/DM 68,—

294 LUDWIG TAVERNIER: **Der Dombezirk von Brixen im Mittelalter.** Bauhistorische Studien zur Gestalt, Funktion und Bedeutung
Erscheint 1995, ca. 240 Seiten und 120 Tafeln mit über 200 Abbildungen

295 **Das Elsaß und Tirol an der Wende vom Mittelalter zur Neuzeit**
Sieben Vorträge, hrsg. von Eugen Thurnher. 1994, 92 Seiten, ISBN 3-7030-0267-0, öS 340,—/DM 48,—

HERMANN WOPFNER: **Bergbauernbuch.** Von Arbeit und Leben des Tiroler Bergbauern. Hrsg. von NIKOLAUS GRASS. 3 Bände mit insgesamt ca. 1700 Seiten, ISBN 3-7030-0278-6

296 **Band 1: Siedlungs- und Bevölkerungsgeschichte.** I. Hauptstück: Wie der Tiroler Bauer seine Heimat gewonnen hat — II. Von Teilung der Güter und Übervölkerung — III. Von der Freiheit des Tiroler Bauern und ihren Grundlagen
1995, Neudruck der 1951—1960 erschienenen ersten drei Lieferungen, XXV, 737 Seiten, 40 Bildtafeln, ISBN 3-7030-0275-1, öS 780,—/DM 112,—

297 **Band 2: Kultur, Gemeinwesen und Niedergang.** IV. Volkstum und bäuerliche Kultur — V. Von der „Gemain" und der Gemeinde — VI. Vom Siechtum des Bergbauerntums
1995, V, 500 Seiten, 32 Bildtafeln, ISBN 3-7030-0276-X, öS 780,—/DM 112,—

298 **Band 3: Wirtschaftliches Leben.** VII. Wirtschaftsführung und wirtschaftliches Denken des Bauern im Laufe der Jahrhunderte (wirtschaftsgeschichtliche Übersicht) — VIII. Vom Ackerbau in alter und neuer Zeit — IX. Von Viehzucht und Milchwirtschaft in alter und neuer Zeit — X. Von Heimweide und Wiese — XI. Von der Almwirtschaft — XII. Wald und Bergbauer
Erscheint 1996, ca. 575 Seiten, 30 Bildtafeln

299 **Sagen und Brauchtum im Brixental.** Gesammelt von ANTON SCHIPFLINGER, herausgegeben von FRANZ TRAXLER. 1995, 227 Seiten mit 21 Zeichnungen von SIGGI EDER, ISBN 3-7030-0286-7, öS 340,—/DM 48,—

Neuauflagen:

119/120 JOSEF SCHATZ: **Wörterbuch der Tiroler Mundarten**
Für den Druck vorbereitet von KARL FINSTERWALDER. Neuauflage 1993. ISBN 3-7030-0252-2.
119 **Band I: A—L.** XXVI, 402 Seiten
120 **Band II: M—Z.** Seiten 403—751
Beide Teilbände zusammen öS 960,—/DM 137,—/Lire 130.000

124 HERMANN WIESFLECKER, **Meinhard der Zweite.** Tirol, Kärnten und ihre Nachbarländer am Ende des 13. Jahrhunderts. Unveränderter Nachdruck der Ausgabe von 1955. 1995, XX, 372 Seiten, 5 Bildtafeln, 1 Kartenbeilage, ISBN 3-7030-0287-5, öS 680,—/DM 98,—

UNIVERSITÄTSVERLAG WAGNER · A-6010 INNSBRUCK · POSTFACH 165
TEL. 0512/58 77 21   FAX 0512/58 22 09

Tiroler Heimat
Jahrbuch für Geschichte und Volkskunde

Das von FRIDOLIN DÖRRER und JOSEF RIEDMANN herausgegebene wissenschaftliche Jahrbuch veröffentlicht Forschungsergebnisse namhafter, vor allem im universitären und im Archivbereich tätiger Autoren. Die Jahrbücher sind ab Band 12 (1948) lückenlos lieferbar (Sonderpreis für die gesamte Reihe).

Band 58 (1994)

PETER W. HAIDER, Von Augustus bis Justinian. Neue Münzfunde aus der römischen Kaiserzeit in Tirol. ALAN ROBERTSHAW, Oswald von Wolkenstein, Schloß Neuhaus und das „Hans-Maler-Lied" (Kl. 102). FRITZ STEINEGGER, Die Münz- und Wirtschaftsordung von Herzog Sigmund dem Münzreichen für Tirol vom 7. und 8. Oktober 1453. ROBERT STURM, Tiroler Studenten an der Universität Ingolstadt (1492–1799). MONIKA FINK, Der akademische Tanzmeister unter besonderer Berücksichtigung seiner Tätigkeit an der Universität Innsbruck. NIKOLAUS GRASS, Zum geistesgeschichtlichen Standort des Atlas Tyrolensis (1774) von Peter Anich und Blasius Hueber. Der Tiroler Nicasius Grammatici und Ignaz von Weinhart und die Mathematiker- und Astronomentradition der Universität Ingolstadt. WOLFGANG JOLY, Die Kalterer Standschützen im Ersten Weltkrieg. Das Kriegstagebuch des Majors Baron Nepomuk Di Pauli. RICHARD SCHOBER, Tirols Sozialisten von den Julierereignissen 1927 bis zum Anschluß. HERBERT CZERNIN, Titel und Patrozinien der Kirchen und Kapellen der Diözese Innsbruck (Stand vom 15. März 1993). ERIKA KUSTATSCHER, Familiengeschichte – ein Genre zwischen Traditionsbewußtsein und moderner Wissenschaftlichkeit. FRIDOLIN DÖRRER, Karten zur Geschichte Tirols (Teil 2). PETER WIESINGER, Augustin Unterforcher (1849–1924) – ein Osttiroler Namen- und Heimatforscher.
272 S., 15 Bildtaf., brosch. öS 380,–/DM 54,–

Band 59 (1995. Sonderband zu MEINHARD II.)

MARTIN BITSCHNAU / WALTER HAUSER, Baugeschichte der Burg Tirol im Hochmittelalter (1077/1100–1300). Vorbericht über die bauhistorischen Untersuchungen 1986–1994. KURT NICOLUSSI, Dendrochronologische Untersuchungen zur mittelalterlichen Baugeschichte von Schloß Tirol. CHRISTOPH HAIDACHER, Grund und Boden: eine tragende Säule meinhardinischer Finanzpolitik illustriert am Beispiel zweier Urbare von Schloß Tirol. HELMUT RIZZOLLI, Die meinhardinische Kleinmünzenpolitik im Lichte der Streufunde von St. Blasius in Truden. JULIA HÖRMANN, Das älteste Tiroler Lehenbuch. RAINER LOOSE, Landesausbau und Herrschaftssicherung in der Reschenpaßregion zur Zeit Meinhards II. und seiner Söhne. WILFRIED BEIMROHR, Graf Leonhard von Görz und die Wiedergewinnung der Herrschaft Lienz im Jahre 1462. RICHARD SCHOBER, Auf dem Weg zum Anschluß. Tirols Nationalsozialisten 1927–1938. HUGO PENZ, Bevölkerungsveränderungen im Bundesland Tirol. Langfristige Entwicklungen und aktuelle Differenzierungen. Grundzüge der langfristigen Bevölkerungsentwicklung Österreichs und der regional unterschiedlichen Veränderungen in Tirol. KARL ILG, Die Geschichte der tirolischen Volkskunde von den Anfängen bis 1980. DETLEF MAUSS, Benedictus Füger und die Clarissen in der Runggad bei Brixen. Ein Beitrag zur spätmittelalterlichen Tiroler Bibliotheksgeschichte. OTTO HOLZAPFEL, Tiroler Liedüberlieferung in einem neuen Volksliedlexikon. WOLFGANG MEIXNER, Neuere Arbeiten zur Tiroler Wirtschafts- und Sozialgeschichte.
295 S., 16 Bildtaf., 2 Kartenbeilagen, brosch. öS 380,–/DM 54,–

UNIVERSITÄTSVERLAG WAGNER · A-6010 INNSBRUCK · POSTFACH 165